그리스도인이 되다

초세기 세 공의회 안에서 교의와 삶

Cristiani si diventa
Dogma e vita nei primi tre concili
by Michelina Tenace

그리스도인이 되다

초세기 세 공의회 안에서 교의와 삶

교 회 인 가 | 2026년 1월 12일
제1판 제1쇄 | 2026년 2월 27일

지은이 | 미켈리나 테나체
옮긴이 | 전인걸
펴낸이 | 최준규
펴낸곳 | 가톨릭대학교출판부
등 록 | 제300-1989-1호(1989년 1월 13일)
주 소 | 03083 서울시 종로구 창경궁로 296-12
전 화 | 02-740-9718
전 송 | 02-745-9793
전자우편 | cukpress@catholic.ac.kr
홈페이지 | http://press.catholic.ac.kr
인쇄제작 | 재영아트

ISBN 978-89-7108-408-3 93230

값 22,000원

Cristiani si diventa

Dogma e vita nei primi tre concili

그리스도인이 되다

초세기 세 공의회 안에서 교의와 삶

미켈리나 테나체 지음 / 전인걸 옮김

가톨릭대학교출판부

목 차

한국어판 출간에 부쳐 _9_

약어표 _13_

서문: 초세기 세 번의 공의회에서 비롯된 인간학을 찾아서 _17_

초세기 공의회에 대한 관심 _17_
인간학 _30_
- 제1차 니케아 공의회(325년) _30_
- 제1차 콘스탄티노폴리스 공의회(381년) _31_
- 에페소 공의회(431년) _33_

신앙과 그리스도인 삶의 공고화를 위한 교의 재발견의 필요성 _36_

제 1 장 니케아: 하느님-인간 _43_

왜 공의회인가? _45_
니케아와 그 주변 환경: 위기의 심각성 _49_
아리우스주의와 그 신학적 매력 _53_
니케아적 입장의 총체적 의미 _61_

제 2 장 안토니우스, 신화(神化)된 인간 _69_

I. 『안토니우스의 생애』: 니케아 교의의 명시적 구현

『안토니우스의 생애』, 한 권의 베스트셀러 _73_
『안토니우스의 생애』, 니케아 신앙의 최초 표현 _76_
구원된 삶에 대한 우화 _79_
안토니우스 여정에 담긴 신학적 의미와 증거로서의 가치 _80_

• 첫 번째 단계: 부르심의 체험 _80
• 두 번째 단계: 무덤에서의 삶 - 부활 신앙에 대한 시험과 내면의 이교주의에 대한 그리스도의 승리 _83
• 세 번째 단계: 그리스도께서 승리하게 하기 위한 정화의 투쟁 _84
• 네 번째 단계: 영적인 부성(父性)과 '외적인 산'에서의 결실 _87
• 다섯 번째 단계: 사막이 다시 낙원이 되다 _90
자신의 복음화를 통해 얻는 그리스도의 승리 _95

II. 안토니우스의 생애: 마귀들, 이교주의에 대한 승리와 내면의 복음화

마귀들, 이교주의와 우상 숭배 _98
내적 인간을 복음화하는 과정 속에서 겪는 유혹 _110
마귀들의 행동 방식과 안토니우스의 대응 _112
아타나시우스의 가르침과 안토니우스의 증거 _119

제 3 장 ◈✣◈ 성령께서는 신적 생명을 낳으신다 _127
• 그리스도의 신적 본성에 관한 신학적 탐구 _132
• 그리스도인의 삶 없이는 존재할 수 없는, 삼위일체와 하느님의 유일성 그리고 성령의 신성에 관한 신학적 탐구 _134
성령의 신성을 인정하지 않는 이들의 주장은 무엇인가? _138
바실리우스의 성령 신학과 콘스탄티노폴리스 공의회의 교의 _140
그러므로, 우리를 그리스도인으로 만드는 분은 바로 성령이시다 _145
세례 안에서 새로 태어남의 경험 _146
성령의 내주 체험: 그리스도인, 하느님의 성전이 되다 _149
결론 _151
• 우리 안에 계신 성령- 깨닫고, 보고, 믿고, 창조하게 하시는 분 _155
• 우리를 그분의 나라로 이끄시는 성령 _156

제 4 장 ◈✣◈ 진복팔단, 성령의 활동이 드러나는 표징 _159
하느님 나라의 현존과 인간 안에서 드러남 _161
겸손은 하늘 나라로 들어가는 문이다 _167
행복하여라, 마음이 깨끗한 사람들. 그들은 하느님을 볼 것이다 _174

• 하느님께서는 마음이 깨끗한 이들이 당신 자신을 보게 하겠다고 약속하신다 _174
누가 인간이고, 누가 하느님인가? _175
진복팔단은 헌신을 향한 선물로부터 읽혀진다 _185
그리스도인인 사람은 행복하다 _188

제 5 장 성령이 충만한 피조물은 하느님의 아들을 낳는다 _191

테오토코스(*Theotokos*, 하느님의 어머니) 용어를 둘러싼 논쟁 _193
키릴루스의 입장 _205
휘어진 줄 위에 써진 찬란한 교의 _210
에페소에서 오늘날까지: 결론을 위한 성찰 _214

제 6 장 마리아, 피조물의 광채 _219

삼위일체를 향하여: 마리아의 경험 안에서 드러나는 다른 여정 _222
마리아와 성령 _227
성부를 계시하시는 성자의 모습이 비친 마리아 _236

제 7 장 교의와 경험 사이의 종합적 인간학 _243

인간학을 위한 새로운 맥락 _245
여러 전통을 자신 안에 통합한 수도자 _247
수많은 이단적 경향이 교차하는 갈림길에 놓인 복잡한 상황 _251
카시아누스, 두 세계를 잇는 다리이자 하나의 입구 _254
카시아누스의 독창성 _261
• 전통에 비추어 볼 때 _261
• 살아 내고 전달된 개인적인 체험에 비추어 볼 때 _261
• 지혜와 절제 감각에 비추어 볼 때 _262
카시아누스와 그의 영성 _263
악덕에 대한 카시아누스의 가르침 _273
여덟 가지 악한 생각에 대한 이론의 기원 _278

결론 _289

부록: 카이사리아의 바실리우스의 『인간의 기원에 관하여』 강해 I _299

- 서문 _301
- 카이사리아의 바실리우스의 『인간의 기원에 관하여』 강해 I _305

1. 서문: 자신을 아는 것이 필요하다 _305
2. 몸, 하나의 경이로움 _306
3. "우리가 만들자": 신성한 숙고 _308
4. "우리가 만들자": 삼위일체 신학을 표현하다 _309
5. 하느님을 이해하는 데에 저속한 상상을 하지 말아야 한다 _311
6. 인간은 이성을 통해 하느님의 모상대로 창조되었다 _312
7. 내적인 인간 _314
8. 다스리는 힘 _315
9. 동물들에 대한 우월성 _317
10. 들짐승들과 날짐승에 대한 지배 _319
11. 인간이란 무엇인가? _321
12. 인간의 특성은 이성에 따라 성장하는 것이다 _321
13. 자신의 온전한 모습으로 성장하기 _322
14. "자라나라. 그리고 번성하여라" _324
15. 모상과 닮음 _325
16. 모상의 존재는 창조 때 이미 주어진 것이고, 닮음은 우리가 마치 예술 작품을 완성하듯이 스스로 이루어 가는 것이다 _327
17. 자비는 닮음이다 _328
18. 여성 또한 하느님의 모상대로 창조되었다 _330
19. 들짐승 다루듯 정욕을 다스리기 _331
20. 마지막 말 _334

옮기고 나서 _335

/한/국/어/판/ /출/간/에/ /부/쳐/

『그리스도인이 되다』(*Cristiani si diventa*)가 한국어로 번역되었다는 소식을 듣고 저는 너무나 기뻤습니다. 우리는 비록 나라도 다르고 학생·동료 사제·수도자로 구분될 수 있지만, 이미 그리스도의 제자이자 벗으로서 하나로 묶여 있기에, 이번에 저의 이 책이 한국 교회 학생들에게 읽히게 된다는 소식은 저에게 커다란 선물이 아닐 수 없습니다. 이 귀한 선물을 마련해 주신 전인걸 신부님에게 감사드립니다.

이 책은 우리가 '교회의 아버지'(教父)들이라 부르는 증거자들의 지혜 앞에서, 교의신학 교수인 제 자신이 느낀 놀라움을 담고 있습니다. 그들은 초대 교회 첫 세 공의회가 고백한 새로운 삶의 아름다움과 신앙의 지성을 표현할 줄 알았던 분들이었습니다. 언어는 이미 살아 있는 신앙 체험을 전달하기 위해 필요하며, 삶은 우리가 신앙을 고백하는 법을 배워 가는 깊이에 비추어 성장합니다.

이처럼 '언어'(교의)와 '체험'(삶)의 일치는 인류의 역사를 바꿔 놓았습니다. 그것은 온 세상 안에 그리스도의 복음이라는 새로움의 씨앗을 뿌려 놓았습니다. 이 씨앗은 성인들의 삶 안에서 드러나고, 성사 안에서 접근할 수 있으며, 구원의 신비에 겸손히 다가서는 이에게 언제나 주어집니다. 성령을 따른 영원한 생명에 대한 그리스도의 선포는 모든 이를 향해 열려 있습니다. 그것은 유일한 창조주 하느님에 의해, 모든 인간의 구세주(Salvator)이자 구속주(Redemptor)이신 아드님의 모상과 닮음대로 창조된 모든 사람을 위한 것입니다.

교의(dogma)는 구원받은 이들의 새로운 삶 전체를 말해 주지 않으며, 지극히 거룩한 삼위일체의 신비를 모두 드러내 주지도 않습니다. 다만 길을 잃는 경우들, 즉 이단들의 길 위에서 올바른 방향을 가리켜 줄 뿐입니다. 그러므로 교의신학을 가르치는 이는, 교의가 그것이 가리키는 진리 차원에서는 일치를 이루게 하는 상징이지만, 그 진리를 표현하기 위해 사용하는 정식(定式)에 있어서는 분열을 초래할 수도 있다는 사실을 알고 있어야 합니다.

『그리스도인이 되다』는 그리스도교 신학의 본질을 상기시킵니다. 다시 말해, 성령에 따른 삶이 복음화의 내용이며, 모든 회심의 목적이라는 것입니다. 이 삶은 인간을 새로 태어나게 하고, 그가 맺는 관계의 질을 통해 사회를 새롭게 합니다. 그렇게 될 때 교회는 참으로 부활하신 그리스도의 몸으로서, 역사를 하느님 나라로 변화시키게 됩니다.

이 책의 한국어 출판에 진심으로 감사드립니다.

2025년 10월 6일

미켈리나 테나체 교수

Mi rallegra molto la traduzione di Cristiani si diventa in coreano. Studenti, colleghi, religiose, c'è già una amicizia in Cristo che ci unisce e sapere che il libro sarà letto da studenti della Chiesa coreana è un grande dono per me. La ringrazio p. Jun per questo dono.

Questo libro racconta la mia meraviglia come professoressa di teologia dogmatica davanti alla sapienza di quei testimoni che chiamiamo "padri della Chiesa" e che hanno saputo esporre la bellezza della vita nuova e l'intelligenza della fede professata nei primi tre concili. Le parole servono per comunicare l'esperienza di fede che già si vive e la vita cresce alla luce della profondità della fede che si impara a professare.

Questa unità di parole (dogma) e di esperienza (vita) ha cambiato la storia dell'umanità: ha messo nel mondo intero un seme di novità che è il vangelo di Cristo. Questo seme è visibile nei santi, è accessibile nei sacramenti, è sempre dato a chi si avvicina con umiltà al mistero della salvezza. L'annuncio di Cristo della vita eterna secondo lo Spirito è per tutti gli uomini creati da un unico Padre Creatore ad immagine e somiglianza del Figlio, Salvatore e Redentore di tutti gli uomini.

Il dogma non dice tutto della vita nuova dei redenti, ne del mistero della Santissima Trinità: indica la direzione giusta in casi di smarrimento(eresie). Chi insegna dogmatica deve dunque sapere che il dogma è un simbolo che unisce nella verità di ciò che indica ma può dividere nella formulazione che usa per dirla.

Cristiani si diventa ricorda l'essenziale della teologia cristiana: la vita secondo lo Spirito è il contenuto dell'evangelizzazione e lo scopo di ogni conversione. Questa vita rigenera la persona e tramite la qualità delle sue relazioni, rigenera la società. La Chiesa è allora veramente il corpo di Cristo risorto che trasforma la storia in Regno di Dio.

Grazie per la pubblicazione di questo libro in coreano!

2025. 10. 6.

Prof.ssa Michelina Tenace

/약/어/표/

- **AAS** = 『사도좌 관보』(*Acta Apostolicae Sedis*).
- **AH** = Ireneo di Lione, 『이단 반박』(*Adversus haereses*), tr. it. a cura di V. Dellagiacoma, 2 voll., Cantagalli, Siena, ^{3}1968.
- **Atanasio, *Il credo di Nicea*** = Atanasio di Alessandria, 『니케아 공의회 교령』(*Il credo di Nicea*), Città Nuova, Roma, 2001.
- **Bartelink**, **"Introduction"** = G.J.M. Bartelink, 「서문」("Introduction"), in Athanase d'Alexandrie, *Vie d'Antoine*, SC 400(1995).
- **Basilio, *Lettere*** = Saint Basile, 『서간집』(*Lettres*), texte établi et traduit par Y. Courtonne, Les Belles Lettres, Paris: vol. I(1957); vol. II(1961); vol. III(1966).
- ***Beatitudini*** = Gregorio di Nissa, 『행복에 관한 연설(8편)』(*Omelie sulle beatitudini*), a cura di Chiara Somenzi, Paoline, Milano, 2011.
- **Boulgakov, *Orthodoxie*** = S. Boulgakov, 『정교회』(*L'Orthodoxie*), L'Âge d'Homme, Lausanne, 1980.
- **Bouyer, *Vie de S. Antoine*** = L. Bouyer, 『성 안토니우스의 삶. 초기 수도 생활 영성에 대한 에세이』(*La vie de S. Antoine. Essai sur la spiritualité du monachisme primitif*), Spiritualité Orientale 22, Abbaye de Bellefontaine, 1977.
- **Camelot, "Introduction"** = P. Th. Camelot, 「서문」("Introduction"), in Athanase d'Alexandrie, 『이교인 반박과 말씀의 육화에 관하여』(*Contre les paiens et sur l'Incarnation du Verbe*), SC 18 (1947).
- **Cassiano, *Sull'incarnazione*** = Giovanni Cassiano, 『육화에 관하여』

(*Sull'incamazione*), Città Nuova, Roma, 1991.

- ***Conferenza*** = Giovanni Cassiano, 『수도승들을 위한 담화집』(*Conferenze ai monaci*), Città Nuova, Roma, 2000.
- **Corbon** = J. Corbon, 『전례의 원천』(*Liturgia alla sorgente*), tr. it. (or. fr. Cerf, Paris, 1980) Qigajon, Bose, 2003.
- **CSCO** = 『동방 그리스도교 문헌집』(*Corpus Scriptorum Christianorum Orientalium*).
- ***De hominis opificio*** = Gregorio di Nissa, 『인간 만듦』(*L'uomo*), tr. it. a cura di B. Salmona, Città Nuova, Roma, 1982.
- **DH** = H. Denzinger, 『신경, 신앙과 도덕에 관한 규정 선언 편람』(*Enchiri-dion symbolorum, definitiorum et declarationum de rebus fidei et morum*), Freiburg i.B. 1854 ecc., a cura di Peter Hünermann, EDB, Bologna, [5]2009.
- **Dossetti** = G. Dossetti, 『니케아와 콘스탄티노폴리스 신경』(*Il Simbolo di Nicea e di Costantinopoli*), ed. critica, Herder, Roma, 1967.
- **DS** = 『영성 사전: 금욕과 신비, 교의와 역사』(*Dictionnaire de spiritualité, ascétique et mystique, doctrine et histoire*), 17 voll., Beauchesne, Paris, 1937-1995.
- **Dvornik** = F. Dvornik, 『공의회사』(*Histoire des conciles*), éd. du Seuil, Paris, 1962.
- **EV** = 『바티칸 문헌집』(*Enchiridion Vaticanum*), EDB, Bologna, 1966ss.
- **Evagrio, *Trattato pratico*** = Evagrio Pontico, 『프락티코스』(*Trattato pratico*), a cura di G. Bunge, Qiqajon, Bose, 2008.
- ***Filocalia*** = 『필로칼리아』(*La filocalia*), a cura di M. Benedetta Artioli e M. Francesca Lovato, Gribaudi, Torino, vol. I(1983); vol. II(1983); vol. III(1985); vol. IV(1987).
- **Florenskij, *La colonna*** = P. Florenskij, 『진리의 기둥과 토대』(*La colonna e il fondamento della verità*), tr. it. (or. russo Moskva 1914) Rusconi, Milano, 1974.

- **Gregorio Nazianzeno, *Orazioni*** = Gregorio Nazianzeno, 『연설』(*Tutte le orazioni*), a cura di C. Moreschini, Bompiani, Milano, 2001.
- **Grillmeier (1/1) / (1/2) / (2/1)** = A. Grillmeier, 『교회의 신앙 안에서 예수 그리스도』(*Gesù il Cristo nella fede della Chiesa*), Paideia, Brescia(1/1: *Dall'età apostolica al concilio di Calcedonia*, 1982; 1/2: *Dall'età apostolica al concilio di Calcedonia*, 1982; 2/1: *La ricezione del concilio di Calcedonia*, 1996).
- ***Istituzioni*** = Giovanni Cassiano, 『공주 수도승 규정집』(*Le istituzioni cenobitiche),* Qiqajon, Bose, 2007.
- ***Incarnazione del Verbo*** = Atanasio di Alessandria, 『말씀의 육화』(*L'incarnazione del Verbo*), ed. Città Nuova, Roma, 1993.
- **Ladaria, *Il Dio vivo e vero*** = L. Ladaria, 『살아 계시고 참된 하느님, 삼위일체의 신비』(*Il Dio vivo e vero. Il mistero della Trinità*), Piemme, Torino, 1995.
- **Ladaria, *Antropologia*** = L. Ladaria, 『신학적 인간학』(*Antropologia teologica*), Gregorian & Biblical Press, nuova ed. Roma, 2011.
- ***Lettera*** = Atanasio, 『성 안토니우스의 생애』(*La vita di Antonio. Lettere-Regola*), Messaggero, Padova, 1989.
- **Lossky, *Teologia mistica*** = V. Lossky, 『동방 교회의 신비 신학』(*Teologia mistica della Chiesa d'oriente*), tr. it. (or. fr. Montaigne, Paris, 1944) Bologna, 1985.
- **Olphe-Galliard** = M. Olphe-Galliard, 「요한 카시아누스」("Cassien (Jean)"), in DS II/1(1953) pp.214~276.
- ***Orientale Lumen*** = Giovanni Paolo II, 『동방의 빛』(*Orientale Lumen*), Insegnamenti di Giovanni Paolo II, XVIII, 1/1995, LEV, Città del Vaticano, 1997.
- **Ostrogorsky** = G. Ostrogorsky, 『비잔틴 제국의 역사』(*Storia dell'impero bizantino*), Einaudi, Torino, 1983.
- **Pseudo-Macario, *Omelie*** = Pseudo-Macario, 『영적 강해집』(*Omelie spiritu-*

ali), in Id., *Spirito e fuoco*, a cura di L. Cremaschi, Qiqajon, Bose, 1995.

- **PG** = 『그리스 교부 문헌집』(*Patrologia graeca*).
- **PL** = 『라틴 교부 문헌집』(*Patrologia latina*).
- **SC** = 『그리스도교 원천 교부 문헌 총서』(*Sources chrétiennes*).
- **Sesboüé, *Jésus-Christ*** = B. Sesboüé, 『교회의 전통 안의 예수-그리스도』(*Jésus-Christ dans la tradition de l'Église*), Desclée, Paris, 1982.
- **Simonetti, "Arianesimo latino"** = M. Simonetti, 『라틴 아리우스주의』("Arianesimo latino"), Studi medievali, 3a serie, VIII/2(1967) pp.664~744.
- **Simonetti, *La crisi ariana*** = M. Simonetti, 『4세기 아리우스의 위기』(*La crisi ariana nel IV secolo*), Augustinianum, Roma, 1974.
- **SS** = Basilio di Cesarea, 『성령론』(*Lo Spirito Santo*), a cura di G. Azzali Bernardelli, Collana testi patristici 106, Città Nuova, Roma, ²1998.
- **Stock** = K. Stock, 『산상설교, 마태오 복음 5~7장. 진복팔단』(*Il discorso della montagna, Mt 5-7. Le Beatitudini*), Pontificio Istituto Biblico, Roma, 2005.
- **VA** = Atanasio, 『성 안토니우스의 생애』(*La vita di Antonio. Lettere-Regola*), Messaggero, Padova, 1989, pp.135~180.

● 각주에 있는 교부 문헌의 인용에서
대괄호 안의 숫자는 위에 제시된 판본의 페이지를 가리킨다.

● 교부와 관련된 인명·지명·저서명은
한국교부학연구회에서 발간한 『교부학 인명·지명 용례집』(2008),
『교부 문헌 용례집』(2014), 『교부학 사전』(2021)을 참조하였다. 〔옮긴이〕

/서/문/

_ 초세기 세 번의 공의회에서 비롯된 인간학을 찾아서

초세기 공의회에 대한 관심

오늘날에도 그리스도인 삶에 관한 교의와 교부들의 작품을 연구하는 것이 과연 의미가 있을까? 사실, 교의(dogma)는 본질적으로 변하지 않는 진리를 담고 있는 듯하고, 반대로 그리스도인의 삶은 끊임없이 변화하는 여정처럼 보인다. 그렇다면 이 둘 사이에는 어떤 접점이 있을 수 있을까?

이 책의 저술 의도는 '변하지 않는 것'과 '변하는 것' 사이의 관계를 성찰하도록 돕는 데 있다. 즉, 신앙의 내용인 '교의'와 특정 시대 속에서 믿고 살아가는 행위를 이어 주는 연결 고리를 탐구함으로써, 그 안에서 교의와 그리스도인의 삶이 맺는 살아 있는 관계를 드러내는 데 있다.

교의와 그리스도인의 삶은 서로 일치하고, 신학은 신앙인의 삶을 반영한다. 그리고 신학과 영성은 구원에 이르는 유일한 신비의 거울이다. 인간 영혼 안에 하느님의 온전한 형상을 회복시키는 일은 언제나 그렇듯 초세기부터 모든 사목자와 설교자에게 주어진 사명이었다. 모든 교의는 결국 그리스도의 '신-인성'(divinoumanità)과 삼위일체의 신비 안에서 요약될 수 있으며, 교부들의 모든 노력과 헌신은 이 두 가지 진리를 지키는데 있다. 즉 하느님은 한 분이시지만 삼위로 존재하시며, 예수 그리스도는 우리의 구원을 위해 육화하신 하느님의 아드님이시다.

우리는 초세기에 **신앙이** 낳은 작품들을 믿음의 눈으로 읽을 때, 그 안에서 모든 진리를 발견하게 된다. 즉, 증거로 살아 낸 신앙은 교의로 고백되는 신앙과 결코 분리될 수 없다는 확신 위에서 그리스도교는 성장해 왔다. 교부들의 '아버지 됨'(paternità)은 신앙의 진리와 삶의 방식으로서의 생명을 전달하는 것으로 이루어졌다. "순수 교의를 가르치는 사람이라면 누구나, 그리고 자신의 삶의 모범으로 다른 사람을 사랑과 선으로 이끄는 사람이라면 누구나, 아버지 됨의 전형을 이룩하는 것이다."[1)]

특히 교의 형성 과정을 직접 목격한 교부들이야말로, 그리스도인 삶이 지닌 참신함을 글로 증언한 이들이었다는 사실은 우리에게 깊은 성찰을 불러일으킨다. 그리고 첫 번째 천년기의 초기 일곱 차례의 보편 공의회가 교회 일치의 토대가 되었다면, 그것은 바로 교부들 자신이 세상 안에서 그리스도인 존재의 해석학적 '일치'를 몸소 살아 낸 이들이었기 때문이다.

더 나아가 초세기 문헌들을 읽다 보면, 첫 성사인 세례의 의미에 기초한 그리스도교적 삶의 이해에 관하여 본질적인 일치가 존재했음을 확인하게 된다. 세례는 그리스도인들의 일치, 곧 교

1) A. Largent, *Études d'histoire ecclésiastique, Leçon d'ouverture d'un cours de patrologie à l'École supérieure de théologie*(교회사 연구, 교부학 강의), Parigi, 1892, p.223.

회의 일치의 근원이자 표현이며, 동시에 삼위일체 신비의 계시이기 때문이다. 이로 인해 이러한 교의적 내용을 부정하는 이단은 역사상 한 번도 등장하지 않았다.[2)]

그러나 그리스도교가 삶을 변화시키는 열쇠이자 일치의 원리임에도 불구하고 왜 스스로를 사회·정치 체제로 제시하지 않았는지 이해해야 할 필요가 있다. 그리스도교는 하느님의 말씀을 구현하고, 복음적인 삶의 방식을 만드는 한에서, 그 자체로 사회 안에 변화를 일으키고 역사를 이끌어 그 안에 하느님 나라를 현존하게 한다. 이로써 당시의 사회·정치 체제에 대한 비판적 시각과 논쟁의 공간을 제공한다. 이처럼 그리스도인의 삶은 암흑의 시대 안에서 어떤 집단이나 국가가 더 나은 미래를 내세우며, 그리스도의 복음을 강제로 부정하고 무력이나 다른 수단을 통해 강요할 때, 그 앞에서 '비판 정신'의 기능을 수행했다. 바로 이러한 그리스도인의 삶 자체가 역사의 새로운 원천이 되었던 것이다.[3)]

---

2) "세례는 인간을 원죄와 개인적인 죄에서 해방시켜 하느님의 자녀로 만들며, 그리스도와 그분의 파스카 신비에 결합시키고, 교회의 지체로 편입시키는 그리스도교의 입교 성사이다. 그러므로 세례는 새롭고 초자연적인 삶으로 들어가는 관문이라 할 수 있다. 그리스도교가 시작된 이래, 이 성사는 교회의 확실한 유산이었다. 실제로 그리스도인이라 불린 이들은 모두 하나가 되었다. 그리스도교 신앙의 기초를 보존하려는 의도가 거의 없다 하더라도 세례 자체를 배제한 이단은 하나도 없었다. 다만 세례의 방식, 효과, 효능에 대한 의문이 제기되었을 뿐이다. 본질적으로 교회 문헌들이 세례와 관련하여 다루는 핵심 주제는 바로 이러한 문제들에 관한 것이다." G. Dumeige, *La foi catholique. Textes doctrinaux du magistère de l'Église sur la foi catholique*(가톨릭 신앙. 가톨릭 신앙에 관한 교회 교도권에 관한 교의 문헌), éd. de l'Orante, Parigi, 1975, p.339.

3) "중요한 출처는 성인들의 길이며, 이는 특정 기간 동안 적절한 역사 작품 자체만큼 중요하다." Ostrogorsky, p.23. 다음 페이지에서 오스트로고르스키(Ostrogorsky)는 "훌륭한 역사 자료는 당시 교회 교부들의 저서와 보편 공의회 행위

평화와 형제애의 종교임을 자처했지만, 초기 그리스도교 공동체는 당시 로마 제국의 정치적 안정에 대한 위협으로 인식되었다. 새로운 종교가 공식적으로 받아들여지기까지는 3세기라는 시간이 필요했다. 의로운 이들을 박해하던 제국의 강력한 이념들이 정의를 인정하고, 마침내 복음의 거룩한 새로움을 받아들이기까지는 인류의 긴 역사적 여정이 필요했을 것이다.[4)]

박해에서 수용으로의 전환은 4세기 초 콘스탄티누스 황제의 개종 사건에서 확인된다. 이 사건은 단순한 정치적 변화가 아니라 결정적인 전환점을 이루며, 교회 역사를 이해하는 데 있어 도달점이자 동시에 출발점으로서 중요한 의미를 지닌다.

콘스탄티누스의 개종이 새로운 시대의 출발점임은 분명하다. 그리고 이러한 변화가 지닌 역사적·문화적 중요성 또한 부인할 수 없다. "그리스도교의 승리와 함께 제국의 정치적 중심이 실질적으로 그리스-동방으로 이전된 것은 비잔틴 시대의 시작을 알렸다"[5)]는 사실만 기억하더라도 충분하다. 콘스탄티누스의 행동이 지닌 정치적 의미는 단순한 개인의 신앙적 선택이 아니라, 그가 속한 세계 전체를 대표하고 대변하는 상징적 행위였다. 콘스탄티누스는

> "오직 단 하나의 정치 체제만 알고 있었다. 그것은 곧 그리스

를 통해 우리에게 제공한 것"이라고 덧붙였다.

4) Cf. X. Levieils, *Contra Christianos. La critique sociale et religieuse du christianisme des origines au concile de Nicée (45-325)*〔그리스도교에 대항하여: 초기부터 니케아 공의회까지 그리스도교에 대한 사회적·종교적 비판(45~325년)〕, de Gruyter, Berlin, 2007, p.411.

5) Ostrogorsky, p.26.

정치 철학의 영향 아래, 로마 공화정을 흡수한 전제 군주제였다. 이 철학은 국가 원수를 신격화하며, 그에게 시민의 현세적·영적 이익에 대한 절대적인 권한을 부여했다."[6]

개종 후에도 콘스탄티누스의 정치 철학은 변하지 않았다. 황제는 더 이상 신격화되지 않았지만, 그는 "영원한 임금이신 예수 그리스도의 대리자로서 그의 첫 번째 임무는 모든 인류를 하느님께로 인도하는 것이었다."[7]

콘스탄티누스의 개종은 새로운 시대의 출발점이었으며, 교회 역사 안에서 많은 발전을 이끌어 냈다. 그러나 동시에 그것은 그리스도교의 정체성을 형성하는 데 기여한 근본적인 요소들로 가득 찬 한 시대의 종결을 의미하기도 했다. 일반적으로 이러한 '한 시대의 종말'이라는 측면은 거의 주목되지 않거나, 수많은 순교자가 있었고 교회가 박해받았으며 권력과 결탁하지 않았던 '좋았던 시절'을 낭만적으로 그리워하는 방식으로만 언급된다. 그러나 이는 역사를 이상화한 해석이지, 신학적으로도 충분하지 않다. 오히려 이 시기에서 주목해야 할 점은 황제의 개종과 함께 그리스도인들과 시민 사회 사이에 새로운 유형의 관계가 시작되었다는 점이다.

260년에서 303년 사이의 시기를 살펴보면, 이미 한 시대가 저물고 새로운 변화의 조짐이 나타나고 있었음을 확인할 수 있다. 열정적인 그리스도교 공동체와 접촉한 사회에서는 이미 그들에 대한 어느 정도의 인정이 형성되어 있었고, 그리스도인들의

6) Dvornik, p.13.

7) Dvornik, p.14.

삶에 대해 부인할 수 없는 존경심이 자리 잡고 있었다. 그러나 모든 사람과의 평화, 어떠한 배제도 없는 평등, 그리고 오직 하느님께 대한 절대적 복종이라는 비정치적 원칙에 기초한 종교는 정치적으로 승리할 수 없었다. 무엇보다, '십자가형'을 통해 자신을 드러낸 하느님께 순종하도록 하는 종교적 원리는 당시 사회의 정치적 질서 안에서 받아들여질 수 없었다.

그렇다면 광범위한 인구 계층과 수많은 정치 지도자들의 개종을 이끌어 낸 요인은 무엇이었을까? 그것은 세상에 통용되는 어떤 정치적 수단에도 기대지 않고 세상을 변화시킨 그리스도인들 증거의 힘이었다. 그리스도인들은 십자가에 못 박히신 온 세상의 왕이신 분을 믿었다. 그들은 그 믿음을 논증할 수는 없었지만, 하느님을 신뢰하는 믿음의 힘, 그리고 세례를 통해 받은 새 생명의 힘이야말로 세상을 변화시키는 참된 동력이 되었다. 개종한 이들의 시선은 자연스럽게 그리스도를 향해 살아가는 사람들에게로 향했고, 그리스도인들은 자신의 삶 전체로 그리스도를 증거하고 있었다. 이런 의미에서 그리스도인들은 살아 있는 그리스도에 대한 하나의 호교론(apologia)이었다. 그들의 믿음이 지닌 변화시키는 힘 안에는, 십자가에 못 박히신 분의 신적 본성과 죽음을 죽음으로 이기신 분의 승리에 대한 증거가 담겨 있었다.

따라서 콘스탄티누스 황제의 행위는 오늘날까지도 우리에게 질문을 던지는 하나의 공적 선언에 부합한다. 곧, 그리스도인의 삶이 설득력을 지니며, 모든 이에게 유익하다는 것으로 증명된다면, 그들이 믿는 교의 또한 타당하지 않겠는가 하는 것이다. 신앙의 필수적인 경로는 바로 이러한 지점에 있다. 즉, 삶에서 교의로, 신앙 체험에서 그것을 표현하고 정식화하는 단계로 나아가는 전환점에 있는 것이다. 콘스탄티누스는 자신의 제국을 보호하는 일만큼이나 그리스도교를 수호하는 일에도 깊은 관심을 두었다. 그는 그리스도인들 사이의 분열을 크게 걱정하며, 그것이 "하느님을 노하게 하고", 나아가 "모든 것을 자기 손에 맡기신 하느님께 반역하는 결과를 초래할 수 있다"고 우려하였다. 그러므로 황제는

> "모든 사람이 형제적 친교의 유대로 하나 되어, 보편(cattolica) 신앙 안에서 거룩하신 하느님께 마땅히 드려야 할 예배를 봉헌하는 것을 보기 전에는, 결코 안식을 얻을 수도 없고, 지극히 높으신 분의 자비와 번영과 행복을 바랄 수도 없다."[8]

그렇다면 콘스탄티누스는 어떤 형태의 그리스도교를 받아들였을까?[9] 일부 역사가들은 콘스탄티누스가 죽기 전까지 여전히 이교도의 흔적을 지니고 있으며, 심지어 '아리우스주의자'로 남아 있었다고 주장하는 입장을 지지한다. 그러나 아리우스주의에 대한 논쟁이 수 세기 동안 지속되었다는 점을 고려한다면, 이는 그리 이상한 일도 아니다. 교의적 진리를 식별하고 삼위일체의 신

---

8) Dvornik, pp.14~15.

9) 콘스탄티누스는 분명 그리스도교를 수용하였다: Ostrogorsky, p.41 참조. 그는 자신이 올바른 신앙을 지녔다거나 믿음의 문제에 있어서 최선의 판단력을 갖고 있다고 생각하지는 않았다. 드보르니크는 아를에서 모인 주교들에게 보낸 콘스탄티누스의 서한을 인용하는데, 그 안에서 콘스탄티누스는 도나투스파가 자신, 곧 황제에게 그들의 교리에 대한 판단을 요구한 것을 두고 '감히' 그런 요구를 했다고 비판한다. 그러한 판단은 오직 주교들만이 내릴 수 있기 때문이다. "주교들의 판단은 곧 주님께서 친히 내리시는 판단으로 여겨져야 한다."

비를 올바로 이해하기까지는 때로 오랜 세월이 필요하기 때문이다.[10] 결국 콘스탄티누스가 역사 안에서 니케아 공의회의 주도자(promotore)로 남게 된 이유는, 아리우스주의에 맞서 올바른 신앙을 신학적으로 변증했기 때문이 아니라, 제국의 통합과 그리스도인들의 일치 사이에 반드시 존재해야 한다고 믿은 결속의 개념을 옹호했기 때문이다. 이것이야말로 교회사 속에서 새롭게 등장한 정치적 의식이었다. 그에게 그리스도인의 삶은 제국의 질서를 보장해야 했고, 반대로 제국은 그리스도인의 삶을 보장해야 했다.

그리스도교 안에서는 먼저 그리스도인의 삶이 받아들여졌고, 그러한 삶이 세 번의 세기를 걸쳐 검증된 후에야 공의회가 열리게 되었다. 바로 그 삶의 경험으로부터 출발하여, 교의는 종교적이고 문화적인 공통 감각을 형성하고 보존하기 위한 용어와 정의, 개념의 형태로 정교화되었다.

그리스도교가 사회적으로 안정되는 결정적 전환의 과정에서, 우리는 "그리스도 종교를 받아들인" 콘스탄티누스와 더불어 오직 그리스도교 신앙만을 공인한 황제 테오도시우스 1세(347~395)를 기억해야 한다. 스페인 출신인 그는 379년 황제로 즉위한 이후 사망할 때까지 제국을 통치했으며, 특히 아리우스주의자들에 대해 단호한 입장을 견지했다. 그의 통합 정책은 제국 전역에 니케아 교의를 의무화했고, 입법을 통해 그리스도교를 제국의 국교로 선포했다.[11]

---

10) "교의나 공의회의 역사는 교회 권위나 공의회 교부들에 의해 해산되었다고 끝나는 것이 아니다. 오히려 바로 그때부터 교회 안에서 교의가 '확립'되어 가는 과정이 시작되며, 이는 공의회의 '수용' 또는 인준을 통해 이루어진다." Grillmeier 2/1, pp.30~31.

국가와 교회의 관계는 공의회의 과정을 통해 발전하면서, 제국과 황제가 신학의 일부가 되는 방향으로 나아갔다. 황제는 성직자단의 일원은 아니었지만 "사도들과 동등"한 존재로 간주되었다. 황제는 일반 신자들과는 구별되어 설교할 권한을 지녔고, 6세기 이후에는 평신도들이 더 이상 성소에 들어갈 수 없게 되었을 때에도 그 안으로 들어갈 수 있었다. 그는 공의회에 속한 권위인 교의에 대해 직접적인 권한을 가진 것은 아니었지만, 실제로는 법을 시행하고 이단의 확산을 감시하며 이들과 싸우는 임무를 맡고 있었다.

따라서 황제와 공의회 사이의 관계는 오늘날의 범주로는 이해될 수 없다. 첫 번째 천년기 동안의 모든 공의회는 교황이 아니라 황제들에 의해 소집되었으며, 그들은 신앙의 일치를 확인함으로써 교회 일치를 보장했고, 이것이 결국 제국의 통일성을 떠받치는 토대가 되었다. 그 당시의 사고방식에 따르면, 하나의 신앙은 곧 하나의 황제가 통치하는 하나의 교회, 그리고 하나의 시민적 공동체(ecumene)를 의미했다. 교의의 일치, 신앙의 일치, 교회의 일치, 제국의 일치 사이의 결속은, 공의회들이 하나의 신앙, 한 분의 주님, 그리고 하나의 세례에서 비롯되는 일치를 보증하던 시대에 파문(anatema)이 왜 빈번하게 이루어졌는지를 이해하게 해 주는 지평을 열어 주었다.

황제는 공의회가 정의한 신앙의 일치와 세례받은 이들의 왕국을 확장하는 수호자였다. 사제, 수도자, 주교들을 감독하는 총

11) 테오도시우스 치하에 와서야 "제국의 그리스도 교회가 완성되었다. 정통 그리스도교는 국교로 선포되어 독점적 지위를 얻게 되었으며, 그 밖의 모든 종교와 신앙 고백은 불법으로 규정되었다." Ostrogorsky, p.47.

대주교조차 황제에게 의존하고 있었다. 황제는 수도인 새 로마(콘스탄티노폴리스)의 주교에게 첫 번째 로마의 주교 다음으로 명예로운 수위권을 부여했으며(콘스탄티노폴리스 공의회 제3조), 나아가 공식적인 총대주교의 권한을 부여하기까지 했다(칼케돈 공의회 제28조). 서방과의 분열(1054년) 이후, 콘스탄티노폴리스 총대주교는 제국 내 최고위 교회 인사가 되었다. 황제는 콘스탄티노폴리스 고위 성직자들의 상임위원회가 제시한 세 후보 중 한 명을 선택하여, 서임 절차에 따른 동일한 의식을 거쳐 그를 임명했다. 총대주교가 황제보다 우월하거나 영향을 미칠 수 있었던 유일한 수단은 신앙 문제, 즉 교의에 관련된 파문뿐이었다.

공의회는 종종 이단 논쟁을 계기로 소집되었기 때문에, '신앙의 규범'을 확립하는 것뿐만 아니라, 그 규범에 동의하지 않거나 다른 방식으로 신앙을 진술한 이들에게 파문을 선고했다. 이는 그들이 교회의 일치뿐 아니라 제국의 통합에도 위협이 되는 존재로 여겨졌기 때문이다.

순교의 시대에서 콘스탄티누스의 시대로 넘어가는 전환은, 체험된 신앙을 교의로 정식화해야 하는 새로운 과제를 갖게 되었다. 이러한 전환 속에서 살아진 신앙과 고백된 신앙 사이의 긴장은 점차 사회 안으로 흡수되며, 더 많은 사람들을 교회로 들어오게 했다. 실제로 4세기에는 그리스도교 입교 예식들이 널리 확산되었고, 신자 수의 증가에 대응하기 위해 예배 공간의 건축 양식 자체도 변화하였다. 그리하여 그리스도교가 법적으로 공인된 종교가 되자, 그에 수반된 각종 특권을 추구하는 현상 또한 나타났다.[12] 이와 같은 상황 속에서, 황제가 살아가는 삶의 방식은 그가 고백하는 신앙보다 덜 중요하게 여겨지게 되었다. 이로 인해 정통 교의(ortodossia)가 점차 정통 실천(ortoprassi)보다 우위를 차지하게 되었고, 관심의 초점은 "어떻게 사는가"에서 "무엇을 고백하는가"로 이동했다. 초세기가 삶에서 교의로 천천히 이동해 가는 과정으로 특징지어졌다면, 그다음 세기부터는 교의 자체에 대한 더 깊은 관심이 두드러지게 되었다. 그 결과 교의와 삶의 불가분의 관계를 다시 상기하기 위해서는, 초세기 그리스도인들의 구체적 삶을 살펴볼 필요가 있다. 그 대표적인 예가 바로 수도자 안토니우스이다. 그는 사막에서 자기 내면의 이교성과 투쟁한 체험과 니케아 신앙을 결합시켰던 인물이었다.

공의회와 관련해서는 또 하나 주목할 중요한 측면이 있다. 공의회의 일치적인(ecumenico) 성격을 결정짓는 것은 단순히 참석한 주교들의 지역적 출신이 아니라, 공의회 안에서 이루어지는 식별과, 그리스도의 한 몸인 교회를 대표하여 주교들이 함께 이루는 합의(consenso)였다. 이러한 보편적인 성격을 보장하는 핵심은 여러 교회의 참여 비율이 아니라, 황제의 권위, 주교단의 권위, 로마 주교의 권위 사이에 이루어지는 동의(accordo)였다. 이 동의는 공의회에 참석하여 로마 교회의 이름으로 법령에 서명한 사절단과 라틴 주교들의 존재를 통해 이루어졌다.

공의회들은, 초세기 동안 두드러졌던 사도적 부성(paternità)의 중요한 역할을 보완하면서, 사목적 긴급 상황 속에 모인 주

12) 『테오도시우스 법전』 XVI, 5,1은 이렇게 명시한다. "콘스탄티누스 아우구스투스 황제가 드라실리아누스에게: "종교를 이유로 부여된 특권은 가톨릭 법을 준수하는 사람들만이 사용할 수 있도록 해야 한다. 이단자와 분열주의자들에게는 이러한 특권을 금하고, 오히려 그들에게 각종 벌금을 부과해야 한다." SC 497 (2005), p.226. 그리고 법전 XVI, vii, 1항은 그리스도교인에서 이교도가 된 사람들은 유언장을 작성할 권리를 가질 수 없다고 명시되어 있다(*ibid.*, p.354).

교들의 교도권을 통해 교회의 모성(maternità)이 지니는 함의를 점점 더 분명하게 부각시켰다.

3세기 초의 교부들은 민중 속에서 삶의 증거자로 존재했다. 그들은 자신들의 삶 안에서 살아 계신 그리스도를 선포할 언어를 발견한 순교자이자 신앙 고백자들이었다. 그들은 그리스도의 부활과 성령 안에서의 삶이 지닌 의미를 드러내며, 세상 역사 한가운데서 끊임없이 식별하며 살아가는 신앙의 경험을 전해 주었다.

공의회는 신앙에 고유한 개념적 문자를 부여했고, 그리스도인들에게는 전문 신학 용어와 상징 언어를 전해 주었다. 이를 통해 그리스도인들은 서로 소통하고, 그리스도의 '신-인성'에 대한 믿음을 통하여, 한 분이신 지극히 거룩하신 삼위일체 하느님의 신비가 계시되었음을 세상에 선포할 수 있게 되었다. 그분은 우리를 위하여 그리고 우리의 구원을 위하여 사람이 되신 하느님의 아들이시며, 본시오 빌라도 치하에서 참으로 고난을 받으시고, 참으로 죽으셨으며, 당신 몸의 진리 안에서 참으로 부활하신 분이시다.

요약하자면, 그리스도교 신앙이 사회에 미치는 영향력은 다음과 같다고 말할 수 있다.

- 이는 신자들의 생활 방식(디오그네투스에게 보낸 유명한 편지에서 알 수 있듯이)을 통해 이루어지며 언제나 개인적이고 공동체적인 회심이 필요하다.
- 교회와 국가 사이에 형성되는 끊임없는 위협과 위험한 균형(이단, 공의회, 정치 및 종교적 배경의 분열)을 통해 언제나 식별과 비판적 통찰이 필요하다.

- 각 공의회가 확증한 문화와 전통(법, 예식, 전례, 언어, 상징)을 통해 받은 신앙의 유산을 온전히 보존하기 위해서는 언제나 창조적인 신실함의 실천이 필요하다.
- 각종 시험과 시련에서 비롯되는 검증에 주의를 기울여야 한다.

복음서에서 예수님의 세례 이후 곧바로 광야에서의 유혹 이야기가 이어지듯, 그리스도인 또한 유혹의 광야 한가운데에서 자신이 하느님의 자녀가 되었음을, 그리고 악마를 이겼음을 드러낸다. 그것은 그리스도와 함께 승리자임을 고백하고, 성령에게서 힘을 받았다고 고백할 때 이루어진다. 즉, 그리스도인은 자신이 하느님의 생명에 참여하고 있으며, 따라서 지극히 거룩하신 삼위일체의 구원 활동에 참여하고 있음을 눈에 보이게 선언하는 것이다.

그리스도인이 시험에 드는 것은 매우 자연스러운 일이다. 왜냐하면 세상 안에서 그리스도인이 지닌 새로움의 역동성은 타인과의 관계, 역사적 상황, 그리고 악과 그 다양한 가면들 앞에서 결코 경계를 늦추지 않는 관계의 새로움이기 때문이다. 그러나 아무도 단번에 승리할 수 없으며, 오직 그리스도만이 단번에 승리하셨다(로마 6,10 참조). 끊임없는 회심, 영적 투쟁, 그리고 동시에 애덕(carità)을 실현하는 데서 누리는 평화가 바로 그리스도인의 증거를 구성하는 결정적인 측면이다.

인간학

초세기의 첫 세 공의회가 전한 함축된 인간학을 명시적으로 밝히고자 한다. 인간학은 그리스도론 안에서는 암시적으로, 구원론 안에서는 명시적으로 드러난다. '암시적'이라는 것은 "우리를 위함"을 뜻하고, '명시적'이라는 것은 "우리의 구원을 위함"을 뜻한다. 어떠한 경우에도 출발점은 그리스도이다. 즉, 생명을 주시는 주님이신 성령의 선물과 더불어 아버지를 드러내시는 아들의 계시에서 출발하는 것이 무엇보다도 우선되어야 한다.

인간학에 대한 명확한 이해가 형성되기까지는, 교의적 언어의 성숙을 위한 수 세기에 걸친 신학적 개념 정립의 과정이 필요했다. 그러나 그리스도에 대한 체험과 그리스도인의 새로운 삶은 이미 부활과 성령 강림을 통해 완성되었다. 성경이 증언하는 부활하신 예수 그리스도, 그리고 사도들의 증언에 따라 살아 계신 그리스도를 그분의 역사적인 몸인 공동체, 곧 교회 안에서 만나는 것외에 다른 교의는 존재하지 않는다.

첫 세 차례의 공의회를 되돌아보면, 이 성찰의 바탕에는 교부들의 저술과 설교에 영감을 준 공통된 의도와 관심의 일치가 있었음을 발견하게 된다.

• 제1차 니케아 공의회(325년)

아리우스(260~336)의 사상에 맞서 싸우기 위해 모인 교부들은 소위 니케아 신경의 공식화에 이르게 된다.[13] 이 공의회는 아들이 아버지와 '동일본질'(*homoousios*)임을 정의하였으며, 그 과정에서 알렉산드리아의 아타나시우스가 교의를 정식화하는 데 중심적인 역할을 하였다. 이때 우리는 자연스럽게 묻게 된다. 그리스도가 아버지와 동일한 본질을 지닌다는 이 신앙 고백의 인간학적 근거는 무엇인가? 아타나시우스가 전한 『안토니우스의 생애』(*La vita di Antonio*)는 그에 대한 하나의 대답을 제시한다. 그 작품은 인간 안에 여전히 남아 있는 이교적 사고와 악의 세력의 유사성을 드러내며, 세상 속에서 드러난 그리스도의 승리와 인간의 내면에서 이루어지는 그리스도의 승리 사이의 결속을 보여 준다.

• 제1차 콘스탄티노폴리스 공의회(381년)

이 공의회는 처음에는 지역 시노드로 소집되었으며, 서방 교회의 대표는 한 명도 참석하지 않았다. 그러나 그 안에서 다루어진 문제들의 중요성 때문에, 약 한 세기 후에는 보편 공의회로서의 권위를 인정받게 되었다. 이 공의회는 니케아 신경이 선포한 그리스도의 신성을 더욱 분명하게 규정하기 위해 소집되었으나, 동시에 라오디케이아의 아폴리나리스(310~390)가 주장한 바와 같이 그리스도의 완전한 인성을 부정하는 이단적 입장에 빠지지 않도록 세심한 주의를 기울였다. 공의회는 니케아의 가르침을 바탕으로, 그리스도께서 성부와 동일한 본성을 지닌 참하느님이실 뿐 아니라, 성령의 작용으로 여인에게서 태어난 참인간이심을 명확히 정의하였다. 한편 그 시기에는 성령의 신성을 부정하는 이

13) Cf. Atanasio, *Il credo di Nicea.*

단도 존재했다. 이에 따라, 니케아 신경에는 "생명을 주시며, 성부로부터 발하시며, 성부와 성자와 더불어 영광을 받으시며, 예언자들을 통해 말씀하시는 주님"이라는 성령에 관한 조항이 추가되었다. 이로써 오늘날 우리가 고백하는 니케아-콘스탄티노폴리스 신경이 확정되었고, 이는 모든 그리스도인이 함께 고백하는 보편적 신앙 고백(Credo)이 되었다.[14)]

성령의 신성을 선포한 신학에서 출발하여, 인간학에 지대한 영향을 끼친 카파도키아 교부들의 공헌을 잠시 멈추어 숙고할 필요가 있다.[15)] 성 바실리우스는 만일 성령께서 참하느님이 아니시라면, 세례는 아무런 의미가 없다고 말한다. 그 이유는 성령께서는 우리를 '하느님의 자녀'로 새롭게 만드시는 분이시기 때문이다. 세례를 받은 이들이 자신을 '하느님께 속한 존재'라고 고백할 수 있는 것도, 그들을 새 생명으로 다시 태어나게 하신 성령께서 생명을 주시는 주님이시기 때문이다. 초기 교부들의 놀라운 통찰은 새 인간의 삶이 곧 교의의 진리를 드러낸다는 사실을 확증하는 데 있었다. 바실리우스의 저서 『성령론』을 읽다 보면, 세례가 세상 안에 새로운 문화를 도입하는 하나의 사고방식(*forma mentis*)임을 함께 성찰하게 된다. 그렇다면, 그 새로운 문화란 무엇인가? 그것은 주님께서 친히 산상설교, 즉 진복팔단에서 열어 보이신 문

14) 앞서 언급했듯이, 이 공의회에서 콘스탄티누스 황제가 331년에 세운 새 로마, 즉, 콘스탄티노폴리스의 주교는 로마 주교 다음의 명예로운 우선권을 부여받았다. 그러나 알렉산드리아 교회는 이 결정을 쉽게 받아들이지 않았다. 그 이유는 콘스탄티노폴리스가 사도적 기원을 내세울 수 없었을 뿐 아니라, 동방 지역의 우위를 둘러싸고 알렉산드리아와 오랜 분쟁 관계에 있었기 때문이었다. 실제로 이 공의회를 계기로 동방의 여러 주교좌 간 긴장이 본격적으로 시작되었으며, 이러한 긴장은 흔히 교회의 분열 시점으로 언급되는 1054년 훨씬 이전부터 교회의 일치를 해치는 균열로 작용하였음을 보여 준다.

15) Cf. SS.

화이다. 하느님의 자녀는 평화를 이루는 사람들로 드러나고, 하느님 나라는 박해받는 이들 안에서 드러나며, 가난한 이들은 이제 하느님 나라의 공동 상속자가 된다. 니사의 그레고리우스의 『진복팔단 강론』은 이러한 복음적 삶을 구원과 하느님 나라의 은총의 시선에서 바라본 인간 이해, 즉 이미 우리 안에 현존하시는 성령에 근거한 인간학으로 제시한다. 이 강론은 진정한 의미에서 '영성적 인간학'(antropologia spirituale)에 관한 논고라 할 수 있다.

- **에페소 공의회(431년)**

그 당시 또 하나의 이단인 네스토리우스(382~451)의 가르침이 큰 논란을 일으키고 있었다. 그는 육화의 신비 안에서 '그리스도'와 '하느님의 아들'을 구분하려 했다. 이 논쟁은 곧 예수의 어머니를 어떻게 부를 것인가 하는 문제로 구체화되었다. 즉, 예수 그리스도가 참된 인간이므로 '그리스도의 어머니'라 해야 하는가, 아니면 그리스도가 하느님의 아들이므로 '하느님의 어머니'라 해야 하는가 하는 물음이었다. 이에 대해 공의회는 동정 마리아를 '하느님의 어머니'(*Theotokos*)로 명확히 선언하였다. 그 이유는 그녀가, 마리아로부터 인간 본성을 취하신 **하느님의 아드님**의 어머니이시기 때문이다.

이 시기 에페소 공의회를 전후하여 요한 카시아누스는 네스토리우스에 맞서 활발한 논쟁을 전개하였다. 그는 일반적으로 『육화에 관하여』로 알려진 저술을 통해 네스토리우스의 주장을 반박하였다. 네스토리우스가 마리아에게 하느님의 어머니라는 칭호를 부정하자, 카시아누스는 이에 맞서 마리아의 신적 모성을 강력히 옹호했다. 카시아누스에 따르면, 마리아를 하느님의 어머니라 부르는 것은 마리아를 신격화하기 위함이 아니라, 오히려 하느님 앞에서 자유와 의지를 지닌 피조물로서 인간의 존엄을 드러내는 것이다. 이러한 관점은 에페소의 교의적 선언의 기초일 뿐 아니라, 수도자의 삶 전체를 지탱하는 근본 원리이기도 하다. 즉, 수도자는 단순히 세례의 은총과 성소의 선물을 수동적으로 받는 존재가 아니라, 그 은총에 자유로이 응답하고 헌신하도록 부름받은 존재이다. 사람은 '주님이신 인간'(*Homo dominicus*)의 형상적 완전함을 본받아 자신을 만들어가도록 부름을 받았다(담화집 IX, 13〔118〕). 이러한 과정은 애덕을 통한 하느님의 '모상'(*imago*)에서 그분의 '닮음'(*similitudo*)으로 나아가는 여정을 의미한다(담화집 XI, 9〔109〕). 이 여정 안에서 금욕 수행, 영적 투쟁, 그리고 식별은 모두 인간의 존엄, 지성, 그리고 의지를 실현하고 봉사하기 위한 과정으로 이해되어야 한다.

요한 카시아누스는 반(反)-네스토리우스파와 반(反)-펠라기우스주의의 대표적인 증인이다. 그는 하느님의 자유로운 무상성과 인간의 상처 입은 자유 사이에서 올바른 균형점을 모색한 인물이었다. 카시아누스에게 마리아는 은총으로 충만하고 성령으로 가득 찬 인간 피조물이며, 동시에 참하느님이신 성자의 어머니, 곧 '하느님의 어머니', 다시 말해 '하느님을 낳으신 분'(Genitrice di Dio)이었다. 그는 아우구스티누스의 극단적 입장과 펠라기우스주의로부터 파생된 왜곡으로부터 모두 거리를 두었으며, 인간학적 측면에서 동방의 영적 유산을 서방 교회 안에 뿌리내리게 한 인물로 평가된다. 갈리아 지역 남부에 위치한 압트 교구의 주교 카스토르의 요청을 받아, 카시아누스는 동방 수도자들과 함께한 풍부한 체험을 바탕으로 수도 생활에 관한 저술을 남겼다. 그의 『규정집』(*Istituzioni*)과 『담화집』(*Conferenze*)의 일부 장들은 단순한 영성 지침서가 아니라, 사실상 실천적이고 공동체적인 그리스도교 삶을 탐구한 신학적 인간학의 담론으로 읽을 수 있다. 특히 『담화집』 제5권은 모든 신자가 반드시 거쳐야 할 내적 여정, 곧 '정욕의 노예 상태'(여덟 가지 악덕)에서 '하느님의 자녀로서의 자유'로 나아가는 길을 다루고 있다. 카시아누스는 은총과 자유 의지의 '공동 협력 작용'(sinergia), 다시 말해 하느님 은총의 무상성과 인간의 자유로운 응답이 조화롭게 협력한다고 믿었다. 그는 이러한 진리를 사막에서 살아가는 수도자들의 실제 삶 속에서 직접 보았다고 증언한다. 그리스도교 신앙은 언제나 다음의 진리를 고백한다. 하느님께서 바라시는 인간은 '하느님을 모실 수 있는 존재' 곧 하느님을 자기 안에 품을 수 있는 자유롭고 존엄한 피조물이라는 것이다. "'말씀을 품은 이'(portatrice del Verbo)이자 '성령으로 빚어진 이'(forgiata dallo Spirito)인 마리아는, 비록 그 의미를 완전히 이해하지는 못했지만, 인간의 가장 풍요롭고 열매 맺는 활동이란 바로 하느님을 받아들일 수 있는 존재(*capax Dei*), 곧 자신 안에 하느님을 모실 수 있는 능력을 지닌 존재가 되는 것임을 직관적으로 깨달았다."[16)]

따라서 우리는 이렇게 말할 수 있다. 초세기 세 차례 공의회를 거치면서 교회는 그리스도론, 삼위일체 교의, 그리고 신학적 인간학의 기초를 확립하였다.

이후에 열리게 되는 여러 공의회들은 신학 용어를 더욱 정교

16) Corbon, p.32.

하게 다듬고, 새롭게 제기되는 논쟁들을 다루게 되었지만, 이 세 차례 공의회에서 확립된 신학적 토대는 이후 시대를 관통하는 확고한 기준점으로 남게 되었다.[17] 심지어 787년 제2차 니케아 공의회에서도 신앙의 근거로 삼은 핵심 교리는 이미 451년 칼케돈 공의회에서 확립된 가르침이었다. 또한 성상 공경의 정통성을 확증하기 위해 가장 자주 인용된 교부들은 아타나시우스, 대 바실리우스, 그리고 알렉산드리아의 키릴루스였다.

신앙과 그리스도인 삶의 공고화를 위한 교의 재발견의 필요성

오늘날 교의적 담론이 무시되거나 의문시되는 상황에서,[18] 교부들이 보여 준 교의와 삶의 통합은 그리스도교 신앙의 지혜로운 통찰을 다시 발견하는 데 큰 도움이 될 수 있다. 만일 교의적 토대가 없다면, 오늘날 우리가 직면한 다양한 신학적 문제들을 어떻게 다룰 수 있겠는가? 예를 들어, 인도에서의 그리스도론, 아시아에서의 인간학, 남미에서의 교회론, 아프리카에서의 전례학, 그리고 유럽에서의 사회학과 심리학은, 그 내용과 전개 방식에서

17) Cf. B. Sesboüé, "La réception des conciles de Nicée à Constantinople II et ses enseignements"(니케아 공의회에서 제2차 콘스탄티노폴리스 공의회로 이어지는 공의회의 수용과 그 가르침), in *La recepcion y la comunion entre las Iglesias. Actas del Coloquio de Salamanca, 8-14 abril 1996*(교회들 사이의 수용과 친교 - 1996년 4월 8~14일 살라망카 회의록), Salamanca, 1997, pp. 121~155.

18) Ch. Kannengiesser, "Un avenir pour l'herméneutique biblique des Pères"(교부들의 성서 해석학의 미래), in Ch. Badilita / Ch. Kannengiesser(edd.), *Les Pères de l'Église dans le monde d'aujourd'hui*(오늘날 세계 속의 교부들), Beauchesne, Paris, 2006, p.46.

이미 초대 교회가 경험했던 논쟁들과 깊은 연속성을 지닌다.

세상은 변하지만, 복음은 변하지 않는다. 다만 그 복음이 시대 안에서 육화되고, 현재화되는 방식은 변화해야 한다. 그리하여 매 시대 안에서 그리스도의 새로움을 드러낼 수 있어야 한다. 왜냐하면 그리스도는 어제도, 오늘도, 그리고 영원히 같은 분이시기 때문이다(히브 13,8 참조). "복음이라는 근원적 사건을 오늘날 어떻게 현재화할 것인가? 바로 이 물음이야말로, 세상 끝 날까지 고통 속에 있는 교회 안에서 여전히 희망을 지니고 있는 교부들의 역설적이면서도 생명력 있는 현재성을 보여 주는 것이다."[19)]

그리스도교의 미래는 "교의의 선구자들이 보여 준 놀라운 창조성(creatività)"을 바라볼 때 비로소 희망을 발견할 수 있다. 교부들이 드러낸 이러한 창조성, 즉 끊임없는 교의적 탐구 정신은 오늘날 '탈근대성'(postmodernità)[20)]이라는 영적 메마름의 한가운데서 우리로 하여금 다시금 근원적인 물음을 던지게 한다. 이 물음은 새롭게 형성되어 가는 문명 안에서 가장 근본적이고 결정적인 질문이라 할 수 있으며, 그 문명 속에서 그리스도인들은 이러한 성찰의 태도를 지닌 채 자신의 사명을 살아가도록 부름을 받고 있다.

그리스도교 문화 안에서 교부들의 증거가 중요한 이유는, 그들의 사상이 그리스도인들 안에서 바로 말씀과 가시적인 그리스도의 삶 위에 드러나는 현실을 중심에 두고 있었기 때문이다.[21)]

---

19) Kannengiesser, "Un avenir pour l'herméneutique biblique des Pères", pp. 47~48.

20) *Ibid.*, p.48.

21) Cf. C. Dagens, "Une certaine façon de faire de la théologie. De l'intérêt des Pères de l'Église à l'aube du IIIe millénaire"(신학을 탐구하는 특정 방식. 제3

오늘날 종교적 실천의 무분별한 확산은 일반적인 '교의적 언어의 침묵'(교의적 실어증, afasia dogmatica)으로 이어지고 있으며, 이러한 현상은 그리스도인들 사이에서도 분명히 드러난다. 이 상황은 우리에게 의미 있고, 새로우며, 삶 안에 육화된 신앙의 언어를 책임 있게 전해야 할 의무를 일깨워 준다.

신학의 쇄신은 언제 일어나는가? 그것은 현재의 삶에 민감하게 응답하면서도, 전통 전체를 통합적으로 읽어낼 수 있는 능력이 있을 때 가능하다. '신(新)신학'(nouvelle théologie)이라는 표현이 생겨난 사실만 보아도 이를 잘 알 수 있다. 이 명칭은 역설적으로, 현대의 여러 사변적 추론에서 파생된 '가설'(ipotesi)[22]들보다도 전통 그 자체에 더 깊이 뿌리내리고자 했던 앙리 드 뤼박(Henri de Lubac)의 신학에 붙여진 것이었다.[23]

천년기의 여명기에 있는 교회 교부들의 관심으로부터), in *Nouvelle Revue de Théologie* 117(1995), pp.65~83.

22) 드 뤼박은 인간학 안에서 '순수 본성'(natura pura) 개념을 '가설'이라고 규정하였다. '순수 본성' 개념을 도입하는 것이 '초본성'(soprannaturale) 문제를 이해하는 방식에 어떤 영향을 미쳤으며, 이를 통해 근대 이후 수세기 동안 서방 신학의 종합에 어떤 변화를 가져왔는지, 그리고 드 뤼박이 이에 대해 어떤 입장을 취했는지는 다음을 참조: Ladaria, *Antropologia*, pp.180~182.

23) [옮긴이 주] 1930~40년대 프랑스의 일부 신학자들은 1879년 교황 레오 13세가 반포한 회칙 「영원하신 아버지」(*Aeterni Patris*, DH 3135~3140) 이후 가톨릭 신학의 중심을 차지해 온 신(新)스콜라 신학 체계에 근본적인 의문을 제기했다. 그들은 서구 신학이 지나치게 이론화·체계화되어, 교부들의 살아 있는 신앙의 언어로부터 멀어지고, 철학적 논리의 가설적 세계 안에 갇히게 되었다고 비판했다. 특히 앙리 드 뤼박(1896~1991)은 자신의 저서 『초본성: 역사적 연구』(*Surnaturel: Études historiques*, 1946)에서 '순수 본성'과 '본성과 은총의 이중 질서' 개념을 비판하며, 다시 성경과 교부들 전통의 원천으로 돌아가야 한다고 주장하였다. 이러한 개념의 주창자들은 자신들의 신학을 교부 사상으로의 '회귀 운동'(ressourcement)이라 불리기를 원했다. 하지만, 같은 해 도미니코회 신학자 레지날드 가리구-라그랑주(Réginald Garrigou-Lagrange, 1877~1964)는 이들이 진정한 원천으로 돌아간 것이 아니라, 정통 교의 해석에서 벗어나 자신들만의 '새로운 신학'을 만들어 냈다고 비판하며, 이 운동을 변장된 근대주의라고

이러한 맥락에서, 교의가 탄생한 삶의 자리와 분리된 채 단지 교의를 이성적으로만 합리화하려는 시도에 대해 일종의 '혐오감'을 느끼는 이들의 심정도 이해할 수 있다.[24] 이러한 합리화는 공의회들이 남긴 신앙의 풍요로운 증언을 왜곡하는 것이다. 왜냐하면 신학의 참된 틀(paradigma)은 언제나 영적인 것이야 하며, 그 신학의 본질은 의도적으로 "담론의 세밀한 논리적 정교함의 〔…〕 범주 너머"[25]에 자리 잡기 때문이다.

이처럼 "담론의 세밀한 논리적 정교함의 범주를 넘어" 새로운 삶에 적용된 신앙은, 초기 그리스도교 시대에 구원받은 이들의 체험을 전하는 이야기와 모범들을 통해 풍성하게 "드러난다." 이러한 신앙 체험이나 삶의 이야기들은 단순하고, 본질적이며, 직접적인 형태로 전해진다. 그 결과, 우리는 공의회 관련 문헌들과 나란히 존재하는, 동시대의 영적 체험에 관한 풍부한 문헌을 갖게 되었으며, 이는 교의적 용어를 정립한 교부들 자신에 의해

규정했다. 1950년 교황 비오 12세는 회칙 「인류」(*Humani generi*, DH 3875~3899)를 반포하여 교회 내의 '새로운 지적 경향'을 비판했는데, 이는 널리 '신신학'에 대한 경고로 해석되었다. 이후 신신학자들로 불리던 이들은 수도회 내에서 내부적인 제재를 받았으나, 제2차 바티칸 공의회(1962~1965)를 통해 복권되었고, 공의회에 신학 자문으로 참여했다. 이들의 핵심 사상은 근원으로의 회귀, 신학의 추상적 개념화에 대한 비판, 계시 신학의 역사적 해석, 인간의 초월적 개방성으로 요약된다. 오늘날 '신신학자들'(nouveaux théologiens)이라는 명칭은 더 이상 부정적인 의미가 아니라, 오히려 성경과 교부들의 전통으로 돌아가 신앙의 본질을 새롭게 일깨우며 신학의 쇄신을 이끈 사상가들을 가리키는 긍정적 호칭으로 사용되고 있다.

24) Cf. M. Lot-Borodine, *La déification de l'homme*(인간의 신화), Cerf, Paris, 1970, p.187. 인용된 부분은 이탈리아 번역본에는 없다. *Perché l'uomo diventi Dio*(인간이 하느님이 되게 하기 위하여), Qiqajon, Bose, 1999.

25) "교회 내에서 경험하는 현실은 모든 것이 신비의 명암 대비에 놓인 영적 차원에 위치한다. 그것은 순수 심리주의나 '토론'의 미세함이 모두 이질적인 것으로 남아 있는 성령론적 패러다임이다." M. Lot-Borodine, *La déification de l'homme*, cit., p.187.

전해진 것이다. 그와 같은 신앙의 체험은 또한 지혜로운 격언들, 사막 교부들의 어록들(apoftegmi), 그리고 영적 스승과 제자들 사이의 서신들 속에도 반영되어 있다.[26)]

동일한 교의를 "살아 내고 **공식화**"(vissuta e formulata)할 때 그리스도교는 비로소 참된 의미를 지니게 된다. 이 책의 부록에 실린 강론에서 바실리우스 성인은 이렇게 말한다.

> "그리스도인이란 무엇입니까? 인간 본성에 허락된 범위 내에서 하느님을 닮는 것입니다. 만일 여러분이 그리스도인이 되는 은총을 받았다면, 서둘러 하느님과 닮아 가고, 그리스도로 옷을 입으십시오. 그러나 여러분이 그분의 인장을 받지 않는다면, 어떻게 그분으로 옷을 입을 수 있겠습니까? 세례를 받지 않았다면, 어떻게 그분으로 옷을 입을 수 있겠습니까? 썩지 않을 옷을 입지 않겠다는 말입니까? 여러분은 하느님을 닮는 것을 포기하겠습니까? 제가 여러분에게 "여기, 황제처럼 비슷하게 만들겠다"라고 말한다면, 여러분은 저를 은인으로 여기지 않겠습니까? 그런데 이제 제가 여러분을 하느님과 닮게 하려 하는데, 여러분은 여러분을 신화(神化)시키는 말씀을 피해 달아나고, 구원의 말씀을 듣지 않으려고 귀를 막으려 합니까?"[27)]

---

26) 바르사누피우스(†540)와 가자의 요한이 주고받은 서신들을 예로 들 수 있다. Cf. Barsanuphe et Jean de Gaza, *Correspondence*(서신), SC 426, 427, 450, 451, 468(1997~1998; 2000~2002); 또한 수도원장 이사야와 가자의 도로테우스의 관계에서도 그 가르침을 확인할 수 있다. Cf. Dorothée de Gaza, *Œuvres spirituelles*(영적 저술들), SC 92(1963).

27) Basilio di Cesarea, *Sull'origine dell'uomo*(인간의 기원에 관하여), Omelia 1, 17, p.258.

이 책은 "믿는 이들의 삶의 증거가 그 신뢰성(credibilità) 안에서 더욱 성장하기를 바란다"[28]는 교황 베네딕토 16세의 초대를 따르고자 하는 데 목적이 있다. 또한, "믿는 기쁨을 다시 발견하고, 그 신앙을 전하는 데 열정을 되찾을 수 있도록"[29] 모든 그리스도인을 돕고자 한다. 아울러, 이 책은 이러한 기쁨이 단순한 감정이 아니라 하느님의 선물이자 책임을 느낀 응답의 결실임을 밝히는 과정이다. "그리스도인이 되어 간다는 것"[30]은 안일함(mediocrità)에 안주하지 않으려는 노고를 인내하는 것, 영적 후퇴로 이끄는 유혹과 욕망에 맞서 끊임없이 싸우는 것을 의미한다. 그리고 모든 인간의 노력을 앞서며, 그 한계를 넘어서는 하느님의 자비를 날마다 새롭게 만나는 것을 의미한다.

---

28) Benedetto XVI, *Porta fidei*(믿음의 문), 9. 〔옮긴이 주〕 "la testimonianza di vita dei credenti cresca nella sua credibilità." 여기서 credibilità는 가신성(可信性)으로도 번역될 수 있는데, 이 용어는 단순한 신뢰 가능성을 넘어, 말과 삶의 일치를 통해 신앙의 진리가 삶 안에서 가시적으로 드러남으로써 획득되는 증거의 설득력을 의미한다. 다시 말해, 그리스도교 신앙이 삶의 형태로 실현됨으로써 공적으로 믿을 만하다고 드러나는 상태를 가리킨다.

29) *Ibid.*, 7.

30) Cf. Tertulliano, *Apol.*(호교론) XVIII, 4, PL 1, 435A: "Fiunt, non nascuntur christianis"(그리스도인은 태어나는 것이 아니라 되어 가는 것입니다).

제 1 장

니케아: 하느님-인간

왜 공의회인가?

그리스도교 전체 역사 안에서 4세기는 특별히 중요한 시기로 평가받는다. 이유는 다음과 같다.

> "비교적 짧은 시간에, 그리스도교는 금지된 종교에서 로마 제국의 공식 종교로 자리 잡았고, 수많은 사람의 개종이 이루어졌다. 이 시기에 여러 이단은 높은 수준의 신학 논쟁을 불러일으켰다. 그리고 이 무렵의 공의회들이 내린 결정과 위대한 교부들이 제시한 신학적 방향은, 이후 여러 세기에 걸친 신학의 흐름을 근본적으로 규정하게 된다."[1)]

4세기 초반, 로마 제국에는 중요한 변화가 일어났다. 경쟁자 리키니우스를 무찌른 콘스탄티누스는 제국의 유일한 통치자가

1) Dossetti, p.17.

되었고, 이 제국을 하나로 통일시켜 안정시키고자 했다. 당시 그리스도인들은 비록 수적으로는 소수였지만, 그들 삶의 질적 방식[2)]은 사회 안에서 점점 더 영향력 있는 존재가 되어 가고 있었다. 그리고 로마 제국은 자신을 '보편적'이라고 내세우는 종교를 통해 새로운 힘을 얻을 수 있었다. 유일한 황제가 된 콘스탄티누스는 제국 전체를 하나로 묶기 위해, 그리스도교 내부의 갈등까지도 정리하고자 했다. 그는 박해를 중단하고, 교의 논쟁을 조정함으로써 제국 안에 평화를 가져올 수 있다고 보았다.

그리스도교 내부에서 갈등하던 여러 집단들은, 각 지역의 주교들이 특별히 소집한 시노드에서 논쟁을 벌이곤 했다. 그 자리에서 '정통'(orthodox)으로 승인된 교리가 채택되면, 반대 교리를 지지한 주교들은 '이단'(eresia)으로 정죄되고 파문되었다. 실질적으로 이단으로 선언된 주교는 면직되고, 그 교구는 다른 주교에게 맡겨졌다.

하지만 문제가 여기서 끝나지 않았다. 면직된 주교와 새로 임명된 주교가 같은 교구의 소유권을 놓고 서로 맞서는 일이 자주 발생했다. 그 과정에서 양측은 교회 안팎의 세력들과 동맹을 맺으며 자신들의 정당성을 주장했다. 이러한 긴장된 상황 속에서 이미 신학적으로 결정된 문제들까지 다시 논쟁의 대상이 되기도 했고, 그 논쟁에는 필연적으로 정치적·세속적 이해관계가 얽혀들었다.

초세기에 시노드를 소집하는 관행 자체는 콘스탄티누스가 처

2) 이 당시의 법적인 결정들은 당시 인구의 약 10%에 불과한 소수 집단을 위한 것이었다. 그러나 그리스도인들의 삶이 너무도 강렬한 의미와 영향력을 지니고 있었기에, 더 이상 박해로 억누를 수 없는 상황이 된 것이다.

음 시작한 것이 아니었다. 그러나 니케아 공의회는 시민 권력에 의해 소집되고 개최된 첫 번째 보편 공의회라는 점에서 획기적이었다. 공의회 장소로 니케아가 선택된 이유도, 실질적으로 교부들의 이동을 수월하게 하기 위한 현실적 판단 때문이었을 가능성이 크다. 공의회는 325년 5월 20일에 개막해, 콘스탄티누스의 즉위 20주년 기념일인 7월 25일 직후에 폐막된 것으로 알려져 있다. 300명이 넘는 주교[3]들이 참석했으며, 대부분은 동방 교회에서 온 이들이었고 라틴 교회 대표는 많지 않았다. 콘스탄티누스 황제의 친구이자 조언자였던 코르도바의 주교 오시우스 그리고 교황 실베스테르가 보낸 사제 비투스와 빈첸시우스가 확실히 참석한 인물들로 기록된다. 황제는 공의회를 직접 소집했고, 모든 주교가 안전하게 지내도록 이동과 체류를 보장했으며, 공의회에서 내려진 결정을 제국 차원에서 실행할 것을 약속했다. 그러나 동시에 신앙에 관한 정의는 주교들의 고유 권한이라는 사실 역시 인정해야 했다. 이 원칙은 이미 그리스도교 정신 안에 뿌리 깊게 자리 잡고 있었기 때문에, 황제 자신이 아리우스주의를 관철시키고자 하는 강한 열망을 가지고 있었음에도 불구하고, 결국 이를 존중하지 않을 수 없었다.[4]

공의회 진행 절차는 로마 원로원 회의의 형식과 유사했다. 다만 중요한 차이가 하나 있었다. 원로원 회의의 주재석 앞에는 승

---

3) 정확한 참석 인원수는 알려져 있지 않다. 다만 361년부터 전해 내려오는 전통에 따르면, 니케아 공의회에 참석한 주교들의 수는 318명이었다고 하는데, 이는 아브람이 데리고 갔던 종들의 수와 연결시키기 위한 상징적 숫자로 보인다. Cf. E. Cattaneo, "introduzione"(서론), in Atanasio, *Il credo di Nicea*, p.8, 주석 8과 9. 〔옮긴이 주: 창세 14,14 참조〕

4) Cf. Dvornik, p.25.

리의 여신의 동상이 놓였던 반면, 공의회에서 주교들과 황제 사이에는 성경이 놓였다는 점이다. 이는 어떤 교의가 인정받는 근거가 로마의 정치적 권위가 아니라, 복음과 교부들의 전통에 충실하다는 인식에 있었다는 점을 보여 준다. 교회의 가르침이 정통적이라고 인정되면, 로마 주교좌와 완전히 일치를 이루고 있는 모든 교회의 대표들이 그 결정 아래 서명을 함으로써 그 신앙 동의가 표현되었다. 이러한 방식이 처음으로 공식화된 곳이 바로 니케아 공의회였다.[5] 하지만 니케아에서는 또 하나의 중요한 변화가 일어났다. 특정 지역 교회(이집트, 알렉산드리아)의 교의적 위기가 더 이상 그 지역만의 문제가 아니라, 전체 교회의 문제로 받아들여지기 시작한 것이다. 그 결과 니케아 공의회에서 내려진 결정들은 자연스럽게 보편 교회의 결정으로 받아들여지게 되었다. 이 점에서, 니케아 공의회를 기점으로 '에큐메니컬'(ecumenico)이라는 말의 의미 자체가 변화했다고 말할 수 있다. 신학자 카넨기저(Kannengiesser)는 이렇게 설명한다.

> "니케아 이전까지만 해도 '에큐메니컬'이라는 말은 제국 안에 있던 주요 지역 교회들 사이의 친교, 즉 각 지역 교회가 서로의 고유성을 인정하며 이루는 일치를 의미했다. 그러나 니케아 신경이 공식적으로 선포된 순간부터 '에큐메니컬'은 전혀 다른 의미를 갖게 되었다. 그것은 더 이상 특정 지역 교회의 신앙 고백을 뜻하지 않고, 제국 전체의 일치된 신앙 고백을 가리키는 말이 된 것이다. 즉, 신경은 황제가 소집한 보편 공의회라는 '추상적 제

5) Cf. Dvornik, pp.19, 26.

도'(istituzione astratta)가 승인한 신앙 고백을 의미했다."[6]

그렇다면, 교의를 정한 것은 황제였을까? 이 문제에 대해 주교들은 여러 차례 분명히 밝혀야 했다. 왜냐하면 공의회가 교의적 권위를 갖게 되는 근거는 황제가 공의회를 소집했기 때문이 아니라, 그 결정에 대해 전체 교회가 동의했다는 사실에 있기 때문이다. 즉, 공의회의 권위는 각지의 주요 그리스도교 공동체를 대표하는 주교들이 모두 참석하여 그 결정에 직접 서명하고 동의했다는 점에서 나온다. 그리고 이 주요 공동체들 가운데에는 적어도 자신의 대리인을 통해서라도, 반드시 로마 주교좌의 참석이 빠질 수 없었다.

니케아와 그 주변 환경: 위기의 심각성

공의회가 소집되기 직전, 두 갈래의 주교 그룹이 있었다. 한쪽에는 이집트 알렉산드리아의 주교 알렉산데르가 있었고, 반대편에는 그의 사제였던 아리우스(260~336)가 있었는데, 아리우스는 여러 사람의 지지를 받고 있었다. 아리우스는 알렉산데르에게 여러 차례 질책을 받았지만, 안티오키아의 루키아누스를 스승으로 두었던 동료 주교들과 제자들의 도움을 받게 되었다. 아리우스 주변에 형성된 집단의 중심인물은 니코메디아의 주교 에우세비

---

6) Kannengiesser, *Arius and Athanasius. Two Alexandrian Theologians*(아리우스와 아타나시우스, 두 알렉산드리아 신학자), Variorum Collected Studies Series 353, Aldershot, 1991, pp.92~93.

우스였다. 만일 이러한 주교들이 관여하지 않았다면, 아리우스의 가르침은 그를 파문한 알렉산데르 주교의 조치로 끝났을 것이다. 그러나 다른 주교들의 지지를 얻으면서, 아리우스가 제시한 가르침은 교회 전체가 함께 판단해야 할 문제로 확대되었다. 그리고 그 가르침이 이단으로 선언되자, 이는 그리스도인들 사이의 분열을 낳았고, 교회와 제국의 일치를 바랐던 콘스탄티누스에게는 정치적 안정을 위협하는 중대한 문제가 되었다.

모든 이단은 그리스도인들 사이에 혼란을 일으킨다. 아리우스주의는 그중에서도 매우 오래 지속된 이단이었고, 그 때문에 니케아의 가르침은 새로운 교의적 위기가 생길 때마다 반복해서 상기되고 확인되어야 했다.[7] 신학적 논점은 너무 미묘하고 복잡해서, 그 심각성을 이해할 수 있는 사람은 많지 않았다. "신자들 대부분은 세례 때 고백한 신경을 반복하며, 자기 주교와의 친교 안에 머무르는 것으로 충분하다고 여겼다."[8] 하지만 문제가 생겼다. 자기 교구의 주교가 공의회에 의해 이단으로 선언될 때, 신자들은 어떻게 해야 했을까? 혹은 그 주교가 정통 신앙을 지키고 있음에도 황제에게 박해를 받을 때는 어떻게 해야 했을까? 알렉산데르의 후계자로서 정통 신앙을 굳게 옹호했던 아타나시우스(295~373)는 이러한 상황 속에서 황제에 의해 다섯 번이나 유배를 당해야 했다.

---

7) 4세기 교부들의 신학, 특히 카파도키아 교부들의 신학은 니케아 공의회의 가르침에 충실하려는 강한 열망을 가지고 있으며, 매우 확고한 니케아적 성격을 지닌다. Cf. J. Lebon, "Le sort du consubstantiel nicéen"(니케아의 '동일본질' 교의의 운명), *Revue d'Histoire Ecclésiastique* 47(1952), pp.485~529; 48(1953), pp.632~682.

8) E. Cattaneo, "introduzione", in Atanasio, *Il credo di Nicea*, p.11.

아리우스주의가 흥하고 쇠퇴하는 역사의 과정에서, 파문과 유배, 그리고 새로운 형태의 박해를 결정짓는 가장 중요한 요소는 황제가 어느 입장을 지지하느냐였다. 실제로 니케아 공의회 이후에도 아리우스 신앙은 콘스탄티누스와 그 뒤를 이은 여러 황제에게 여전히 매력적이었다. 드보르니크는 그 이유를 이렇게 설명한다. 당시 로마 세계에서 받아들여지던 정치 철학은 니케아의 표현보다는 아리우스주의와 더 잘 맞아떨어졌는데, 니케아의 신앙 고백은 세상의 참된 왕이 누구인지에 대해 어떤 의심도 허용하지 않았기 때문이라는 것이다.

> "아리우스주의는 이러한 정치 철학의 원리를 자신들에게 유리하게 매우 교묘히 활용했다. 그들은 이렇게 주장했다. 로마는 영원한 임금이신 성부 하느님이 다스리는 천상 왕국의 반영이므로, 그리스도인들이 성자에게도 신성을 인정한다면, 이는 천상의 단일군주적 통치를 본뜬 지상의 단일군주적 질서를 위태롭게 만든다는 것이다. 지상 왕국은 하느님의 대리자인 한 명의 군주가 통치해야 하므로, 성자에게 신적 지위를 부여하는 것은 지상 질서의 근본 원리를 흔드는 행위라고 말하였다."[9]

말하자면, 아리우스주의는 오직 성부 하느님만을 유일하신 하느님으로 믿는 신앙을 강조하면서, 성자에게는 본성상 신성을 인정하지 않으며 그가 창조된 존재로서 신성을 받았다고 주장했다. 이런 이해는 황제들로 하여금 자신들도 같은 방식의 '부여된

---

9) Dvornik, p.25.

신성'(divinità creata)을 흡수할 수 있다고 여길 여지를 주었다. 아리우스주의에 따르면, 성자는 성부와 동등한 신성을 갖고 있지 않았다. 따라서 그들에게 인간의 신화는 이러한 성자의 신화 모델을 통해 가능하다고 보았던 것이다.

문제는 복합적이다. 정통 신앙도 인간의 '신화'(divinizzazione), 곧 하느님과의 일치를 말하지만, 그 근거는 전혀 다르다. 이 신화는 참하느님이시며 참인간이신 그리스도, 곧 하느님이 사람이 되신 그분의 육화와 그분의 수난·죽음·부활을 통해 이루어지는 것으로 이해한다.[10)]

여러 관점에서 볼 때, 아리우스주의는 삼위일체론적 그리스도교를 단순한 단일신론적 그리스도교로 축소한 것이다. 겉보기에는 더 단순해 보였기 때문에, 새롭게 그리스도교를 접하던 민족들의 사고방식과도 더 잘 맞아떨어졌다. 4세기에 게르만족 가운데 고트족은 카파도키아 출신의 주교 울필라(Ulfila)의 설교를 통해 그리스도교로 개종했다. 울필라는 아리우스 신앙을 가진 니코메디아의 에우세비우스에게서 주교 서품을 받았다. 울필라는 성경과 전례를 고트어로 번역했고, 그 결과 이주와 복음화가 진행되는 과정에서 아리우스 신앙을 가진 고트족을 통해 다른 게르만 민족들에게도 그리스도교가 전해졌다. 아리우스주의는 이렇게 아리우스 신앙을 지닌 야만족들에 의해 하나의 그리스도교 종교 형태로 널리 퍼졌으며, 서방 라틴 지역 안에서 오랫동안 남아

10) B. Sesboüé, "Il senso di Nicea(325). La verità della filiazione divina di Gesù"〔니케아(325)의 의미: 예수의 하느님의 아들 됨의 진리〕, in Id., *Gesù nella tradizione della Chiesa: Per una attualizzazione della cristologia di Calcedonia*(교회 전통 안의 예수: 칼케돈 그리스도론의 현대화를 위하여), Paoline, Torino, 1987, pp.89~106.

있었고, 종종 로마 그리스도인들이나 로마인들을 통해 직접 개종한 다른 게르만족들과 격렬한 대립을 일으키기도 했다.[11] 심지어 9세기에 '필리오퀘'(*Filioque*)를 둘러싼 논쟁에서도, 울필라의 신앙을 이어받은 카롤루스 대제(Carolus Magnus)의 그리스도인들에게 아리우스주의자라는 비난이 다시 제기되기도 했다.

아리우스주의와 그 신학적 매력

모든 이단은, 다른 어떤 진리에 의해 소홀히 다뤄지거나 위협받고 있다고 여겨지는 어떤 진리를 지나치게 강조하는 방식으로 발생한다. 그리고 이 당시 모든 이단은 어떤 형태로든 삼위일체와 '신-인성'의 교리와 관련되어 있다. 아리우스주의도 마찬가지였다. 아리우스주의는 하느님의 세 위격 사이의 일치를 너무 강조하여 성부와 성자의 구별을 흐리게 하는 가르침에 대한 반작용으로 등장했다. '양태론'(modalismo)은 신성은 하나이며, 위격들은 단지 그 신성이 나타나는 방식일 뿐이라고 주장함으로써 이런 오류들의 전형을 이루었다. 아리우스는 특히 사벨리우스의 양태론에 대한 반응으로, 성부와 구별되는 성자의 개별성을 지키고자 했다.[12]

아리우스는 자신의 사상적 기반을 어디에 두었는가? 그는 성경, 유다 전통, 그리고 헬레니즘 문화를 기반으로 삼았다.

11) Cf. Simonetti, *Arianesimo latino*, pp.704~705.

12) Cf. M. Simonetti, "Ario e Arianesimo"(아리우스와 아리우스주의), in *Dizionario Patristico e di Antichit à Cristiane*, I, Marietti, Casale Monferrato 1983, pp.337~345.

성경과 관련하여, 아리우스는 성경 해석에 능한 인물로 평가되며, 그의 논증은 철저히 성경에 기반하고 있었다. 그에게는 모든 인간이 하느님의 자녀였다. 이것은 곧 그리스도만이 유일하게 하느님의 '아들'이라 불릴 수 있는 존재가 아님을 의미했다. 아리우스는 두 성경 구절, 곧 잠언 8장 22~31절과 콜로새서 1장 15절을 서로 연결하여, "모든 피조물에 앞서" 존재하는 '지혜'(Sapienza)를 예수 그리스도와 동일시했다. "주님께서는 그 옛날 모든 일을 하시기 전에 당신의 첫 작품으로 나를 지으셨다. 나는 한처음 세상이 시작되기 전에 영원에서부터 모습이 갖추어졌다. 심연이 생기기 전에, 물 많은 샘들이 생기기 전에 나는 태어났다"(잠언 8,22~24). 그리고 그리스도는 "보이지 않는 하느님의 모상이시며 모든 피조물의 맏이이십니다. 만물이 그분 안에서 창조되었기 때문입니다. 하늘에 있는 것이든 땅에 있는 것이든 보이는 것이든 보이지 않는 것이든 왕권이든 주권이든 권세든 권력이든 만물이 그분을 통하여 또 그분을 향하여 창조되었습니다"(콜로 1,15~16). 아리우스에게 있어 이것은, 모든 창조가 그리스도로부터 시작되지만, 그리스도 역시 낳아진 존재이므로 시작을 가진 분이라는 뜻이었다. 그는 신약성경의 여러 구절을 근거로, 그리스도께서 스스로 아들이 아버지보다 열등하며, 아버지가 아는 모든 것을 알지 못한다고 말한 부분들을 강조했다. 예를 들어, 성부 하느님은 "당신이 정하신 그 예수님을 주님이자 그리스도로 삼으셨습니다"(사도 2,36 참조). 그리고 "그분께서는 천사들보다 뛰어난 이름을 상속받으시어, 그만큼 그들보다 위대하게 되셨습니다"(히브 1,4). 예수는 "아드님으로서 충실하신 분이십니다"(히브 3,6). 아리우스는 성경을 근거로, 예수가 하느님의 아들이라는 사실을 부정하지는 않았다. 다만 그 아들 됨의 방법과 시점을 문제 삼았다. '되어 가다'(diventare)와 '형성하다'(costituire)라는 동사는 시간 속에서 일어나는 사건을 뜻하며, 영원에 속한 현실을 가리킬 수 없다. 역사와 영원은 서로 양립할 수 없는 차원이라는 것이다. 따라서 아리우스에게 그리스도는 영원에서부터 성자이신 분이 아니라, 어느 시점에 이르러 성자가 되신 분이었다. 영원하신 분이라면 역사적 사건, 즉 수난·죽음·부활 속에 관여할 수 없기 때문이다. 그런데 아리우스의 이러한 입장은 구원 경륜의 기초 자체를 무너뜨린다. 아리우스주의 안에서는 "구원론도 계시신학도 성립할 수 없다."[13]

아리우스는 유다 전통이 지닌 하느님의 유일성에 대한 예민한 의식을 매우 효과적으로 활용할 줄 알았다. 동시에 그는 헬레니즘 세계에 퍼져 있던 동시대의 철학들에 대해서도 깊은 이해를 가지고 있었다. 스승인 안티오키아의 루키아누스 덕분에 그는 안티오키아식 교육을 받았으며, 성경을 해석할 때 유형론과 문자적 의미에 충실하게 읽는 방식을 따랐다. 그와 동시에 그는 당대 최첨단을 이루던 신플라톤주의 사조에도 능숙했다. 이러한 이유로 그는 형성 과정에서는 안티오키아 전통에 속하지만, 사고방식 면에서는 알렉산드리아적인 특징을 함께 지닌 인물이었다. 아타나시우스가 말하듯, 아리우스는 그리스도의 신성을 인정하지만, 그리스도를 유일하신 하느님 아래에 종속시키는 방식으로 그리스도교 안에서 유다주의적 경향을 드러내는 인물이었다. 그러나 다른 한편으로는, 그 안에서 그리스도교 신앙이 헬레니즘화 될 위험성 또한 분명하게 드러낸다.[14] 알렉산드리아에서는 신플라톤

13) Grilmeier 1/1, p.475.

14) Sesboüé, *Jésus-Christ*, p.95.

주의가 널리 퍼져 있었으며, 많은 사람들에게 세 가지 원리(하느님, 이데아, 물질)의 이론이 삼위일체 신앙과 완전히 양립 불가능하다고 보이지 않았다. 아리우스가 성부·성자·성령의 관계를 말할 때 그는 사실상 하느님과 세계, 하느님과 피조물의 관계를 말하고 있었다.[15] 아리우스에게 그리스도는 누군가에 의해 '만들어진' 신, 즉 창조된 존재였으며, 하느님과 인간 사이의 '중개자'(mediatore)가 아니라, 그저 '중간 존재'(intermediario)에 불과했다. 그 결과 그리스도는 참된 인간도 아니고 참된 하느님도 아닌 존재가 되어 버렸다.[16]

아리우스는 창조 세계와 모든 피조물에 대한 성부의 절대적 초월성을 절대적으로 지키고자 했다. 그러면서도 그는 성자가 다른 피조물들과 구별되는 방식을 찾고자 했지만, 그 구별이 성자가 성부와 동등한 분으로 여겨지는 결과를 낳아서는 안 되었다. 이러한 이유로 그는 성부를 지칭하는 용어를 성자에게 동일하게 사용해서는 안 된다고 보았다.

아리우스는 성부에 대해 무엇을 주장했는가? 그는 성부가 영원하시며(늘 존재해 오셨으며), '낳아지지 않은'(자기 자신을 근원이라고 말하는) 존재라고 보았다. 그는 성부를 두고 "유일하게 낳아지지 않은, 하나뿐인 기원자"(*solus ingenitus, unus auctor*), 완전히 자존하는 유일한 존재라고 표현했다. 또한 성부께서 활동하실 때에는 오직 성자를 통해서만 행하신다고 주장했다.

아리우스는 성자에 대해 무엇을 주장했는가? 그는 두 분의 신적 기원이 공존할 수 없다는 점을 분명히 했다. 따라서 성자에

15) Cf. Grilmeier 1/1, p.475.

16) Sesboüé, *Jésus-Christ*, p.95.

관한 그의 첫 번째 주장은 역시 성자는 영원하지 않다는 것이었다. 즉, 성부는 존재하지만 성자는 아직 존재하지 않는 때가 있다고 보았다. 그리고 성자가 존재하기 시작할 때, 그는 성부와 같은 본성을 지닌 분이 아니라 피조물이라고 하였다. 그렇다면 성자가 다른 모든 피조물보다 우월한 이유는 무엇인가? 아리우스는 성자가 성부에 의해 직접적으로 창조된 유일한 피조물이며, 오히려 성자가 낳아진 이후에 성자를 통하여 다른 모든 것이 창조되었다고 설명했다.

성자는 성부가 아니다. 성부는 영원하시며 낳아지지 않은(ingenerato) 분이고, 성자는 성부에 의해 창조된/낳아진(creato/generato) 분이다. 아리우스는 성자의 신성을 부정하지 않는다. 그는 성자의 신성을 인정하지만, 그것을 성부와의 관계에서는 인정하지 않는다. 성부만이 유일한 하느님이기 때문에 성자는 성부보다 열등하다고 보기 때문이다. 아리우스가 말하는 성자의 신성은 피조물과 창조 세계에 대한 관계에서만 성립한다. 따라서 신성이라는 일반적 표현은 성자에게 적용될 수 있지만, '하느님'(Dio)이라는 호칭은 오직 성부에게만 적용된다. 이 논증에서 어떤 결론이 나오게 되는가? 아리우스주의자들은 자신들이 사용하는 어휘를 통해, 성부와 성자의 가까움보다는 성자가 성부와 다르다는 점을 더 강조하게 되었다. 즉, 성부는 "낳아지지 않은 분", 성자는 "낳아진(그러나 실제로는 창조된) 분"이라는 대비를 통해 두 분의 차이를 더욱 두드러지게 한 것이다.[17] 공의회는 성자를 규정하는 데 있어 '낳아지심'(generazione)을 강조하면서, 동시에 "창조되지 않

17) Cf. Simonetti, *Arianesimo latino*, pp.701~702.

으신 분"(non creato)이라는 표현을 덧붙였다. 이는 아리우스주의자들이 이해한 것처럼 성자가 피조물의 차원에서의 낳아지심이 아니라는 점을 분명히 하기 위한 것이었다.

아리우스주의자들이 제기한 첫 번째 신학적 문제는 성부와 성자의 구별을 어떻게 이해하느냐였다. 아리우스주의에 따르면 성자와 성부는 '위격'(persona) 차원에서 구별될 뿐 아니라, 그 밖의 모든 면에서도 서로 다르고 환원될 수 없는 두 실재였다. "그들은 각각 '실체'(sostanza), '본성'(natura), '종'(genere)에 있어서 단일하고 독립된 실재이다."[18] 두 위격 사이의 '질서'(*taxis*)는 동등함이 아니라 종속된 질서였다. 성자는 신성을 지니고 있지만, 그 신성 안에서도 유일한 하느님이신 성부께 종속된 존재로 머물러 있었다.

그런데, 이처럼 성부와 성자의 구별을 엄격하게 강조한 뒤, 성부와 성자의 일치는 어떻게 유지할 수 있는가? 성부와 성자 사이에는 어떤 종류의 일치가 존재하는가? 아리우스를 반대한 이들은 그 일치가 '본성'(natura)에 의해 보장된다고 주장했다. 그리고 이 본성을 가리키기 위해 그리스어로 '우시아'(*ousia*)라는 용어가 사용되었다. 성부와 성자는 하느님으로서 동일한 본성을 지니기 때문에 '동일본질'(*homo-ousia*)이라고 표현할 수 있었다. 하지만 바로 이 점이 아리우스가 가장 단호하게 거부한 내용이었다. 그가 보기에 성자가 성부의 '본질'(*ousia*)로부터 유래했다고 말할 수는 없다는 것이다. 그렇게 말하면 신적 단일성, 즉 하느님의 유일하심이 두 부분으로 나뉘는 결과를 초래할 것이기 때문

18) Simonetti, *Arianesimo latino*, p.705.

이었다. 아리우스주의자들에 따르면, 성부의 본질은 성자의 본질과 달라야 했다. 두 분이 서로 다른 '위격'(persone)이기 때문에, 두 개의 서로 다른 '본성'(natura), 서로 다른 '실체'(sostanza)를 지닌다고 보았던 것이다. 성자는 성부와 위격으로서 구별될 뿐 아니라, 고유한 본성과 실체를 지닌 존재로서도 성부와 구별된다고 보았다. 이처럼 본성과 실체의 차원에서 성부와 구별된 성자는, 아리우스주의자들의 관점에서 성부와 연결되는 것은 오직 윤리적 차원에서뿐이었다. 성자는 성부를 모방함으로써 성부와 비슷한 존재가 된다. 성자는

> "윤리적 닮음, 곧 의지와 활동에서의 닮음을 지닌다. 〔…〕 아리우스주의자들의 입장을 따르면, 성부와 성자의 일치는 의지와 행위라는 동적이고 윤리적인 차원에서만 말할 수 있으며, 본성과 실체의 차원에서는 일치가 철저히 배제된다. 〔…〕 결국 아리우스주의자들에 따르면 성자는 성부의 모든 특권을 지니고 있지만, 그 방식은 아버지와 동일하지 않다. 성자는 자신이 가진 모든 것을 성부와는 다른 방식으로 지니고 있으며, 그가 가진 모든 것은 존재론적이든 시간적이든 근원성 없이 소유하는 것이 아니다. 성자가 지닌 완전성은 파생된 형태로서, 창조(곧 낳아짐)의 순간에 성부로부터 전달받은 것이므로, 그 지위는 성부보다 낮은 차원을 지닌다."[19]

아리우스주의자들은 니케아 공의회가 내린 결정에 대해 반대

[19] Simonetti, *Arianesimo latino*, pp.717, 719.

하며 다음과 같은 논거를 제시했다. 첫째, '동일본질'(*homoousios*)이라는 용어는 성경에서 나온 말이 아니다. 둘째, 이 용어는 두 신적 위격을 혼동했던 사벨리우스의 이단을 떠올리게 한다. 마지막으로, 성자를 낳는 순간 유일한 신적 실체가 성부와 성자의 두 부분으로 나뉠 수 있다고 오해하게 만든다는 점이다.

공의회는 적지 않은 난관에 직면해 있었다. 세스부에(Sesboüé)는, 논의하려는 신비의 깊이를 생각할 때 "단어 하나로 표현하기에는 너무 지나치거나 너무 부족하다"[20]라고 진단한다. 실제로 삼위일체의 신비를 '동일본질'이라는 용어 하나에 가두지 않기 위해서는, 이후 다른 공의회들의 논의가 불가피해졌다. 전해지는 바에 따르면, 니케아 공의회 중에 '호모우시오스'라는 용어가 채택된 것은 콘스탄티누스 황제의 친구였던 코르도바의 주교 오시우스의 압력에 따른 것이었다. 그렇다면, 오시우스 주교는 왜 '동일본질'이라는 용어의 도입을 지지했을까?

> "라틴 신학 전통에서는 결국 '실체'(*substantia*), 본성(*natura*), 본질(*essentia*)이 거의 같은 의미로 이해되었다. […] 그렇기 때문에 서방에서 성부와 성자에 대해 '구별된 실체들'(distinte sostanze)이라고 말하는 것은, 단순히 '개별적 실재'(=*persona*) 차원에서 구별하는 것을 넘어, 그들이 동일한 '본성'(*natura*)을 공유할 수 있다는 사실 자체를 부정하는 것이 되었다."[21]

즉, 성부와 성자가 같은 '실체=본질'(*substantia=ousia*)을 지닌다고

---

20) Sesboüé, *Jésus-Christ*, p.104.

21) Simonetti, *Arianesimo latino*, pp.704~705.

말할 수 있는 이유는, 그것이 성부와 성자가 같은 신성을 지닌다는 사실을 증언하기 때문이다. 이는 신앙에 있어 근본적인 문제이다. 그러나 성부와 성자가 같은 '실체-위격'(*substantia-hypostasis*)을 공유한다고 말하는 것은 불가능하다. 그렇게 말하면 성부와 성자가 한 위격, 곧 동일한 '위격'(*persona*)이라는 뜻이 되어 이단이 되기 때문이다. 그렇다면 성부와 성자가 서로 다른 두 위격(*hypostasis*)임을 말하면서도, 그들이 서로 다른 두 신성(*cf ousiai*)을 지니지 않는다고 말하는 것이 어떻게 가능한가?

서방 라틴인들은 신적 본성의 일치를 강조하는 교의를 더 잘 이해했고, 세 위격의 구별을 강조하는 개념들에 대해서는 '삼신론'(triteismo)으로 흐를 위험이 있다고 의심스럽게 바라보았다.[22] 반면, 동방 교회 전통에서는 성부와 성자의 '실체'(ipostasi)를 구별하는 데 익숙했기 때문에, 성부와 성자를 하나의 '실체'(ipostasi, sostanza)라고 말하는 것은 사벨리우스주의적 이단을 주장하는 것과 같다고 보았다.[23]

니케아적 입장의 총체적 의미

공의회 교부들은 아리우스의 주장에 대해 설득력 있는 답변을 제시해야 했다. 따라서 그들은 성경에서부터 논의를 시작했

---

22) Cf. *Lettera di Dionigi di Alessandria*(알렉산드리아의 디오니시우스의 편지), anno 260 ca., DH 112~115; Cf. Simonetti, *Arianesimo latino*, p.665, nota 7.

23) Cf. J.N. Kelly, *I simboli difede della Chiesa antica, nascita, evoluzione, uso del Credo*(고대 교회의 신앙의 상징들: 신경의 탄생, 발전, 사용), Dehoniane, Napoli, 1987, p.242.

다. 사실 공의회가 해야 할 일은, 결국 복음 선포, 곧 하느님의 아들 나자렛 예수의 설교를 해석하는 것이기 때문이다.

니케아 공의회는 부활하신 주님에 대한 신앙을 요한 복음의 언어로 해석하여 받아들였다. 요한 복음에서 '신적 아드님'(filiazione divina)이라는 표현은, 창조 이전에 성부와 함께 계셨던 '말씀'(*Logos*)의 선재(先在)로 이해된다. "한처음에 말씀이 계셨다. 말씀은 하느님과 함께 계셨는데 말씀은 하느님이셨다. 그분께서는 한처음에 하느님과 함께 계셨다. 모든 것이 그분을 통하여 생겨났고 그분 없이 생겨난 것은 하나도 없다"(요한 1,1~3). "아무도 하느님을 본 적이 없다. 아버지와 가장 가까우신 외아드님 하느님이신 그분께서 알려 주셨다"(요한 1,18). 말씀은 만물이 그를 통해 창조된 외아드님이지만, 창조된 존재가 아니라 태초부터 성부와 함께 계셨던 분이다.

성경은 그리스도의 신적 아드님을 분명히 말하고 있지만, 공의회가 채택한 동일한 개념인 "성부에게서 나신 외아드님, 곧 성부와 동일본질이신 분"이라는 정의를 사용하지 않았다. 공의회의 결정적 표현의 핵심은 '창조됨'(creazione)이 아니라 '낳아짐'(generazione)에 있다. 그리고 바로 이 '낳아짐' 안에서 성자와 성부의 '동일본질성'(consustanzialità)이 드러난다. 아타나시우스는 다음과 같이 표현한다. "비록 공의회의 용어들이 성경에 그대로 나타나지 않지만, 그럼에도 그 표현들은 성경의 의미를 담고 있으며, 편견을 버리고 올바른 신학적 관점에 귀 기울이는 이들에게는 그 뜻을 온전히 드러내 준다."[24]

---

24) Cf. Atanasio, *Il credo di Nicea* 21, 2〔100〕.

아리우스가 성경을 문자 그대로 해석하려고 했던 반면, 아타나시우스와 공의회는 성경의 문자적 표현에 매달리기보다 성경의 '의도'에 충실해야 한다고 주장했다. 이는 성경의 참된 의미를 왜곡하는 이단자들의 오해를 바로잡기 위해서였다. 그래서 필요하다면 성경에 없는 용어라도, 성경이 전하는 진리를 정확히 표현하기 위해 사용할 수 있다고 보았다. 여기서 중요한 것은 신경에 도입된 용어 자체가 아니라, 그 단어가 등장하기 이전부터 교회가 믿고 전해 온 구원 신앙이다. 예수께서 신성에서는 성부와 한 본질이시며, 인성에서는 우리와 같은 본질을 지니신 분이라는 사실은, 니케아 이전의 모든 그리스도인 세대가 이미 고백해 온 신앙이었다. 비록 그것을 표현할 정확한 용어가 아직 없었더라도 말이다. 즉, 하느님의 계시에 대한 이해 안에는 하나의 발전 과정이 있으며, 그 과정의 결론을 단순히 "성경에 쓰여 있지 않다"는 이유만으로 부정할 수는 없다. 성경의 내용은, 그것이 표현되는 형식과 결코 분리될 수 없지만, 동시에 그 형식을 넘어서는 진리를 담고 있기 때문이다. 따라서 성경이 교회에 맡겨져 있는 이상, 교회는 성경 본문에서 항상 '교의적 가르침'(dottrina)을 도출해 내야 하며, 그 안에 담긴 진리를 더 정확하게 파악하고 설명하기 위해 끊임없이 해석을 발전시켜 나가야 한다.

니케아 신경의 공식화는 구원의 내용을 더 깊이 이해하도록 이끌었고, 그 결과 그리스도를 유일한 주님이자 중개자이며 구세주로 고백한 사도들의 전승, 곧 신앙의 유산에 대한 이해 역시 한층 성숙해졌다. 아타나시우스는, 아리우스가 그리스도를 단순한 '중간 존재'로 격하시켰기 때문에, 말 그대로 "우리에게서 구세주를 빼앗았다"[25]고 탄식했다고 전해진다. 실제로 그리스도가 하느님이 아니라면, 구원은 '하느님과의 일치'(divinizzazione)일 수 없고, 우리는 그분 안에서 하느님의 자녀가 될 수도 없다. "그리스도께서 우리를 위해 어떠한 분이신지, 그분 자신이 어떠한 존재이신지는 밀접한 상관관계가 있다. 구원론과 그리스도론의 일치는 결코 분리될 수 없다."[26)]

니케아 공의회는 분명 그리스도론적 공의회이며, 삼위일체 신학과 그 용어를 정초한 공의회이다. 그러나 아리우스 논쟁에는 인간 이해에 대한 도전이 포함되어 있었기 때문에, 니케아는 인간학적으로도 중요한 내용을 지닌 공의회라고 할 수 있다. 구약의 유일신 신앙을 넘어서는 일은, 구원을 가능하게 하는 육화하신 성자의 참된 신성을 받아들일 때에만 비로소 가능하다. 오직 육화하신 그분만이 인간을 하느님 생명에 참여시키는 구원, 곧 '신화'를 보증하실 수 있기 때문이다. "말씀이 사람이 되셨다는 사실은, 우리가 그분의 육신을 우리의 것으로 받아들일 때 그분의 불멸의 생명을 상속받는 존재가 된다는 뜻이다."[27)]

육화하신 말씀의 신성을 부정하는 모든 주장은 인간의 구원과 다시 태어남을 축소시키는 결과를 낳는다. 아타나시우스에게 중요한 것은, 그리스도에게서 신성과 인성이 어떻게 결합되었느냐는 방식 자체가 아니라, 그 결합이 우리에게 구원을 가져다준다는 사실, 더 나아가 우리에게 새로운 인간성을 주는 참된 구원

---

25) Cf. Sesboüé, *Jésus-Christ*, p.98.

26) Sesboüé, *Jésus-Christ*, pp.99~100.

27) "말씀이 육신(corpo)을 취하심으로써 사람이 되신 것처럼, 우리도 그분의 육(carne) 안으로 받아들여짐으로써 말씀에 의해 신화되고, 영원한 생명의 상속자가 되었습니다." Atanasio, *Contra Arianos*(아리우스파 반박), III, 34, PG 26, 397.

이 된다는 점이다. 신화는 구원받아 새로워진 인간이 체험하는 현실이며, 이는 그리스도께서 인간의 삶 안으로 들어오셔서 새 창조의 능력을 드러내셨기 때문에 가능하다. "그분(하느님의 말씀)은 우리가 신화되도록 사람이 되셨고, 우리가 보이지 않는 아버지를 이해하도록 육신을 통해 자신을 드러내셨으며, 우리가 썩지 않는 생명을 상속받도록 인간의 폭력을 견디셨다."[28]

그리스도인의 삶은 그리스도인을 변호하기 위한 논증이 아니라, 그리스도를 증언하는 삶이다. "정치적 승리는 그리스도교의 승리를 보장할 수는 있지만, '금욕 수행자'(asceta)의 삶은 그리스도의 승리를 보장한다."[29] 안토니우스는 새로운 삶이 무엇인지를 자신의 체험으로 보여 주는 그리스도인, 즉 금욕 수행자의 본보기가 된다. 그리스도인의 삶은 살아 계신 그리스도께서 특별히 생명을 입은 이들, 영원한 생명의 상속자들, 기적을 행할 능력을 지닌 이들 안에서 살아 계심을 명백히 드러내는 증거이다![30]

니케아 공의회는 지나치게 세련된 언어를 사용했으며, 헬레니즘 문화에 과도하게 의존했다는 비판을 받아왔다. 그러나 학자 그릴마이어(Grillmeier)는, 니케아에서 헬레니즘 철학 용어의 사용이 곧, 내용의 비(非)헬레니즘화를 의미한다고 주장한다.[31] 즉,

---

28) *Incarnazione del Verbo* 54〔129〕.

29) Bouyer, *La vie de S. Antoine*, pp.150~152.

30) "그리스도인의 삶이 보여 주는 광경은 결코 단순한 호교론적 주장에 그치지 않는다. 오히려 그것은 그들 안에 그리스도께서 살아 계시다는 눈부신 증언이다. Camelot, "Introduction", p.98.

31) Cf. A. Grillmeier, "De Jésus de Nazareth dans l'ombre du Fils de Dieu au Christ image de Dieu, in *Comment être chrétien? La réponse de H.Küng*(하느님의 아드님의 그늘 아래 있는 나자렛 예수에서, 하느님의 모상이신 그리스도에 이르기까지 -『그리스도인은 어떻게 되는가?: 한스 큉의 응답』 중에서), R. Armogathe, Paris, 1979, p.128.

니케아의 특징은 헬레니즘 철학에서 온 용어를 도입하면서도, 그 용어를 통해 교의의 내용을 오히려 헬레니즘적 사고에서 벗어나게 했다는 점이다. 공의회는 철학적 용어를 사용했지만, 철학적 방식으로 사고하지는 않았다. 이는 또한 호교 교부 시대,[32] 즉 비신앙인들에게 그리스도 신앙을 설명하려 했던 교부 시대의 종말을 의미한다. 이제 교부들은 더 교양 있는 그리스도인들에게 눈을 돌리며, 그리스도교 신앙이 바로 그 문화의 가치들과 어떻게 다른지를 보여 준다. 세스부에는 다음과 같이 논평한다. "신앙의 토착화(inculturazione della fede)란, 어떤 문화의 언어 안에서 그 문화가 담고 있는 사유 체계와 가치들에 대해 그리스도교가 도입하는 고유한 차이를 분명히 밝혀낼 때 비로소 진정한 것이 된다."[33] 이렇게 니케아는 그리스 문화에 맞서는 대담함을 보여주며, 이러한 용기는 교회가 모든 시대의 도전 속에서 지켜 내야 할 소명으로 자리한다.

니케아의 위대한 주역인 아타나시우스 자신도 공의회가 사용한 새로운 용어들 앞에서 아리우스주의자들이 느낀 어려움은 이해했으나, 그 표현들이 확증하고자 했던 신앙 자체에 대해 그들이 보였던 저항은 이해하지 못하였다.

> "그러므로 만일 그들(아리우스주의자들)이 공의회가 사용한 용어들이 생소하다는 것을 구실로 내세운다면, 적어도 그 표현들을 기록할 때 공의회가 지니고 있던 사상은 받아들이고, 공의회가 단죄한 것을 그들도 단죄해야 한다. 그렇게 할 때에만, (만약 가능

32) Cf. Sesboüé, *Jésus-Christ,* p.101.

33) Sesboüé, *Jésus-Christ*, p.102.

하다면) 그들도 그 표현들을 비판할 수 있을 것이다. 그러나 그들도 잘 알고 있듯이, 공의회의 사상을 받아들이는 순간, 그 사상을 표현하는 말들도 온전히 받아들이게 될 것이다. 더욱이 그들이 이것마저도 논박하려 든다면, 그들이 헛된 말을 하고 있으며, 자기들의 이단을 지지하기 위해 헛된 말을 꾸며 내고 있음이 모든 이에게 분명해진다."[34]

아타나시우스는 니케아 공의회가 채택한 '호모우시오스'의 뜻을 해석하고 밝히는 데 온 힘을 기울인 인물이었다. 그는 공의회가 제시한 새로운 신학적 표현을 자신의 사목적 핵심 과제로 받아들였다. 그러나 주목할 점은, 주교로서 그는 공의회 논의의 맥락 밖에서는 '동일본질'이라는 말을 결코 사용하지 않았다는 사실이다. 삼위일체에 관해 말할 때 그는 니케아의 내용을 전했지만, 그 용어를 그대로 사용하지는 않았다.[35] 그의 신학은 여러 방면에서 검증되고 시험된 바 있으며, 아타나시우스는 의심할 여지 없이 교회의 가장 위대한 교부들 가운데 한 사람이다.[36] 그의 위대함과 "그 힘은 우리 구원의 신비, 곧 예수 그리스도에 대한 끊임없는 언급에 있다."[37]

---

34) Cf. Atanasio, *Il credo di Nicea* 21, 1〔100〕.

35) "〔아타나시우스는〕 삼위일체에 대해 말할 때 이 표현을 결코 사용하지 않았으며, 다만 역사적 회상의 맥락에서만 언급했을 뿐이다. 그러나 그는 그의 교회에 고유한 언어로 니케아 신경의 핵심 내용을 전달하고 있다." Ch. Kannengiesser, *Arius and Athanasius, Two Alexandrian Theologians*, p.97.

36) J. Roldanus, *Le Christ et l'homme dans la théologie d'Athanase d'Alexandrie. Etude de la conjonction de sa conception de l'homme avec sa christologie*(알렉산드리아의 아타나시우스의 신학에서의 그리스도와 인간: 그의 인간 개념과 그리스도론의 결합에 관한 연구), Brill, Leiden, 1968, p.8.

37) Congar, "L'esprit des Pères d'après Moehler"(Moehler에 따른 교부들의 정

니케아 공의회가 소집되기까지의 흐름, 그리고 그 과정에서 삼위일체 용어가 형성된 배경은 매우 중대한 의미를 지닌다. 당시 교회는 신비를 온전히 드러내기보다 오히려 그 깊이를 축소시키면서 대중의 지지를 얻고 있던 문화적 변화와 여러 가르침에 맞서야 했다. “이단들은 사변에 지나지 않으며 자의적 구성일 뿐이기에, 아타나시우스의 그리스도교는 이에 대해 분명한 거리를 두었다. 그것은 심리학도 아니고, 윤리학도 아니며, 우주론도 아니다. 그것은 육화하신 말씀에 대한 신앙이다.”[38] 따라서 아타나시우스의 삶은 황제 권력 앞에서도 결코 굴복하지 않는 그의 자유를 보여 준다. 그리고 그 자유는 바로 이 믿음에서 비롯된 것이다.

그리스도교의 힘은, 구원론을 통해 드러나는 그리스도론적 진술과 인간학적 주장 사이에 놓여 있는 이 내적 일관성에 있으며, 나아가 순명 안에서 지켜 낸 용어와 자유 안에서 증거된 삶 사이를 잇는 이 존재론적인 결속에 있다.

아타나시우스는 우리가 결코 간과해서는 안 될 한 가지 원칙을 상기시킨다. 즉, 인간에 대한 복된 소식은 그리스도에 대한 올바른 신앙 고백과 신뢰할 수 있는 증인들의 가시적인 삶에 달려 있다는 것이다.

신), in Id., *Esquisses du mystère de l'Eglise*(교회의 신비를 향한 단상들), Unam Sanctam 8, Cerf, Paris, 1941, p.141.

38) Camelot, “Introduction”, cit., p.104.

제 2 장

안토니우스, 신화(神化)된 인간

Ⅰ. 『안토니우스의 생애』: 니케아 교의의 명시적 구현

"은총을 받기 위해 가까이 다가선 이들에게 예수님은 이렇게 말씀하십니다. "나는 너희를 친구라고 불렀다. 내가 내 아버지에게서 들은 것을 너희에게 모두 알려 주었기 때문이다"(요한 15,15). 은총에 가까이 다가가고 성령의 가르침을 받은 이들은 자신들의 영적 본성을 알게 되었습니다. 그래서 바오로 사도는 이렇게 말합니다. "여러분은 사람을 다시 두려움에 빠뜨리는 종살이의 영을 받은 것이 아니라, 여러분을 자녀로 삼도록 해 주시는 영을 받았습니다. 이 성령의 힘으로 우리가 '아빠! 아버지!' 하고 외치는 것입니다"(로마 8,15). 이렇게 하여 그들은 하느님께 받은 선물을 깨닫습니다. 실제로 우리는 "하느님의 자녀이고, 하느님의 상속자이며, 그리스도와 더불어 공동 상속자인 것입니다"(로마 8,17). 사랑하는 형제 여러분, 여러분은 성인들의 유산에 참여하는 이들이며, 모든 덕행은 여러분의 것이고 여러분에게 속해 있습니다.

육에 따른 삶에 의해 물들지 말고, 언제나 하느님 앞에 머무르도록 하십시오. "지혜는 간악한 영혼 안으로 들지 않고 죄에 얽매인 육신 안에 머무르지 않는다. 가르침을 주는 거룩한 영은 거짓을 피해 가고 미련한 생각을 꺼려 떠나가 버리며 불의가 다가옴을 수치스러워한다"(지혜 1,4~5). "나는 여러분을 슬기로운 사람으로 여겨"(1코린 10,15) 여러분에게 편지를 쓰고 있습니다. 여러분은 자신을 알 수 있는 능력을 지니고 있으며, 자신을 아는 사람은 하느님을 알게 됩니다. 그리고 하느님을 알게 된 사람은 마땅한 방식으로 그분을 찬미해야 합니다. 주님 안에서 사랑하는 여러분, 여러분 자신을 알아가십시오. 참으로 자신을 아는 사람은 자신이 살아가는 시간도 알게 됩니다. 그리고 시간을 알게 된 사람은 굳건히 서서, 다른 가르침에 쉽게 흔들리지 않습니다."[1)]

이 편지는 안토니우스가 제자들에게 자신을 묘사하며 쓴 것으로, 그가 왜 역사 속에서 그리스도인의 모범으로 남게 되었는지를 보여 준다. 하느님의 벗인 그는, 자신을 하느님 앞에서 자신의 내면과 마주하는 오랜 체험 속에서 자신을 알게 된 사람이다. 또한 그는 자신이 살아가는 시대를 이해하고, 그 시대에 다양한 방식으로 참여한다. 그리고 서로 다른 가르침의 흐름 속에서도, 이단의 시련 속에서도, 유혹의 소용돌이 속에서도 굳건히 서 있었다.

---

1) Antonio, *Lettera*(서한), VII[178~179].

『안토니우스의 생애』, 한 권의 베스트셀러

우리는 아타나시우스가 저술한 『안토니우스의 생애』를 통해 한 인물을 알게 된다. 이 책은 이탈리아어를 비롯해 여러 언어로 번역된 다양한 판본들이 있으며, 충실한 연구 서문들을 함께 갖추고 있다.[2)]

이 책의 정확한 집필 시기에 대해서는 여러 논의가 있었으나, 대체로 안토니우스가 죽은 이후인 356년 이후 380년 이전으로 추정된다. 왜냐하면 380년에 니지안주스의 그레고리우스가 아타나시우스를 '교회의 지지대(pilastro)'[3)]이자 기둥(collona)이라 칭하면서, 그가 "수도 생활의 규범을 내러티브의 형식으로 제시하기 위해 거룩한 안토니우스의 생애를 기록했다"[4)]고 언급하기 때문이다. 370년에 이 텍스트가 이미 존재했으며, 라틴어로 두 차례 번역되었다는 사실도 알려져 있다. 또한 이 작품이 언제 쓰였는지를 파악하는 데 도움이 되는 많은 다른 언급들도 있다. 392년에 히에로니무스가 이 작품에 대해 언급했고, 397년에는 아우구스티누스가 자신의 『고백록』[5)]에서도 이 작품을 암시하고 있다. 이는 이 텍스트가 매우 오래되었고, 그리스도인들에게 특별한 의미가 있는 중요한 작품임을 뜻한다.

이 글은 누구를 대상으로 쓰인 것인가? 아타나시우스는 안토

---

2) 필사본, 판본, 번역 및 비평의 역사에 대해서는 다음을 참조: Bartelink, "Introduction", pp.7~108.

3) Gregorio Nazianzeno, *Orazione* 21, 26〔533〕.

4) Gregorio Nazianzeno, *Orazione* 21, 5〔511〕.

5) Agostino di Ippona, *Confessioni*(고백록) VIII 12, Città Nuova, Roma, [7]2000, pp.248~249.

니우스의 삶을 알고 그처럼 살고자 하는 수도자들에게 이 글을 쓴다고 밝히고 있다. 아타나시우스가 지중해로 향하는 배에 자신의 작품을 실어 보내기 위해 서둘러 이 이야기를 마무리하려 한다는 언급으로 보아, 그 수도자들은 스페인이나 갈리아, 혹은 이탈리아에 살았을 가능성이 크다.

그렇다면 이 글의 저자가 진정 아타나시우스인가? 16세기에 일부 개혁자들도 이 점을 의심했다. 그들의 견해에 따르면, 『안토니우스의 생애』에 나오는 이야기들은 너무 우스꽝스럽고 황당하여 아타나시우스의 다른 작품들을 특징짓는 위대한 사상들에 걸맞지 않다고 보았다. 또한 많은 이가 수도 생활이 콘스탄티누스 황제 죽음 이후에야 비로소 시작되었으며, 340년 이전에는 겨우 초기적인 형태로만 나타났다고 주장하였다. 따라서 『안토니우스의 생애』는 후대에 꾸며 낸 허구의 이야기라고 보는 이들도 있었다.

그러나 이러한 논쟁에도 불구하고, 오늘날의 본문비평 학계는 이 작품의 저자가 아타나시우스라고 인정하고 있다. 이는 내용과 문체 양면에서 이 작품과 알렉산드리아의 주교 아타나시우스의 다른 저작들 사이에서 발견되는 수많은 평행 구절과 유사성 때문이다.[6] 또한 아타나시우스와 안토니우스 사이에는 분명한 교류가 있었던 것으로 알려져 있다. 안토니우스가 세상을 떠날 때, 그의 유언에 따라 아타나시우스와 세라피우스가 그의 망토를 물려받았는데, 이는 스승과 제자 사이에 형성되는 깊은 관계적 계보의 성경적 상징을 드러내는 영적인 제스처였다.[7]

---

6) Cf. Bartelink, “Introduction”, p.30.

7) 예언자 엘리사는 스승 엘리야의 망토를 받음으로써, 그의 영이 자신에게 전

이런 의미에서, 나지안주스의 그레고리우스도 자신의 유언에서 에바그리우스에게 자신의 겉옷 두 벌을 물려주도록 지시한 바 있다.[8)]

수도자 안토니우스와 주교 아타나시우스 사이의 깊은 관계는, 교회 생활이 잘 구현된 좋은 본보기이다.

> "아리우스 논쟁 당시 안토니우스가 주교직을 지지하기 위해 노력했던 열정과 반대로 아타나시우스가 안토니우스와 수도 생활에 대해 보인 관심과 호의는, 수도 생활의 기본 원칙 중 하나인 예언직과 사제직 간의 '연합'(alleanza)을 뚜렷하게 보여 준다."[9)]

또한, 아타나시우스가 어떻게 이러한 종류로서는 최초라 할 만한 작품을 구상하게 되었는지, 그 구상은 어디에서 비롯되었는지에 대한 의문이 제기된다. 세속적인 본보기를 따른 것인지, 아니면 이전의 작품들에서 영향을 받은 것인지의 문제이다.[10)]

해졌음을 알게 된다(2열왕 2,9~15 참조).

8) 또한 그는 상의(camicia)와 겉옷(tunica) 한 벌, 금화 서른 닢을 남겼다. Cf. Gregorio Nazianzeno, *Testamentum*(유언장), PG 37, 393.

9) L. Leloir, "Le prophétisme ecclésial d'Antoine"(안토니우스의 교회 안에서 예언자적 사명), in *After Chalcedon. Studies in Theology and Church History Offered to A. van Roey*, Orientalia Lovaniensia Analecta 18, Leuven, 1985, pp.217~218.

10) 모든 글은 특정 문화 안으로 들어가게 마련이므로, 그에 따른 고유한 문학 양식과 참고 모델을 갖기 마련이다. 『안토니우스의 생애』도 예외는 아니며, 다음과 같은 선행 저작들을 연상시킨다. 크세노폰의 『아게실라오스의 생애』, 포르피리우스의 『플로티누스의 생애』, 필로스트라투스의 『티아나의 아폴로니우스의 생애』, 알렉산드리아의 클레멘스의 『어떤 부자가 구원받는가』. Cf. C. Mohrmann, "Introduzione"(서문), in *Vita di Antonio*, Mondadori, Verona, 1974, p.LXXI.

이 주제에 관해서는, 아달베르 드 보게(Adalbert De Vogüé)의 견해가 가장 적절해 보인다. 『안토니우스의 생애』의 모범을 찾기 위해서는 복음서를 바라봐야 한다.

> "그리스도교 최초의 성인전 작가가 직관적으로 향했을 시선의 방향은 그리스도의 삶, 즉 복음서들이었다. 『안토니우스의 생애』의 순서인 유혹-교리 교육-기적으로 이어지는 과정은 첫 번째 복음서(마르코 복음)의 구조를 반영하는 듯하다. 다른 유사점들도 고려할 수 있지만, 아타나시우스에게 가장 중요한 모범은 예수의 생애가 되었을 가능성이 크다."[11]

그러므로 복음서가 그리스도의 정체성과 사명을 전해 주듯이, 『안토니우스의 생애』는 그리스도인의 정체성과 사명을 전해 준다고 말할 수 있다.

『안토니우스의 생애』, 니케아 신앙의 최초 표현

『안토니우스의 생애』는 박해받던 그리스도인의 삶에서, 신앙을 자유롭게 표현할 수 있게 된 삶으로의 전환을 보여 주는 매우 의미 있는 증언이다. 그러나 신앙의 자유가 주어진 이 새로운 상황이 반드시 신앙의 질까지 보장해 주는 것은 아니었다. 아리우스라는 위기의 상황 속에서, 『안토니우스의 생애』는 니케아 신

11) A. De Vogüé, *Histoire littéraire du mouvement monastique dans l'antiquité*(고대 수도원 운동의 문학사), I, Cerf, Paris, 1991, pp.78~79.

앙의 정통성을 그리스도인의 삶 안에 적용한 가장 훌륭한 증언 중 하나로 평가받는다. 그것은 "니케아 신앙의 최초의 표현이자, 그 신앙의 구체적인 실현이며 〔…〕 니케아 신앙에 대한 최고의 방어"[12]로 여겨진다. 아리우스의 이단은 그리스도를 성부 하느님보다 열등한 반신(半神, semi-dio)으로 격하시켰다. 이에 대해 아타나시우스는 교의적 투신으로, 안토니우스는 수도 생활의 헌신으로 그리스도의 참된 신성과, 인간 안에서 실현되는 신화의 진리를 선포하였다. 안토니우스는 '하느님의 사람'으로 묘사된다. 그는 사막에서 은총을 통해 변모된 인간, 신화된 인간으로서 자기 안에서 이루어지는 그리스도의 활동을 가시적으로 보여 주는 존재이다.[13]

> "만약 아리우스주의자들이 주장하듯이 그리스도가 본성상 하느님이 아니라 단지 참여를 통해 하느님이 되신 분이었다면, 인간 존재 안에서 하느님과의 닮음을 결코 형성할 수 없었을 것이다."[14]

안토니우스는 피조물 안에서 이루어진 그리스도의 활동을 보여 주는 모델이며, 아타나시우스의 신학이 구체적으로 실현된 완성의 전형이다.[15] 그는 세상에 대한 그리스도의 승리에 동참하

---

12) L. Cremaschi, in Atanasio di Alessandria, *Vita di Antonio*(안토니우스의 삶), Paoline, Milano, [3]2008, p.42.

13) Cf. M. Tenace, *Dire l'uomo, vol. 2: Dall'immagine alla somiglianza di Dio. La salvezza come divinizzazione*(인간을 말하다 2: 모상에서 닮음으로, 신화로서의 구원), Lipa, Roma, 2005, part, il cap. "Divinizzazione e incarnazione", pp.82~111.

14) L. Cremaschi, in Atanasio di Alessandria, *Vita di Antonio*, cit., p.42.

고 성령의 능력을 드러내는 것을 본질로 하는 세례 받은 이의 소명을 보여 주는 모범이다. 『안토니우스의 생애』는 그리스도인 삶의 기초를 보여 준다. 이 삶은 세례로 시작되며, 사탄을 거부하고, 부활의 표징 아래에서 살아가며, 그리스도 안에서 새로 태어난 존재의 영광을 드러내기 위한 여정이다. 이는 모든 이에게 제시되는 그리스도인 삶의 본보기이며, 복음에서 흘러나오는 근원적인 삶을 보여 주는 예시이다.

따라서 『안토니우스의 생애』는 단순히 수도 생활의 역사에서만 중요한 것이 아니라, 나아가 그리스도인의 삶을 이해하는 데 있어서도 중요하다. 이는 신앙의 교의를 실존적인 범주로 풀어내는 설명이며, 진정한 그리스도인의 삶을 보여 주는 하나의 실례(實例)가 된다.

안토니우스 이전에도, 이집트뿐 아니라 팔레스티나, 시리아, 메소포타미아, 갈리아, 이탈리아 등 여러 지역에도 이미 수도자들은 존재하고 있었다. 그러므로 안토니우스는 수도 생활을 시작한 최초의 인물도 아니고, 최초의 '하느님의 사람'도 아니다.[16] 실제로 『안토니우스의 생애』에서는 안토니우스가 따랐던 여러 '금욕 수행자들'과, 그가 젊은 시절 완성을 추구하며 참여하게 된 하나의 전통에 대해서도 언급되고 있다. 그러나 이 책에서 드러나는

15) J. Roldanus, *Le Christ et l'Homme dans la Théologie d'Athanase d'Alexandrie. Étude sur la conjonction de sa conception de l'Homme avec sa Christologie*, Brill, Leiden, 1968, p.348.

16) '하느님의 사람'(Uomo di Dio)은 성 알렉시우스의 생애를 다룬 전기 문학의 제목으로, 안토니우스 이전에 알려져 있었다. Cf. M. Van Esbroeck, "Le monachisme syriaque"(시리아 수도 생활), in *Le monachisme syriaque aux premiers siècles de l'Eglise. IIè - début VIIè siècle*(초세기 교회 안에서 시리아 수도 생활. 2~7세기 초), Actes du V Colloque Patrimoine Syriaque, CERP, Liban, 1998, p.73.

안토니우스의 강력하고 명확한 증거 덕분에, 그는 그리스도교 '은수자'(eremita)의 육화된 전형으로 전해진다. 마치 파코미우스가 공주 수도 생활의 아버지로, 바실리우스는 그리스도교 공동체 생활의 모범적인 규율 제정자로 전해지는 것과 같은 맥락이다.

구원된 삶에 대한 우화

안토니우스의 출생 연도는 365년에 105세의 나이로 세상을 떠났다는 기록을 바탕으로 251년으로 추정된다. 그는 이집트 나일강 유역의 한 마을에서 부유한 그리스도교 가정에서 태어났다. 후대의 교회 역사학자 소조메누스(Sozomenus)[17]의 기록에 따르면, 이 마을은 '코마'(Koma)라는 곳으로 오늘날 '알-와스타'(Al-Ouasta) 지역 내에 '키만 알-아루스'(Qiman al-Arus)로 알려져 있다.

안토니우스는 어릴 때부터 이미 가정에서 하느님의 일에 마음이 향해 있었고 성경에 대한 특별한 사랑을 키웠다. 그 후 그의 삶의 여정은 여러 단계를 따라 전개되었고, 연속된 '피난'을 통해 서술되었다. 여러 차례에 걸친 도피는, 악에 대한 그리스도의 승리의 깊이를 매번 새롭게 체험하는 과정 속에서 형성된 영적 성장의 이정표가 된다.

첫 번째 완성의 단계는 육체의 단계이다. 그다음은 죽음과의 투쟁의 단계로, 13년 동안 무덤에서 살아가며 그 싸움을 견뎌 낸다. 그리고 다음 단계에서는 35세가 되던 해에 그리스도의 승리

17) Cf. Sozomeno, *Hist. eccl.*(교회사) 1. 13.2, SC 306(1983), pp.170~171.

를 확증하기 위해 요새로 들어가 20년 동안 더 은둔하는 시기를 가졌다(286~306). 311년에 순교자들과 함께하고자 하였으나 뜻을 이루지 못하였고, 그다음 단계에서 또다시 25년 동안(313~338) '내적인 산'을 향해 사막으로 물러나 은둔하였다. 그곳에서 그는 때때로 '외적인 산'에서 누군가를 만나기 위해 내려오곤 했다. 338년에 그는 아리우스주의자들과 맞서기 위해 다시 알렉산드리아로 향했다. 마지막으로, 341년부터는 두 제자의 보살핌 속에 지내다가 356년에 자신의 최종적인 부활을 맞이했다.

안토니우스 여정에 담긴 신학적 의미와 증거로서의 가치

• 첫 번째 단계: 부르심의 체험

안토니우스는 부모가 세상을 떠난 후 어느 날, 성당에서 복음 말씀을 듣게 되었다. "네가 완전한 사람이 되려거든, 가서 너의 재산을 팔아 가난한 이들에게 주어라. 그리고 와서 나를 따라라. 그러면 네가 하늘에서 보물을 차지하게 될 것이다"(마태 19,21 참조). 그는 이 말씀을 두 단계로 실행하였다. 먼저 자신의 재산을 팔았고, 이어서 각별한 애착을 가지고 있던 유일한 사람인 여동생과도 이별해야 했다. 아타나시우스가 전한 바와 같이 271년, 안토니우스는 그의 나이 열여덟에서 스무 살쯤 무렵, 은둔 생활로 접어들었다. 그러나 그는 자신의 마을에서 크게 멀지 않은 곳으로 물러나 있었는데, 그 이유는 아타나시우스가 이야기한 것처럼, 당시 이집트에는 아직 사막에서의 고독한 은수 생활이라는 것이 존재하지 않았기 때문이다(VA 3). 그러나 당시에도 '금욕 수행'(ascesi)은 이미 실행되고 있었으며, 안토니우스는 '슬기로운 꿀벌처럼' 자신이 소문으로 들은 모든 금욕 수행자를 찾아다녔다. 금욕은 이를 실제로 살아가는 이들로부터 배우고, 검증된 전통 안에서 전수받는 것이지, 즉흥적으로 할 수 있는 것이 아니었다. "그는 모든 이에게서 그리스도를 향한 사랑과 서로 간의 사랑에 주목하였고, 〔…〕 각 사람이 지닌 덕을 자신의 마음속에 모아, 모두 자신 안에서 실현하려 애썼다"(VA 4). 이것은 단지 금욕의 완성을 향한 시작 단계일 뿐이었다(VA 3). 이 단계를 구성하는 것은 손수 노동, 단식, 지속적이고 '끊임없는' 기도, 자선 행위 등 '풍미를 더한'(condita) 삶이다. 사람들은 모두 그를 형제이자 아들로 사랑했고, 그를 '하느님의 벗'이라 불렀다(VA 4). 그런데 완전한 그리스도인이 되는 데 이 정도로 충분한가? 안토니우스는 먼저 악마에 맞서 첫 번째 승리를 거두어야 했다. 다시 말해, "구세주께서 안토니우스 안에서 이루신 승리"(VA 7)는 "육체적 쾌락으로 그를 속이려 했던"(VA 7) 악마와의 싸움에 관한 것이었다.

수도자들 사이에는 다음과 같은 확신이 존재한다. 죄에 빠진 이후 인간의 육체는 안락하고 이기적인 삶의 유혹에 쉽게 사로잡힌다. 여기서 수도 생활에서는 하나의 삶의 양식으로서 금욕 수행이 결코 빠져서는 안 된다는 또 하나의 확신이 도출된다. 이러한 금욕 수행을 통해 몸은 성령에 거스르지 않고 그분의 활동에 응답할 수 있게 된다. 단식, 보속, 철야기도, 불편함, 포기, 정결은 수도 생활의 기본적인 요소들이다. 눈으로 보고, 듣고, 만질 수 있는 외적인 대상을 포기하려는 의지를 가지지 못하는 사람이, 어떻게 내면에서 일어나는 생각이나 욕망, 즉 그토록 강력하고 저항하기 힘든 내면의 충동과 싸울 수 있겠는가? 수도자는 육체의 모든 욕망과 모든 쾌락이 서로 얽혀 있으며, 이들이 음식과 성적인 욕망 안에서 그 기본적인 구조가 있다는 사실을 체험하게 된다. 실제로 "감각적인 삶 전체에는 끊을 수 없는 연관성이 있으며, 모든 쾌락 속에는 어둡고 통제하기 어려운 에로스적인 쾌락을 추구하는 경향이 숨어 있다."[18] 왜냐하면 모든 감각과 모든 쾌락은 육체적인 삶에 뿌리를 두고 있기 때문이다. 육체적인 삶을 중심으로 한 감각들의 통합은, 영적 삶에서도 그에 상응하는 일치를 요구한다. 곧, 신앙과 행위, 자비와 정의, 하느님 안에서 생명을 추구하는 모든 계명의 일치를 필요로 하며, 구원을 결정짓는 유일한 계명인 '사랑'을 중심으로 통합된다.

그러므로 그리스도교의 실천 안에서는 어떠한 이원론도 설 자리가 없다. 왜냐하면 육체와 영혼은 서로 대립하는 것이 아니기 때문이다. 안토니우스의 삶 안에 드러난 "그리스도교적 인본주의"는, 그 어떤 것도 배제하거나 과소평가하지 않고, 세계와 삶을 전적으로 은총 아래 두는 인간 이해를 의미한다. 그리스도인 삶의 근원이자 목적이 사랑이라는 사실은 금욕 수행에 "기쁨으로 충만하고" 평화로우며, 괴롭거나 허세 없는 단순함의 색채를 부여하고, 안토니우스의 승리를 분명한 신앙 고백으로 드러나게 한다.

그러므로 이 첫 번째 시기는 다음과 같이 '육화'에 대한 신앙 고백으로 마무리된다.

---

18) Bouyer, *Vie de S. Antoine*, p.65.

"그, 곧 악마는 자신이 하느님과 비슷한 존재라고 여겼지만, 한 젊은이에 의해 조롱당했습니다. 살과 피를 자랑했던 악마는, 오히려 육(carne)을 취하신 인간에게 패배했습니다. 안토니우스를 도우신 분은 우리를 위해 육을 취하신 주님이시며, 그분은 육신(corpo)이 악마를 이기도록 이끄셨습니다. 그래서 싸우는 모든 이가 이렇게 말할 수 있게 하셨습니다. 그것은 "내가 아니라, 나와 함께 있는 하느님의 은총이 한 것입니다(1코린 15,10 참조)." (VA 5)

안토니우스는 자신의 삶 안에서 드러나는 주님 은총의 활동을 관상하고 있었다. 이것만으로도 이미 한 그리스도인을 완전하게 만드는 데 충분하지 않을까? 그러나 안토니우스는 아직 길의 시작에 서 있을 뿐이었다.

• 두 번째 단계: 무덤에서의 삶 – 부활 신앙에 대한 시험과 내면의 이교주의에 대한 그리스도의 승리

왜 이 젊고 이미 완덕에 가까운 삶을 살고 있는 금욕 수행자는 죽음의 장소로 가서 살기로 한 것일까? 안토니우스는 악마와의 싸움 속에서, 거의 죽음에 이를 정도의 경험에 이르렀다. 결국 의식을 잃고 쓰러져 교회 안에서 마치 죽은 자처럼 대할 정도가 되었다(VA 8). 죽음에 있어서는 인간적으로 더 이상 할 수 있는 일이 없다. 모든 면에서 패배한 자리였다. 그러나 자신의 거처인 무덤 안에서 안토니우스는 공격당하고, 구타당하고, 몸에 상처를 입었지만, 조롱을 받아도 도망치지 않고, 그리스도와의 일치를 고백했다. 그래서 무덤 안에서, 즉 모든 사람이 외로움 속에서 죽음과 유령, 자기 그림자에 대한 두려움을 경험하는 그곳에서, 다시 말해 창조된 세계 안에서 죽음의 표지가 찍히고, 인간을 실패의 상황으로 몰아넣는 모든 것이 존재하는 그곳에서, 안토니우스는 그 어떤 것도 자신을 그리스도와 갈라놓을 수 없다는 믿음을 고백했다(VA 9). 바로 그 죽음의 장소에서 하느님의 승리가 드러나며, 자기 자신에 대한 죽음을 통해 인간은 하느님의 생명에 참여하고, 따라서 그리스도의 부활의 힘에 동참하게 된다. 육신은 상처를 입었지만 "정신은 선명한" 안토니우스는 이렇게 자신을 변호한다. "그리스도인에게 있어서 인장이자 방패막은 우리 주님에 대한 신앙이다"(VA 9). 그리스도인의 금욕은 단순히 영웅주의가 아니라, 그리스도의 사랑과 신실함, 시련 속에서 함께하시는 그분의 현존을 드러내는 것이다. 안토니우스는 거의 죽을 뻔한 고통스러운 체험을 한 뒤, 어느 날 환시 중에 주님께 묻는다. "주님, 어디 계셨습니까? 왜 처음부터 나타나셔서 고통에서 저를 구해 주지 않으셨습니까?" 주님께서는 이렇게 대답하셨다. "나는 여기 있었고, 너의 투쟁을 보며 기다리고 있었다"(VA 10). 왜냐하면 그 승리는 영웅심이 아닌 믿음의 승리여야 했기 때문이다.

당시 그의 나이는 서른다섯쯤이었다. 하지만 아직도 가야 할 길이 많이 남아 있었다.

• 세 번째 단계: 그리스도께서 승리하게 하기 위한 정화의 투쟁

285년에서 305년까지, 약 20년 동안 안토니우스는 산 위의 버려진 요새에서 홀로 생활한다(VA 12). 아무도 살지 않는 그 요새는 안토니우스가 맞이해야 할 새로운 여정의 특별한 상징이다.

그리스도께서 죽음을 이기심으로써, 마지막 원수는 정복되었고, 이제 우주의 임금이신 주님 외에 다른 존재가 들어설 공간은 없었다. 하느님의 원수들, 곧 악마들은 패배하였고(요새는 비워졌다), 이제 안토니우스는 그들에 대한 자신의 승리를 통해 그리스도의 승리를 드러내야 한다.

"악마가 더욱 활발히 활동할수록 하느님 역시 더욱 활동하셨다. 그러나 이러한 하느님의 현존은 표면적으로 드러나지 않았다. 왜냐하면 그리스도 안에서 이루어진 하느님의 승리는 인간의 승리이기도 해야 하기 때문이다. 그리고 그것은 오직 믿음의 승리일 때만 가능하다. [...] 하지만 하느님께서 오직 승리한 믿음 안에서 자신을 드러내신다고 해서, 싸우고 있는 그 믿음 안에서 당신이 계시지 않다는 것을 의미하지 않는다."[19]

그렇다면 버려진 요새 안에서 계속 싸우고 승리하는 일이 과연 무슨 의미가 있을까?

"이는 땅속 깊은 곳까지 이르러야 하는 여정의 깊이와 복잡성을 상징하는 표지로서, 악마들과 영들에 맞서 싸우고, 자신의 정욕으로부터 해방되고, 영적 여정 안에서 더 앞으로 나아가기 위해 반드시 걸어가야 하는 길을 가리킨다."[20]

---

19) Bouyer, *Vie de S. Antoine*, p.89.

20) L. Coco, "Introduzion"(서문), in Evagrio Pontico, *A. Eulogio, Sulla confessione dei pensieri e consigli di vita. I vizi opposti alle virtù*(에울로기우스에게: 생각의 고백과 삶의 조언에 대하여. 덕에 반대되는 악덕들), San Paolo, Cinisello Balsamo, 2006, p.10.

이 전투는 생명과 자유를 가져오는 싸움이다. 안토니우스를 찾아온 이들은, 그의 놀라울 만큼 생기 있고 건강한 모습을 보고 크게 감탄했다. 이는 그가 "스스로를 온전히 다스리며" 내적 균형을 지닌 사람이라는 사실을 보여 주는 증거였다(VA 14). 밖에서는 비명이 들려와 "사람들이 그 요새 안에 누군가가 사다리를 타고 들어가 그와 다투고 있다고 생각했다"(VA 13). "그가 죽은 줄로 알았지만, 오히려 노래하는 소리를 들었다"(VA 13). 그들은 야위고 낙심한 사람을 발견할 것이라 예상했지만 그곳에서 만난 사람은 오히려 생기 있고 활력 넘치는 사람이었다. 악마들이 소리치는 동안, 성인은 노래했다. 왜냐하면 그는 "주님의 이름으로 그들을 물리쳤기 때문"이다(시편 117,10 참조). 안토니우스는 자신이 사는 방식 때문에 침울하지 않았고, 많은 사람들이 그를 찾는다고 해서 기뻐하지도 않았다. 왜냐하면 그의 헌신의 기준은 오직 하나, "주님을 기쁘게 해 드리고자 하는 열정"이기 때문이었다(VA 18). 악마들을 이기는 것은 오직 하느님의 힘으로만 가능한 일인데, 안토니우스에게 있어 그것은 그 자체가 목적이 아니다. 그것은 창조 안에서, 더욱이 그리스도의 육화 안에서 그에게 전달된 성령께 자신의 육신을 투명하게 내맡기기 위해서이다. 그리고 그 성령은 종말의 날, 부활 안에서 충만히 빛날 것이다. 그의 금욕 수행은 또한 단순한 스토아적 영웅주의가 아니다. 그것은 인간의 의지나 본성적인 능력의 수준에서 이루어진 것이 아니다. 만일 그렇다면 그는 다른 종교의 금욕 수행자들과 아무런 차이도 없었을 것이다. 안토니우스는 자신을 대적하는 힘이 인간의 힘으로는 통제할 수 없는 것임을 체험한다. 그래서 그는 악마들과의 싸움에서 '**믿음으로**' 싸우며, '믿음을 통해' 승리한다. 다시 말해, 그는 그리스도께서 승리하시도록 자신을 내어 맡긴다.

이로써 신앙, 악으로부터 해방된 세계에 대한 통찰과 "버려진 요새 안에서" 다시 자신의 주도권을 회복한 인간에 대한 이해 사이의 긴밀한 결속이 드러난다. 안토니우스는 "이 세상의 어떤 것도 그리스도에 대한 사랑보다 앞세우지 말라"(VA 14)는 권고와 격려에 대한 말씀의 은사를 받았다. "그리하여 얼마 지나지 않아, 사막에는 많은 은수자들의 거처들이 생겨났고, 안토니우스는 마치 아버지처럼 모든 이들을 지도했다"(VA 15). 이전에는 형제나 아들처럼 사랑받았던 그가, 이제는 아버지로서 사랑받게 된 것이다.

• 네 번째 단계: 영적인 부성(父性)과 '외적인 산'에서의 결실

305년부터 안토니우스는 나일강 동쪽의 사막에 있는 피스피르 산(monte Pispir)에서 살았고, 이 장소는 오늘날 '데이르-엘-메이문'〔Deir-el-Meimoun/Dayr al-Maymūn(영어식 표기)〕이라고 불리는 곳으로, 그처럼 살고자 하는 제자들이 찾아온 장소였다. 이 시기는 '외적인 산'의 시기라고 알려져 있다. 이 단계는 매우 중요한 시기로, 이때 주님께서는 안토니우스에게 "영들의 식별 은총"과 '영적인 부성(paternità)'의 풍성한 결실을 허락하셨다(VA 44). 『안토니우스의 생애』 16~45장은 안토니우스가 수도자들에게 들려준 권고를 기록한 부분으로, 사막 체험에서 길어 올린 영적 지혜를 제자들에게 전수함으로써 그의 영적인 아버지 됨을 분명하게 드러낸다. 그에게는 "거의 황량한 지역 전체가 하느님과 정의를 섬기는 데 온전히 바쳐져 있는 듯 보였다"(VA 44).

311년, 막시미누스 다이아 황제(270~313)의 박해 중에 안토니우스는 순교자들과 함께 지내려고 했었다. 그는 주님을 위해 죽을 준비가 되어 있었는데, 사실 그는 이미 주님을 위해 자신을 완전히 내어놓은 사람이었다. 그러나 주님께서는 안토니우스가 삶으로써, 이미 자기 자신에게는 죽은 사람임을 증언하고 새로운 삶으로 새 생명을 전하는 증거가 되기를 바라셨다. 그래서 안토니우스는 다시 사막으로 돌아갔고, 자신이 다른 형태의 순교로 부름을 받았음을 깨달았다.

> "안토니우스는 다시 자신의 거처로 돌아가 매일 열정적으로 양심의 증인이 되었고, 믿음의 투쟁을 이어 갔습니다. 그는 더욱 큰 열의를 가지고 금욕 수행을 실천하였습니다." (VA 47)

수도자들의 삶은 이후로 흔히 육체적 고행의 엄격함과 유혹과 맞서 싸우는 투쟁 때문에 순교에 비유되곤 했다. 그러나 수도 생활과 순교를 이렇게 이해하는 데에는 위험이 따른다. 순교의 본질은 육체적 고통이나 죽음 그 자체가 아니라, 그리스도를 향한 사랑이기 때문이다. 마찬가지로, 수도 생활의 본질은 주님과 함께 있기 위해 모든 것을 버리라는 '초대의 근원적 급진성'에 있다. 양심과 신앙의 순교는 신앙인들에게 있어 '날마다 주어지는 초대'이며, 매 순간 그들은 영들을 식별하고 선을 선택하며, 십자가의 승리 안에서 그리스도를 고백하도록 부름을 받기 때문이다. 이미 알렉산드리아의 클레멘스는 이렇게 말한 바 있다.

> "그러므로 하느님에 대한 고백이 하나의 증언이라면, 하느님을 아는 지식 안에서 순수하게 살아가고 그분의 계명에 귀 기울

인 모든 영혼은, 어떤 방식으로 육에서 벗어나 삶과 말로써 증인이 됩니다. 왜냐하면 그 영혼은 자신의 온 생애를 통해, 특히 죽음에 이르기까지 자신의 믿음을 피처럼 쏟아내기 때문입니다."[21]

그러므로 육체의 금욕과 동정 생활만이 순교를 대체하는 것이 아니라, 보다 근본적으로는 '옛 인간', 즉 '그리스도 이전의 인간'의 정신을 근간으로 하는 가장 이교적이고 무신론적인 '생각들'에 맞선 영적 투쟁도 순교의 대체물이 된다. 수도자는 '그리스도의 운동선수'이다. 왜냐하면 그는 신앙이 승리하도록 끊임없이 자신을 단련하기 때문이다. 그는 또한 '그리스도의 군인'이다. 왜냐하면 그는 하느님 나라를 위해 날마다 전투를 벌이기 때문이다.

"순교자들은 종종 한 순간에 끝나는 싸움 속에서 불태워지지만, 수도 생활은 매일의 전투를 통해 순교에 이릅니다. 우리는 혈육을 상대하여 싸우는 것이 아니라, 권세가들과 권력들, 악마의 영적 세력들과 싸우는 것입니다(에페 6,2 참조)."[22]

왜 이렇게 악마들에게까지 관심을 기울이는가? 그것은 세례 순간부터 그들이 받은 그리스도인의 소명과 깊은 관련이 있기 때문이다. 초세기 수도자들은 또한 자신들의 소명이 이교도에 맞서 싸우는 특정한 시대 안에 놓여 있다는 것을 이해했다. 그들에게는 고대 신들에 대한 숭배가 사탄의 지배 아래 있다는 것

21) Cemente di Alessandria, *Stromati*(양탄자) IV, 15,3, SC 463(2001), p.80.

22) Atanasio, *Epistula ad Monachos*(수도자들에게 보낸 편지), PG 28, 1424C.

이 분명했으며, 부당하게 죽임당한 순교자들의 죽음이 이를 증명해 주었다. 이제 순교의 시대가 끝났기에, 싸움은 개인적이고 내적인 성격을 띠게 되었다. 수도자들은 인간의 내면을 괴롭히는 거짓 신들에 맞서 그리스도께서 승리하도록 해야 한다. 그 거짓 신들은 두려움이나, 신앙을 해치는 잘못된 행복 실현의 약속으로 다가온다. 정치적 자유는 그리스도교의 승리를 보장하지만, 금욕 수행자의 삶은 구원받은 인간 안에서 그리스도의 승리가 어떻게 이뤄지는지를 자기 삶으로 드러낸다.

이 싸움은 언제 끝나는가? 세상이 변화되고 우리의 육신이 불멸의 옷을 입게 될 때이다. 그렇기에 우리의 삶은 자유로움과 충실함, 영원한 생명을 향한 여정으로의 끊임없는 부르심이다. 안토니우스가 스스로에게 더 많은 고통이나 고행을 추가했다는 말은 어디에도 없다. 안토니우스는 오히려 장소를 옮겨 다니며, 매번 자기 몸을 자유의 도구가 아니라 종살이의 도구로 만드는 장애물들을 제거하려 애썼다. 창조물이나 인간 세계를 미워하는 것이 아니라, 그것을 변모시키는 것이 목적이다. "중요한 것은 무엇을 단죄하느냐가 아니라, 무엇을 더 소중히 여기느냐이다."[23]

• 다섯 번째 단계: 사막이 다시 낙원이 되다

어느 순간 안토니우스는 자신을 찾아오는 사람들의 수가 너무 많아지는 것에 불편함을 느끼고, 주님께서 자신을 통해 이루시는 일들 앞에서 교만하게 될까 두려워했다(VA 49). 그는 더 깊

[23] Bouyer, *Vie de S. Antoine*, p.78.

은 내면으로의 부름을 느꼈다. 그래서 아라비아 사막 안쪽으로 사흘 길을 걸어 들어가, 오늘날에도 '데르 마르 안토니오스'(Der Mar Antonios)라는 이름으로 불리는 홍해 인근의 산악 지대로 물러났다. 이 여정은 안토니우스에게 있어 '내적인 산'을 의미하는 단계이다(VA 51).

"안토니우스는 그 산 위의 거처를 그 어떤 것보다 사랑하였다"(VA 84). 그리고 외출해야 할 때면, 이렇게 말하며 서둘러 돌아오곤 했다. "물고기들이 서둘러 바다로 돌아가듯이, 우리도 산으로 서둘러 돌아가야 합니다. 왜냐하면 외부에 머물다 보면 내적인 것들을 쉽게 잊게 되기 때문입니다"(VA 85).

이 시기에 드러나는 특징은 무엇일까? 여전히 이곳에도 악마들이 그를 괴롭히지만, 이제는 하느님의 사람이 승리하고 피조물들을 다스린다. "짐승들도 '주님의 이름으로 다시는 이곳에 오지 말라'는 명령을 두려워한 듯, 더 이상 그 장소에 접근하지 않았다"(VA 50). 이것은 완덕의 여정에서 매우 중요한 단계이다. 왜냐하면 이것은 인간이 낙원에서 가졌던 상태, 곧 모든 인간이 갈망하는 그 상태가 회복되었음을 나타낸다. 성인(聖人) 안에서 그 상태는 야생 짐승들, 즉 외적인 것들뿐 아니라 내적인 것들까지도 다스리고 복종하게 하는 힘으로 드러난다. 카이사리아의 바실리우스도 이렇게 말한다. "다스릴 힘이 있는 그곳에 하느님의 모상이 존재합니다."[24]

짐승들에 대한 지배의 의미는 더 깊은 차원에서 이해되어야 한다. 죄로 인해 인간이 '짐승과 같은 존재'가 되었지만, 그리스

---

24) Basilio di Cesarea, *Omelia sull'origine dell'uomo* 8, appendice, pp.245~247.

도인의 삶은 인간을 새로운 피조물로 다시 태어나게 한다. 그리고 수도 생활은 그리스도 안의 삶이 어떻게 인간을 '짐승성'에서 벗어나게 하는지를 보여 주는 운동이다.

이와 관련하여 매우 흥미로운 사실이 있다. 갈리아 레렝스(Lérins) 섬에 최초의 수도원을 세운 성 호노라투스(Honoratus)가 호메로스의 신화에 나오는 마녀 키르케(Circe)의 '해독제'로 여겨졌다는 것이다. 마녀 키르케는 에에아(Eea) 섬에 살고 있었고, 오디세우스와 함께 항해하던 선원들을 유인하여 배불리 먹게 한 뒤, 그들의 성격에 따라 짐승들(돼지, 늑대, 사자 등)로 변하게 만들었다. 레렝스 수도원의 성인 창설자를 마녀 키르케의 '해독제'라 말한다는 것은, 호메로스의 마녀가 인간을 짐승으로 변모시켰다면, 그리스도교의 성인 수도자 호노라투스는 짐승을 인간으로 변화시켰다는 것을 의미한다. 그들의 악덕이 사라지고, 그 자리에 덕행이 나타났기 때문이다. 이 비유는 수도 생활이 수도자에게 가능하게 하는 "마법과도 같은" 변화를 이해하는 데 도움을 준다.[25] 물론 이러한 변화는 분명히 외형이 아니라 내적인 삶에 관한 것이었다. 그리고 내적 변화는 결국 외적 인간의 모습까지 변화시키며, 그 결과 서로 함께 살 줄 알고, 서로의 삶을 북돋아 주는 '수도원 문화'가 생겨난다. 성 요한 크리소스토무스는 많은 수도자가 새로운 피조물로 살아가는 현실을 가리키며 다음과 같이 말한다. "사막은 이제 어떤 낙원보다 더 나은 곳이 되었습니다."[26]

이 '내적인 산'으로 특징지어지는 단계에서 안토니우스의 성

25) "도덕적 존재에게 수도 생활이 요구하는 급진적이고 마법과도 같은 변화." A. de Vogüé, *Histoire littéraire du mouvement monastique dans l'antiquité*, Vol. VI, coll. Patrimoines Christianisme, Cerf, Paris, 2002, p.44.

26) Govanni Crisostomo, *In Matth.*(마태오 복음 주해) 8, 4, PC 57, 87B.

덕은 다른 여러 측면에서도 드러난다. 자기 절제와 짐승들에 대한 지배 외에도, 다음과 같은 덕행의 옷을 입었다. 예언, 환시, 이단에 대한 거부, 교회 위계에 대한 존중, 철학자들과 대화를 나누는 언변의 은사, 일어난 기적 앞에서 겸손의 은사, 그리고 식별의 열매인 정통 신앙(올바른 교의)의 은사 등이다. 마지막으로 안토니우스의 삶에서 가장 빛나는 은사는 신앙 안에 머무는 인내의 은사이며, 영들을 식별하는 은사이다. 이는 투쟁 속에서 지켜 낸 진리를 사랑 안에서 굳건히 하여 보존하기 위한 것이다.

> "안토니우스는 오직 하느님을 향한 사랑으로만 유명해졌습니다. 그리고 이것이 분명 하느님의 은총임을 누구도 부인할 수는 없습니다. 〔…〕 주 예수 그리스도께서는 당신을 영광스럽게 하는 이들을 영화롭게 하십니다." (VA 93, 94)

하느님의 벗은 "은총의 인도를 받아" 은총의 도구가 되고,[27] 사람들 가운데서 그리스도의 모습이 드러난다. 안토니우스는 누군가를 치유했을 때 이렇게 고백하곤 했다. "이 치유는 내 힘으로 된 것이 아닙니다. 나는 불쌍한 인간일 뿐이며, 이 치유는 어디서나 당신을 부르짖는 이들에게 자비를 베푸시는 구세주께서 하신 일입니다"(VA 58). 그리고 반복하여 말했다. "나는 그리스도의 종입니다"(VA 52). 그래서 "치유된 이들은 안토니우스가 아니라 오직 하느님께만 감사를 드리는 법을 배우게 되었다"(VA 56). 이렇게 하여 안토니우스 안에서 "하느님께서 주신 카리스마적

[27] Cf. Bartelink, "Introduction", p.48.

힘의 성장과 함께 내면적이며 영적인 진보"가 이루졌다.[28)]

'마귀를 두려워하지 말라'고만 말하는 것은 충분하지 않다. 오히려 그리스도께서 마귀들을 이미 물리치셨음을 고백해야 한다. 그분만이 "참하느님이시며 인간의 구원을 위하여 오신 분"이시기 때문이다(VA 75). 마귀를 두려워하는 것은 마치 그들을 '신'으로 여기는 이교도들처럼 행동하는 것과 같다. 안토니우스는 다음과 같이 말했다. "그러나 우리는 십자가에 못 박히신 그리스도의 이름을 부름으로써, 그들이 신처럼 두려워하는 모든 마귀를 물리칩니다"(VA 78). "성호를 그으며 담대히 앞으로 나아가십시오. 그리고 마귀들이 스스로를 조롱하게 내버려 두십시오"(VA 13). "십자가 표지가 있는 곳에서는 〔…〕 마법은 힘을 잃고, 주문들은 더 이상 아무런 힘을 가지지 못합니다"(VA 78).

안토니우스가 방문객들과 제자들에게 한 여러 담화에서 알 수 있듯이, 그의 설교는 경험에서 오는 확신에 바탕을 두고 있다. 마귀들은 무신론, 우상 숭배, 이교주의, 마법, 이단[29)]과 깊이 관련되어 있으며, 이 모든 것은 다양한 방식으로 십자가, 그리스도의 신성, 그리고 부활의 능력을 '조롱하는' 다양한 방식들이다. 아타나시우스는 자신의 저술 목적을 마지막에 매우 분명하게 밝힌다. 그것은 "오직 그리스도교 신앙만이 참된 종교임을 입증하기에 충분한 증거들을 제시하는 것"이다(VA 80).

---

28) Cf. Bartelink, "Introduction", p.63.

29) 아리우스주의자들은 "우주 만물의 창조주이시며 주님이신 분을 피조물 가운데 하나로 치부했습니다." 그래서 "그들은 이교도들과 다를 바 없습니다"(VA 69). "아리우스주의자들에게 물들지 않도록 조심하십시오. 그들의 가르침은 사도들의 가르침이 아니라 마귀들과 그들의 아버지인 악마에게서 온 것입니다. 그들의 가르침은 열매를 맺을 수 없고, 어리석고 올바르지 못한 마음에서 나온 것으로, 노새의 비이성적 행동과도 같습니다"(VA 82).

자신의 복음화를 통해 얻는 그리스도의 승리

이 작품은 안토니우스의 완덕에 이르는 여정을 단계적으로 제시하는 한편, 신앙인의 여정 또한 더욱 깊이 뿌리내리면서 한층 풍요로워지도록 부름 받고 있음을 보여 준다. 그리스도인의 삶은 하나의 '상태'가 아니라, 하나의 '여정'이다.

가정으로부터 인간은 생명과 신앙을 전해 받으며, 하느님의 일들에 대한 감각 또한 거기에서 배운다.

마을, 더 넓게는 인간 공동체로부터 검증된 전통이 지닌 지혜를 전수받는다.

사막과 고독으로부터는 자기 자신을 아는 법을 배운다. 이곳에서 생각들과의 전투는 특별히 중요하다. 왜냐하면 그 싸움 속에서 자아가 반항하고, 자신이 여전히 '이교적인' 존재임을 드러내기 때문이다. 신앙은 외적인 자아를 굴복시킨 다음, 이제 내적인 자아를 정복해 나가야 한다.

무덤으로부터 사람은 부활을 믿는 신앙인으로 태어난다. 옛 아담이 끌려 나왔던 그 무덤에서, 이제는 새로운 피조물이 하느님을 찬미한다.

버려진 요새, 즉 '외적인 산'에서는 하느님의 주권이자 '신성'에 참여하는 삶이 드러난다. 이는 곧 '하느님의 사람'(VA 93)으로 살아가는 것이며, 그리스도께서 유일한 주님으로 다스리시도록 내어 맡기는 삶을 의미한다.

'내면의 산'으로부터는 하느님의 모상에 따른 성덕이 퍼져나간다. 이는 짐승들을 다스리는 힘으로, 그리고 사막을 꽃피우는 힘으로 드러난다. 이리하여 안토니우스는 이집트의 '의사', 모든 이에게 유익한 자라 불리게 된다(VA 87). 구원받은 피조물의 거룩함은 "신앙은 하나의 행위이지 말이나 추론이 아니다"(VA 78)라는 사실을 보여 주는 가장 탁월한 증거이며, 그리스도교 교의를 설명하고 옹호하는 가장 훌륭한 모범이다. 이러한 이유로 수도자의 헌신은 그리스도를 위한 증거이며, 지속적인 노력은 깨어 있음(영들을 식별하기 위해 '불편한 잠'을 자는 것), 투쟁함(자신이 가진 것, 사랑하는 것을 지키는 것), 승리함(그리스도의 승리에 대한 것), 하느님을 찬미함(살아 있는 동안 하느님을 영광스럽게 하는 것) 과 같은 방식으로 드러난다. 수도자는 "자기 자신을 살피고" 신비를 캐묻지 않는다. 왜냐하면 가장 크고 중요한 신비는 바로 자기 자신이며, 그것을 깨닫고 다스리는 것이야말로 핵심이기 때문이다. 이는 하느님께서 당신 아드님의 피로 모든 인간의 값을 치르셨다는 사실로 증명된다. 우리는 바로 이 점에 주의를 기울여야 한다.

"안토니우스는 하느님의 심판이라는 깊은 심연을 헤아리며 이렇게 물었다. '주님, 왜 어떤 이들은 젊어서 죽고, 또 어떤 이들은 이토록 오래 삽니까? 왜 어떤 이들은 가난하고, 또 어떤 이들은 부자입니까? 그리고 어찌하여 불의한 이들은 부유하고, 의로운 이들은 가난한 것입니까?' 그러자 그에게 한 목소리가 들려왔다. '안토니우스야, 너 자신을 살펴라. 이런 판단은 하느님께 속한 것이며, 네가 그것들을 아는 것은 너에게 유익하지 않다.'"[30]

그러나 아마도 안토니우스가 제자들에게 남긴 말 가운데 가장 빛나고, 핵심적인 유언은 다음의 문장에서 찾을 수 있을 것이다. "사실, 나는 그리스도인입니다." "여러분이 저를 찾아온 이상, 저

---

30) 어록 2, in Atanasio di Alessandria, *Vita di Antonio*(안토니우스의 생애), Paolina, Milano, ^{3}2008, pp.223~224.

처럼 되십시오"(VA 72). "언제나 그리스도를 호흡하십시오"(VA 91).

Ⅱ. 안토니우스의 생애:
마귀들, 이교주의에 대한 승리와 내면의 복음화

『안토니우스의 생애』에서 나타나는 마귀들과의 전투는 다양한 관점에서 이야기할 수 있다. 악한 천사들의 기원, 원죄 사건에서 그들의 역할, 종말론에서 그들에게 닥칠 운명 등 구체적인 질문들이 존재한다. 그러나 여기서 우리가 관심을 두는 것은 니케아 신학의 맥락 안에서 나타나는 수도자 안토니우스의 증언과 주교이자 신학자인 아타나시우스의 가르침이다.

> "우리는 끔찍하고 교활한 원수들, 곧 사악한 마귀들을 상대하고 있습니다. 우리는 싸워야 합니다. 사도가 말하듯이 '우리의 싸움은 혈육을 지닌 존재가 아니라, 권세와 권능에 맞서는 것'입니다." (에페 6,12 참조) (VA 21)

이 전투는 박해 속에서 활동하는 외적인 적들뿐만 아니라, 영적 투쟁 안에서 드러나는 내적인 적들에 관한 것이다. 그리스도인들의 신앙은 우상 숭배로부터의 해방과 이교주의에 대한 승리를 통해, 하느님 안에서 자유로운 새로운 삶의 질서를 낳고, 피조물에 대한 새로운 지배를 가능하게 한다. 우리가 이미 보았듯이, 심지어 사막조차도 '낙원'이 된다!

마귀들, 이교주의와 우상 숭배

그리스도인들은 마귀들을 이교도의 신들과 비교하면서(1코린 10,20 참조), 동시에 신탁 행위나 점술, 예식 중에 받는 영감과 같은 관행들에 대해 설명하면서 이렇게 주장했다. 과거에는 무지 때문에 그들을 숭배하는 것이 어느 정도 정당화될 수 있었지만, 참된 하느님께 드리는 올바른 예식이 계시된 이후로는 더 이상 그러한 숭배가 정당화될 수 없다. 이는 당시 상황에 대한 종교적인 설명이기도 했다. 즉, 이교도들이 그리스도인들을 향해 분출하는 이해할 수 없는 폭력은 마귀들에 의해 유발된 것이며, 싸워야 할 대상은 바로 그들이라는 것이다. 이렇게 보면 박해는 사람들을 우상 숭배에 머물게 하기 위해 악마의 도구들을 사용하지만, 순교자는 하느님 아버지에 대한 신앙을 고백하기 위해 그리스도의 도구, 곧 십자가를 사용한다.

이와 관련하여 매우 흥미로운 것은 『페르페투아와 펠리치타의 순교록』에서 묘사된 환시이다. 감옥에 갇혀 있는 동안 페르페투아가 본 첫 번째 환시에서는, 그리스도인들이 하늘로 오르는 것을 한 마리의 용이 막고 있는 모습이 그려진다. 세 번째 환시 이후, 잠에서 깨어난 장차 순교할 그녀는 이렇게 설명한다. "잠에서 깨어나, 나는 이 싸움이 짐승들과의 싸움이 아니라 악마와의 싸움이라는 것을 깨달았습니다."[31]

마귀들은 인간이 하늘로 오르는 것을 방해하고,[32] 하느님 나

31) *Passione di Perpetua e Felicita*(페르페투아와 펠리치타의 순교록) 10, 14, SC 417(1996), p.142.

32) 아타나시우스는 같은 용어를 사용한다. 그는 이렇게 기록했다. "안토니우스는 우리가 얼마나 많은 적들과 싸워야 하는지, 또 얼마나 많은 수고를 겪으며 공중

라가 땅에 내려오는 것을 가로막는다. “공중의 영들”인 마귀들은 하늘에도 땅에도 속하지 않으며,[33] 신도 인간도 아니다. 그들은 중간적인 영들로서, ‘신적인 특성’에도 참여하고, 인간적인 정욕도 지닌 존재들이다. 바로 그렇기 때문에 마귀들은 두려움을 일으킨다. 그들은 인간의 통제를 벗어나는 것(상징적으로는 “공중에 있는 것”), 그리스도에 대적하는 모든 것, 즉 악의 지배 아래 머물고자 하는 세상을 대표한다. 그러므로 모든 그리스도인은 악령들에 대해 분명한 입장을 취해야 하며, 과거(곧, 이교주의와 우상 숭배)뿐만 아니라, 현재(하느님 나라와 박해)에 대해서도 분명한 태도와 위치를 정해야 한다.

오늘날 우리가 우상 숭배를 말할 때 떠올리는 것은 실재하지 않는 신들에게 바치는 숭배이다. 그러나 초기 그리스도인들의 다르게 보았다. 이들은 이교도들의 제사와 희생 제물이 “하느님이 아니라 마귀들에게 바쳐지는 것”이라고 믿었으며(1코린 10,20), 비록 우상이 아무것도 아니라 할지라도, 우상을 향한 제사 행위는 하느님을 모독하는 것이며, 하느님께 속한 것을 다른 존재에게 돌리는 것이라고 여겼다. “모든 것이 그분을 통하여 생겨났고 그분 없이 생겨난 것은 하나도 없다”(요한 1,3). 이레네우스 성인은 이렇게 해설한다. “모든 것 안에는 우리의 세상도 포함됩니다[…]. 하느님께서는 우리 주변의 모든 것을 당신의 말씀을 통해 만드셨습

을 지나야 하는지를 보고 놀라워하였습니다. […] 사실 이것이 바로 적들의 권세입니다. 즉, 공중을 지나가는 이들을 공격하고, 방해하려 유혹하는 것입니다”(VA 65).

33) Cf. J. Daniélou, “*Démon dans la littérature ecclésiastique jusqu'à Origene*” (오리게네스 이전까지 교회 문헌 속의 마귀), in “Démon”, DS 3, pp.152~189, 여기서는 p.154.

니다."[34] 그러므로 오직 그분께만 예배를 드려야 한다고 말한다. 마귀들의 목적은 이교도 신들을 믿게 하는 것과 마찬가지로, 인간을 옛 종교 안에, 곧 낡은 신앙의 노예 상태 안에 머물게 하여 "존재하지도 않는 신들을 섬기게" 함으로써, 옛 인간으로 계속 살아가게 하는 데 있다.[35]

마귀들은 종교를 둘러싸고 혼란을 일으킴으로써, 그리스도에게 저항하도록 이교도들을 돕는 공모자들로 여겨졌다. 그들은 몇몇 이교 예식들이 마치 그리스도교 제의(祭儀)와 유사하다고 믿게 하여 그것들을 유지하도록 부추긴다. 예를 들면, 세례와 유사하게 보이는 이교도의 정화 예식, 성찬례와 비슷해 보이는 미트라교 신비 예식 등이다. 또한 그들은 그리스도교 복음 선포 대신 일부 철학 즉, 영지주의와 같은 사상으로 사람들을 현혹한다. 마귀들은 사람들을 혼란에 빠뜨리고 그리스도의 복음에서 멀어지게 만들 수 있는 모든 것을 이용한다. 결론은 자명하다. 그들은 적(敵)그리스도의 하수인들로서, 때로는 정치적 폭군으로, 때로는 거짓 예언자로, 혹은 악마 그 자체로 나타나며, 세례받은 이들을 배교로 이끌기 위해 다양한 모습으로 구체화되는 모든 세력이다.[36]

그리스도인들이 깨달은 중요한 사실은, 적그리스도가 외적인 박해나 이단들의 혼란 속에서만 활동하는 것이 아니라, 그러한 외적 위협이 없을 때에도 인간의 내면에서 박해를 일으킨다는

---

34) AH II. 2,5[I, 124].

35) *Incarnazione del Verbo* 13[61].

36) Cf. Ch. Badilita, *Métamorphoses de l'Antichrist chez les Pères de l'Églse*(교부들의 저작에서 나타나는 적그리스도의 변형들), Beauchesne, Paris, 2005, in part, il cap. II, pp.127~189, dedicato a Ireneo. 특히 제2장(127~189쪽)은 이레네우스에게 할애되어 있다.

점이다. 그들은 정욕과 악한 생각들을 통해 인간의 내면을 공격하며, 그리스도인을 무너뜨리기 위해 '군대'처럼 몰려온다. 그러므로 악한 생각들과의 투쟁은 복음화의 여정에서 본질적인 진리를 이루게 되는데, 이는 초대 교회가 형성되는 과정에서 이교 신들과 맞서 싸우고, 이교 권력에 저항했던 일이 핵심 요소였던 것과 맥락이 같다. 순교자들의 피가 교회의 씨앗[37]이라면 내면의 투쟁은 하느님 나라의 표징인 것이다.

니케아 시대의 그리스도인들은 우리에게 다음과 같은 경험을 전해 준다. 복음이 정치와 문화 안으로 스며든다 하더라도, 이교적 신념에 여전히 지배되고 있는 인간 내면의 깊은 차원에서는 복음화라는 고된 과제가 결코 면제되지 않는다는 것이다. 그리스도교 신앙을 실천하는 데 외적인 방해가 없다고 해도, 세례받은 이에게는 오히려 더 어려운 싸움이 주어진다. 이는 영적인 삶의 깊이 없이 그 존재와 작용을 식별하기조차 힘든 세력들과 맞서 싸워야 하기 때문이다. 오늘날의 표현을 빌리자면, '무의식의 복음화'(evangelizzazione dell'inconscio)[38]가 필요하다. 이 무의식은 두려움, 생각, 상상력, 치유되지 않은 기억을 통해 쉽게 흔들릴 만큼 민감하다. 박해 속에서 육신이 고통과 죽음을 두려워하여 무너지고 그리스도를 부인하는 것처럼, 내면의 자아도 악한 생각을 통해 그리스도와 싸움을 벌이는 마귀들을 두려워한다. 악한 생각

37) Cf. Tertulliano, *Apol.* L, 13, PL 1, 603A.

38) 다니엘루(Daniélou)는 『오리게네스 이전까지의 교회 문헌 속 마귀』(앞의 책, 159쪽)에서 아테나고라스(2세기)를 참조하는데, 아테나고라스는 마귀들을 무의식의 승화로 간주하고 있다고 설명한다. 즉, 마귀들이 인간으로 하여금 자신들의 환상이 우상이나 조각상으로부터 비롯된 것이라고 믿게 만든다고 말한다. Cf. *Difesa dei cristiani*(그리스도인 변호) 27장, PG 6, 953.

에 동조하는 것은 마치 우상들에게 예배를 바치는 것과 같다. 마치 우상들로부터 그러하듯, 악한 생각들로부터 사람들은 쾌락, 안락함, 명예를 약속받는다. 즉, 악한 영감으로부터 사람들은 손에 잡힐 듯한 구원의 환상을 얻고, 또한 신처럼 추앙받게 되리라는 약속까지 받는다. 사실 하느님에게서 떨어져 나가는 이들의 진정한 욕망이란 신처럼 영광을 받으려는 것이다.

아타나시우스에게 있어, 그리스도께서 오신 이후에 행해지는 우상 숭배는 창조 때 아담이 지은 죄에 비견될 만큼 중대한 죄이다. 아담의 죄가 창조의 은혜를 헛되게 만들었다면, 그리스도 강생 이후에도 계속되는 우상 숭배의 죄는 구속, 곧 육화를 통해 이루어진 해방을 무효로 만든다. 그리스도의 육화와 죽음과 부활로 우리는 인간들, 영웅들, 황제들에게 바쳐야 했던 예배에서 해방되었으니, 이제 어떤 피조물도 더 이상 경배의 대상이 아니다. 우리는 마술로부터도 해방되었는데, 이는 모든 피조물을 창조하신 창조주께서 드러나셨기 때문이다. 우리는 점성술의 영향력 아래 종속되어 있다고 믿는 데서도 해방되었는데, 그리스도의 탄생 때 별들이 강생하신 말씀께 복종했기 때문이다. 우리를 현혹시키는 모든 주문과 어둠의 권세로부터 해방되었는데, 그리스도의 오심으로 마귀들이 그들이 자리를 잡고 있던 곳인 무덤과 사막에서 쫓겨났기 때문이다. 그리스도인들의 신앙은 여기에 확고히 서 있다. 주님께서는 인간을 모든 숙명과 운명에서 해방시키러 오셨으며, 당신을 믿는 이들을 당신의 섭리 안으로 이끄셨다.[39]

---

39) Clement d'AIexandrie, *Extraits de Théodote*(테오도투스 발췌문), SC 23 (1948), pp.196~199.

"우리는 섭리의 능력과 인간에 대한 그분의 사랑을 믿습니다. 왜냐하면 이 모든 것은 하느님께 불가능한 일이 아니기 때문입니다." (VA 74)

아타나시우스에 따르면, 그리스도인은 철학자들의 견해와 교만한 이성적 사유로부터도 해방되었다. 왜냐하면 그리스도께서는 십자가의 지혜로 모든 사람에게 구원을 드러내셨고, 이 기쁜 소식을 단순하고 소박한 이들에게 맡기셨기 때문이다. 아타나시우스가 이교주의와 우상 숭배에 강력하게 맞서는 이유는 피조물의 존엄이 구원의 신비, 즉 말씀의 육화 안에서 비로소 제대로 드러나기 때문이다.[40] 이미 이레네우스는 영지주의자들에 맞서, 구원의 참된 지식을 이렇게 규정한 바 있다.

"구원의 참된 지식이란 다른 신이나 다른 아버지 또는 '신적 근원'(Abisso)이나 30개의 '에온들'(Aeon)[41]로 이루어진 '플레로마'(Pleroma)[42] 또는 '옥도아드'(Ogdoad)[43]의 어머니를 아는 것이 아니라, 오직 하느님의 아드님을 아는 것입니다. 그분은 진정으로 구원이시며, 구원자이시고, 구원하시는 행위 그 자체입니다. [...]

40) Cf. Y. Congar, "L'esprit des Pères d'après Moehler", in Id., *Esquisses du mystère de l'Église*, Unam Sanctam 8, Cerf, Paris, 1941, p.141.

41) [옮긴이 주] 최고의 신에게서 유출된 존재이며, 영원, 시대, 세계라는 의미를 지닌다. 따라서 영원한 시대, 영원의 세계라고 풀이된다. 참조: 송혜경, 『영지주의- 그 민낯과 만남』, 한님성서연구소, 2014, 228쪽.

42) [옮긴이 주] 충만함, 완전성을 뜻하는 천상의 영적 세계. 최고의 신이신 하느님과 그 분에게서 유출된 에온들로 구성된다. 참조: 같은 책, 229쪽.

43) [옮긴이 주] 여덟 번째 하늘. 일곱까지는 창조주의 지배하에 있는 지상계에 속하고 여덟째 하늘부터 천상계가 시작된다. 영지주의자들은 보통 열 번째 하늘에 하느님이 거하신다고 생각한다. 참조: 같은 책, 228쪽.

그분은 하느님의 아드님, 하느님의 말씀이시기에 구원자이시며, 영이시기에 구원하시는 행위이고, 육을 입으셨기에 구원이십니다."[44]

그리스도교 교부들에게 이 주장은 무엇보다 악이 신적 존재가 아니라는 점을 설명하는 데 도움이 된다. 악은 그리스도에 맞서는 대립의 그물망 안에서 피조물들을 묶어 두고, 악에 대한 공모관계 안에 머물게 하는 무엇일 뿐이다. 왜냐하면 악은 결코 신이 아니고 참된 신은 오직 하느님이시기 때문이다. 악을 부추기는 마귀는 인간보다 '열등'한 존재이지 결코 인간보다 '우월'한 존재가 아니다. 오직 인간만이 하느님의 모상과 닮음으로 창조되어, 지극히 거룩하신 삼위일체의 생명에 참여하며 창조 세계를 다스리도록 부르심 받았기 때문이다. 마귀들은 우상들과 마찬가지로 "사람의 손으로 만든 존재"(시편 115,4)에 불과하다. 수도자 안토니우스의 증언은 우리를 안심시킨다. "악마는 어린아이처럼 약합니다"(VA 6). 이 말은 신앙인의 승리가 충분히 가능하다는 뜻이며, 수도자와 마귀(악한 생각) 사이의 싸움이 일종의 "대등한 조건에서 이루어지는 싸움"과 같다는 뜻이다.

"마치 젊은 청년이 어린아이와 싸우는 것과 같습니다. 만일 어린아이가 싸움에서 진다고 해서 그 아이를 비난하거나 벌을 준다면 그것은 큰 불의일 것입니다. 따라서 우리는 마음(cuore)이 악과 충분히 맞서 싸울 수 있으며, 악과 대등한 힘을 가지고 있다고

---

44) AH III, 10,3[1, 257].

믿습니다. 만약 영혼(anima)이 간절히 요청한다면, 도움과 보호를 얻을 수 있고 구원받을 자격이 있다고 말할 것입니다. 왜냐하면 이 전투와 싸움은 결국 대등한 조건에서 이루어지는 것이기 때문입니다."[45]

그렇다면 마귀(악한 생각)가 어째서 이토록 큰 힘을 지니고 믿는 이를 죄에 빠뜨리는가? 그것은 유혹이 신앙인의 내면에서 끊임없이 활동하면서, 각 사람이 악에 동조하거나 하느님을 주님으로 인정하지 않을 자유를 함께 가지게 하기 때문이다. 유혹은 이길 수 있지만, 오직 믿음의 힘으로만 가능하다.

사막의 영성가이자 영적 투쟁의 대가인 에바그리우스는 인간이 혼자 힘으로 악한 생각의 유혹에 맞설 수 없으며, 수도자도 악마에게 승리한 영광을 결코 자기 공로로 삼아서는 안 된다고 여러 차례 강조했다. 그는 이렇게 쓴다.

"모든 것은 위에서 오는 은총입니다. 은총은 죄인들의 정신을 속이는 교활한 악마의 함정을 밝혀 주고 이렇게 말하며 우리를 일깨워 줍니다. "네가 가진 것 중에 받지 않은 것이 있는가?" 이것은, 우리가 받은 것에 대하여 우리에게 주신 분께 감사하도록 하기 위함이며, 그 선물이 마치 우리 소유인 양 그런 영예를 자신에게 돌리거나, 그 선물을 모르는 체하지 않도록 하기 위한 것입니다."[46]

---

45) Pseudo-Macario, *Omelia* III, 6[79].

46) Evagrio Pontico, "Prologo"(서문), in A. Eulogio, *Sulla confessione dei pensieri e consigli di vita. I vizi opposti alle virtù*, San Paolo, Cinisello Balsamo, 2006, p.124.

그리스도의 승리 안에서 수도자들은 육화의 은총을 두 가지 차원에서 기념한다. 곧 그리스도께서 세상에 오신 사건으로 인하여 다른 모든 종교의 종말을 가져왔듯이, 세례받은 자 안에 살아 계신 그리스도의 생명은 인간 위에 군림하던 모든 악의 지배를 종식시킨다. 이와 반대되는 주장들은 "하늘 영역에 거하는 영들"이 그리스도의 육화와 수난, 십자가와 부활을 축소하려고 하며, 그리스도의 신성이나 인성을 부정하도록 이끈다. 그러나 그리스도교 신앙이란 다른 것이 아니라, 오직 육화하신 말씀에 대한 믿음이다. 이것은 심리학이나 윤리학도 아니며, 공상이나 환상도 아니다.[47] 이미 안티오키아의 이냐시우스 성인은 육화의 진리와 순교자가 육체 안에서 증언해야 하는 진리 사이에 존재하는 결속을 다음과 같이 표현하였다.

> "만약 주님께서 하신 일이 단지 겉모습에 불과하다면, 나 또한 겉모습으로만 사슬에 묶여 있는 셈입니다. 그렇다면 왜 나는 죽음을 자청했겠습니까? 불과 칼과 짐승들에게 왜 스스로를 맡겼겠습니까? 그러나 칼에 가까이 있을 때에도 나는 하느님께 가까이 있는 것이고, 맹수들에 가까이 있을 때도 나는 하느님께 가까이 있는 것입니다. 오직 예수 그리스도의 이름 안에서 말입니다. 그분과 함께 고통받기 위하여 나는 모든 것을 견뎌 냅니다. 왜냐하면 인간이 되신 그분, 완전한 인간이 되신 그분께서 나에게 그 힘을 주시기 때문입니다."[48]

---

47) "그리스도인의 영혼은 자신의 구원자를 찾지만 그분을 어디에 모셨는지 알지 못한다. 〔…〕 이단들은 사변에 지나지 않으며 자의적 구성일 뿐이기에, 교부들의 그리스도교는 심리학도 아니고, 윤리학도 아니며, 우주론도 아니다. 그것은 육화하신 말씀에 대한 신앙이다." Camelot, "Introduction", p.104.

말씀이 사람이 되셨다는 신앙의 핵심 진리와, 성자가 성부와 '동일본질성'을 지니신다는 교의는 아타나시우스가 박해받은 이유이며, 그가 아리우스주의자들과 투쟁한 이유이기도 하다. 아리우스주의자들은 "말씀, 곧 하느님의 아들이 피조물이라고 주장함으로써, 창조주 하느님 대신 피조물을 숭배하는 이교도들과 아무런 차이가 없기 때문이다"(VA 69).

이러한 몇 가지 동기들은 수도 문헌에서 마귀들에 대해 그토록 세심한 주의를 기울이는 이유를 잘 설명해 준다. 수도자들은 자신들이 새로운 피조(被造) 존재로서의 자유와 하느님 나라의 현현과 관련되어 있다는 사실을 발견하게 된다. 수도 생활은 바로 그리스도교가 이교 신앙에 대해 승리를 거두고, 그리스도께서 각각의 인간 안에서 승리하신다는 삶의 방식이 세상에 드러나야 할 필요성이 커지던 바로 그 역사적 순간에 하나의 현상으로 성장하게 된다. 정치적 승리는 그리스도교의 승리를 보장하지만, 금욕 수행자의 삶은 그리스도의 승리가 일상과 관습 안에서 어떻게 드러나는지를 보여 준다.[49]

테르툴리아누스는 이미 인간의 부도덕한 삶을 비판하며, '속세성'(mondanità)을 우상 숭배라고 설교하였다. 사치스런 옷차림, 여성들의 매혹적인 화장, 유흥적 볼거리, 감각적 유희와 같은 외형적인 삶은 우상 숭배의 예배에 근거한다는 것이다. "세상은 하

48) Ignazio di Antiochia, *Ai cristiani di Smirne*(스미르나 교회에 보낸 서간) 4, 2, SC 10(1944), p.159.

49) Cf. "La convenatio morum"(도덕의 관습), in C. Falchini, *Volto del monaco, volto dell'uomo*(수도자의 얼굴, 인간의 얼굴), Qiqajon, Bose, 2006, pp.134~143.

느님의 것이지만, 속세성은 악마의 것입니다."[50] 속세성은 세상이 하느님의 것이 되는 것을 방해하며, 하느님 나라의 현현을 향해 나아가야 할 역사적 흐름을 가로막는다. 반면에 순교자는 세상이 하느님의 주권에 투명하게 열려 있음을 드러냄으로써, 인류의 진정한 은인이라 할 수 있다. 왜냐하면 그는 세례받은 이의 존엄과 자유 그리고 창조적 능력을 증언하기 때문이다. 그리스도교 문화는 그리스도께 속한다고 고백하는 이들이 사회에 가져오는 선(善)을 드러나게 만든다.

아타나시우스에 따르면, 그리스도인이 악을 제거하는 일은 종말론을 현재화하며, 인간의 시간을 하느님의 시간과 일치시키고, 이미 이 삶 안에서 그리스도를 현존하게 하며, 약속된 하느님 나라를 드러낸다.

> "관상(contemplazione)을 통해 하느님의 은총으로 도달한 완덕은 행동으로 드러나야 하며, 그리하여 교회 안팎에서 악과 싸움으로써 역사 속에 드러나야 한다."[51]

사실 우리로서는, 이교에서 그리스도교로 옮겨 가는 과정이 당시 사람들에게 얼마나 큰 '트라우마'[52]였는지 상상하기 어렵다. 이 불가피한 전환은 그리스도교가 아닌 다른 모든 형태의 종교와의 단절을 의미했으며, 모든 종류의 구속과 영향력으로부터의 자유를 요구했다. 인간에게 유익을 가져다줄 수 있다고 여겨

50) Tertulliano, *Sugli spettacoli*(경기 관람) 15, 8, SC 332(1986), p.231.

51) P. Siniscalco, *Il cammino di Cristo nell'impero romano*(로마 제국 안에서의 그리스도의 여정), Laterza, Bari, 1983, p.235.

52) Cf. Bouyer, *Vie de S. Antoine*, pp.150~152.

졌던 마귀들에 대한 신념은, 아마도 가장 뿌리 뽑기 어려운 것들 중 하나였을 것이다. 당시의 도시들은 이른바 '정령'(精靈, 좋은 영이든 나쁜 영이든)에 의해 보호받는다고 여겨졌고, 이교도들은 만약 이 존재들이 경배를 받지 못하면, 그 도시의 거주자들에게 복수할 것이라고 믿었다. 실제로, 그리스도인들이 이교도의 우상들에게 제물 바치기를 거부했기 때문에, 그들은 제국을 덮친 재앙의 책임을 그리스도인들에게 돌리기도 하였다.[53]

교부들에게 이러한 이교적 신념은 더 이상 존재하지 않는 시대의 산물이었다. 그리스도께서 신적 생명을 이 땅 위에 가져오셨고, 인간을 죄로부터 구속하셨기 때문이다. 그리스도인이 된다는 것은 필연적으로 하나의 투쟁을 받아들이는 것이다. "세상 안에 있는 이들을 상대로 마귀들은 주로 물질적인 것들을 이용해 싸우지만, 수도자들과 싸울 때는 대부분 생각을 통해 싸운다."[54] 수도 생활은 특히 생각들을 통한 마귀들의 박해[55]에 노출된 삶으로 여겨진다. 마카리우스는 이를 분명히 말한다. "영혼은 적대 세력의 생각들이 뒤덮은 수풀에 둘러싸여 있습니다." 바로 그렇기 때문에,

> "수도자의 투쟁은 생각에 집중되어야 합니다. 수도자는 내면을 둘러싼 악한 생각들의 숲을 베어내고, 자신의 시선을 억지로

---

53) Cf. X. Levieils, *Contra Christianos. La critique sociale et religieuse du christianisme des origines au concile de Nicée (45-325)*, Xavier Levieils (ed.), Berlin-NewYork, 2007, p.411.

54) Evagrio, *Trattato pratico* 48[177].

55) Cf. A. et C. Guillaumont, "Démons dans la plus ancienne littérature monastique"(가장 오래된 수도원 문헌에 나타난 마귀들), in "Démon", DS 3, pp. 189~212.

라도 하느님께 향하게 합니다. 생각이 바라는 대로 따르기보다는, 사방으로 흩어지는 생각들을 모아야 합니다. 그리고 본성에 어긋난(contro natura) 생각들과 악한 생각들을 식별해야 합니다."[56]

이렇게 그리스도의 승리가 드러나고, 구원받은 피조물의 '고귀함과 영성'(VA 5), 곧 인간이 땅에 살며 피조물을 다스리도록 부름을 받은 소명도 드러난다. 그리스도인들이 존재하게 된 이후로, 마귀들은 더 이상 자신들만의 고유한 영역도, 권능도 갖지 못하게 되었다. 아타나시우스는 안토니우스가 사막으로 깊이 들어갈 때, 마귀들은 그의 길을 막으려 하며 "네가 이 사막에서 무엇을 하느냐?"(VA 13)라고 말했다고 전한다. 마치 그 사막이 자기들 것인 양, "온갖 방법을 동원해 그를 사막에서 쫓아내려 했지만, 끝내 실패했다"(VA 53). 그리고 수도자들의 삶 덕분에, 그 사막조차도 하느님의 사람들로 가득 찬 장소가 될 것이다.

내적 인간을 복음화하는 과정 속에서 겪는 유혹

안토니우스의 삶을 통해 우리는 사막의 수도자들의 주된 활동이었던 '내적 투쟁'[57]이 무엇인지 알 수 있게 되었다.

마귀들에 대한 논의가 우상 숭배로부터 내적 투쟁에 대한 성찰로 옮겨 갈 때, 그 깊이의 도약이 이루어진다. 마귀들의 활동을 유혹의 차원과 연결시킴으로써, 그리스도를 통해 구원된 인간

56) Peudo-Macario, *Omelia* VI, 3〔125〕.

57) Peudo-Macario, *Omelia* VI, 3〔125〕.

의 삶과 그가 다양한 방식으로 참여하는 구원 경륜에 대해 말하게 된다. 다시 말하면, 인간은 의지를 통해 어떤 제안을 따를지 선택하고, 자유를 통해 그것을 언제나 더 큰 선으로, 이미 경험한 하느님의 기쁨으로 향하게 한다.[58] 아타나우스는 이 문제를 '지성'의 문제로도 본다. 하느님은 '말씀'(*Logos*)이시며, 그분의 모상대로 창조된 인간은 '이성적 존재'(*logikos*)이다. 반면 마귀들은 우리를 그들과 비슷하게 비이성적이며 어리석은 존재가 되게 만든다.

> "인간들은 즉각적인 쾌락과 악마들의 환상과 속임수에 굴복하여, 진리로 향하지 않고, 점점 더 많은 죄와 악에 빠져들었으며, 그 결과 더 이상 이성적인 존재처럼 보이지 않고, 그들의 행실에 비추어 볼 때 오히려 비이성적인 존재로 여겨지게 되었습니다."[59]

에바그리우스도 이를 다음과 같은 말로 확인해 준다.

> "도대체 무엇을 위하여 악마들은 우리를 식탐, 음행, 탐욕, 분노, 그리고 원한의 기억 및 그 밖의 모든 정욕으로 자극합니까? 그것은 지성을 무디게 만들어, 마땅히 드려야 할 기도를 하지 못하게 하려는 것입니다. 사실, 비이성적인 부분의 정욕들이 지배하게 되면, 지성은 이성적으로 작용할 수 없고, 하느님의 말

---

58) 에바그리우스는 이렇게 말한다. "하느님을 아는 지식에 이르러 그 기쁨을 맛본 사람은, 설령 세상의 모든 쾌락을 제안받는다 해도 허영의 악마에게 더 이상 설득되지 않을 것입니다." Evagrio, *Trattato pratico* 32〔141〕.

59) *Incarnazione del Verbo* 12〔60〕.

씀을 추구할 수도 없게 됩니다."[60]

정욕과 생각들에 반대하는 것, 즉 마귀들과 싸우는 것은 수도자에게 있어 '최고의 지성'(VA 74)으로 간주된다. 이 점을 마카리우스 또한 다음과 같이 기록하고 있다.

> "어떤 이들은 생각의 속임수를 보지 못한 채, 마치 자신들의 육체적 힘을 신뢰하는 것처럼 부적절하게 고함을 지르며, 자기 힘만으로 목표에 이를 수 있다고 여깁니다. 반면 다른 이들은 자신의 생각에 주의를 기울이고, 모든 싸움을 내적으로 수행합니다. 이들은 자신들의 신중함과 분별력을 통해 목표에 도달할 수 있으며, 반대되는 생각들을 물리치고 하느님의 뜻에 따라 앞으로 나아갈 수 있습니다."[61]

마귀들의 행동 방식과 안토니우스의 대응

마귀들은 먼저 육체를 대상으로 활동을 시작한다. 이는 근본적인 유혹이 죽음에 대한 두려움, 오래 살고자 하는 열망, 자손을 낳고자 하는 욕구, 그리고 각종 감각을 통해 쾌락을 누리고자 하는 욕망을 매개로 스며들기 때문이다. 에바그리우스는 자신의 스승인 이집트의 마카리우스로부터 이런 가르침을 받았다고 회상한다.

---

60) Evagrio, *La preghiera* 50, Città Nuova, Roma, 1994, p.96.

61) Peudo-Macario, *Omelia* VI, 3〔125〕.

"수도자는 마치 다음 날 죽을 것처럼 항상 준비되어 있어야 하며, 동시에 반대로 그 몸으로 오랫동안 살아야 할 것처럼 부려야 합니다. 전자는 나태함의 생각들을 잘라 내고 수도자가 더욱 열심히 살아가도록 준비시켜 주며, 후자는 몸을 건강하게 유지하게 하고, 그의 절제 생활이 항상 일정하게 지속할 수 있도록 해 줍니다."[62]

알렉산드리아의 클레멘스가 작성한 것으로 알려진 어느 강론[63]에서는, 악령이 순전히 '영'(spirito)으로서 자신은 누릴 수 없는 것들(먹는 것, 성적 결합 등)을 즐기기 위해 몸을 찾는다고 설명한다. 한 번 몸 안에 들어오면, 그 '영'은 '영혼'(anima)과 뒤섞이고, 영혼 안에서 인간에게 생각들을 불어넣는데, 이 생각들은 삶에 유익한 개인적 영감처럼 보이게 된다. 하지만 실상은 단지 '로기스모이'(*logismoi*), 즉 영혼에 떠오르는 유혹이나 환상적 표상에 불과하며, 정욕에 연결되어 있다가 결국 죽음으로 끝나는 것들이다. 정욕은 육체에서 비롯되고 육체에 영향을 주지만, 동시에 영혼에서도 비롯되고 영혼에도 영향을 끼친다.

육체는 유혹의 최전선에 놓여 있다. 왜냐하면 우리가 삶과 감각을 인지하는 것이 바로 육체를 통해서이기 때문이다. 수도자는 단식, 철야, 자발적 결핍, 정결을 통해 수도자는 마귀에게 전쟁을 선포한다. 그는 마귀가 쾌락을 누릴 수 있는 육체를 제공하는 것을 거부하며, 자기 안에 계신 신적인 생명을 믿는다

---

62) Evagrio, *Trattato pratico* 29〔133~134〕.

63) Cf. *Les Homélies clétnentines*(클레멘스 강론집) IX, 10, a cura di A. Siouville, Verdier, Paris, 1991, p.223.

고 고백한다. 기도와 신앙 고백, 예수님의 이름을 부르는 행위는 마귀를 쫓아내고 하느님 나라를 이 땅 위에 세운다. “그러므로 우리는 주님께 악마에 맞서 승리할 수 있도록 주님께서 우리를 도와주시도록 기도드립시다”(VA 34).

그러나 가장 교활하고 사악한 유혹의 장소는 바로 ‘상상력’ 안에 있다. 아타나시우스는 이렇게 말한다. “마귀들은 두려워하는 사람들을 대상으로 이미지를 만들어 냅니다”(VA 13). “헛된 상상으로 두려움을 주려 합니다”(VA 23).

어떻게 마귀들이 상상력을 사용하여 유혹하는 힘을 행사하는 것일까? 에바그리우스는 이렇게 설명한다.

> “마귀들로부터 오는 모든 생각은 영혼 안에 감각적인 것들〔개념들〕의 형상을 불러일으킵니다. 그리고 이로 인해 정신 안에 그 인상이 박히면, 그 형상들을 자기 안에서 되새기고 반복합니다. 바로 이런 방식을 통해 어떤 마귀가 가까이 왔는지를 알아차릴 수 있습니다.”[64]

고독 속에서, 안토니우스는 이와 같은 현상들, 환상과 환각, 야수들의 환영을 통한 유혹의 방식에 대해 정통하게 된다. 이러한 환상들의 형태는 적들이 공격하고자 하는 수도자의 약점에 따라 달라진다. 인간에게 늘 취약하게 작용하는 지점은 배고픔, 갈증, 성적 욕망 등과 같은 생명의 연약함과 본능의 충동이다. 육체는 피조물 앞에서 인간이 얼마나 나약한지 드러내

---

64) Evagrio Pontico, *Sui dipersi pensieri della malvagità*(악행의 여러 생각들에 관하여) 2, San Paolo, Cinisello Balsamo, 2006, p.75.

보여 준다. 그래서 인간에게는 야수들에게 찢겨 죽는 것에 대한 두려움이 더욱 의미심장하고 강렬하게 다가온다. 그것은 통제 불가능한 육체적 힘과 잔혹함에 대한 상상이기 때문이다.

마귀들이 특히 짐승들의 모습을 취하기를 즐긴다는 사실은, 죄 이후 인간이 더 이상 자신에게 복종하지 않는 피조 세계에 속해 있음을 상기시켜 준다. 바로 여기에서 마귀들의 약점과 강점이 드러난다. 약점은 그들이 인간에게 아무것도 할 수 없다는 점이고, 강점은 인간이 유혹에 굴복하여 나약해질 때, 마귀들이 하느님의 자리를 빼앗고, 인간의 관심을 차지하게 된다는 데 있다. 그렇다면 인간의 힘은 어디에 있는가? 카시아누스는 다음과 같이 설명한다.

> "어떠한 방식으로도 마귀들은 인간에게 아무런 위해를 가할 수 없습니다. 그들은 누군가의 정신이나 육체를 점령할 수 없고, 그 영혼을 깊숙이 침투하여 장악할 수도 없습니다. 먼저 모든 거룩한 생각들을 강탈하고, 영적 관상의 모든 흔적을 비워 내고, 메마르게 만든 상태에서만 들어갈 수 있을 뿐입니다."[65]

수도자를 유혹하기 위해 그렇게나 많고 두려운 환시들이 나타나야만 한다는 사실은, 안토니우스에게 그의 적들이 얼마나 약하고 실체가 없는지를 드러내 준다. 안토니우스는 사나운 짐승의 모습이든, 혹은 병사들로 이루어진 군대만큼이나 많은 거대한 무리의 모습이든(VA 9), 마귀들이 불러일으키거나 정욕에 의해 부추

[65] *Conferenza* 8, 19[334].

겨진 정신적 형상들은 아무것도 아니라는 결론에 이르게 된다. 그는 이렇게 말한다. "만일 너희에게 어떤 힘이라도 있다면, 너희 가운데 하나만 와도 충분했을 것이다. 〔…〕 너희가 짐승들의 모습을 흉내 내고 있다는 사실 자체가 너희의 약함을 드러내는 표지다"(VA 9).

그래서 안토니우스는 제자들에게 자주 "그들의 거짓된 환영들을 두려워하지 말고"(VA 24), 그들의 이미지에 겁먹지 말라고 거듭 강조한다. 또한 이 "무시무시하고 교활한 적들"(VA 21)은 "인장이자 방어벽"(VA 9)이신 주님의 도움 없이는 쫓아낼 수 없고, "인류의 구원을 위해 오신 그리스도"에 대한 올바른 신앙 고백 없이는 그들을 물리칠 수 없다고 경고한다(VA 74). 수도자는 금욕 생활 없이, 생각들에 대한 주의 없이, 그리고 매일의 영적 투쟁 없이, 이 적들에 대해 승리할 수 없다. 왜냐하면 수도자는 이 적들을 스스로 '생산해 내기'도 하기 때문이다. 금욕 없이 그는 자신의 '수도 공간'(cella), 즉 자신의 성소 안에 굳건히 머무를 수 없게 된다. 마귀가 큰 소음을 내고 수도 공간을 흔들기 시작할 때, 그 명백한 목적은 수도자를 밖으로 끌어내어 수도 공간 밖, 곧 사막에서 벗어난 어딘가에 있는 안락함을 찾게 만드는 것이다. 이는 삶의 방식을 바꾸도록 부추기는 방식이다(VA 6).

또 다른 경우는 이렇다. 마귀가 밤중에 환상-형상으로 나타나 수도자에게 기도하라고 부추긴다. 그리하여 잠을 이루지 못하게 되면, 그다음 날 그는 더 약해진다. 또는 마귀는 그에게 단식을 늘리라고 부추긴다. 그렇게 하여 그 연약함이 수도자를 더 쉽게 무너뜨리거나, 혹은 자신이 이미 성인이 되었다는 교만으로 이끌어, 결국 "모든 것을 종속시켜 병리적인 자아 중심주의"[66]로 유도하기도 한다.

안토니우스는 마귀가 자신을 혼란스럽게 만드는 또 다른 방식을 발견한다. 마귀는 어떤 예언을 하는데, 그것이 실제로 현실이 된 것이다. 예를 들어, 마귀가 안토니우스에게 나일강에 홍수가 날 것이라고 말했는데, 실제로 그 일이 일어난다. 그렇다면 악마가 어떻게 이것을 알 수 있는가? 그에게는 정말 그렇게나 큰 능력이 있는가? 마귀는 예언을 할 수 없다. 왜냐하면 그는 시간의 주인이 아니기 때문이다. 하지만 그는 현재를 알고 있으며, 현재로부터 가까운 미래를 추정해 낼 수 있다. 그러나 그는 예언을 하지 못한다. 왜냐하면 예언은 오직 하느님이 선택하신 사람들만이 할 수 있기 때문이다. 하지만 악마는 자신이 알고 있는 가까운 현재의 지식을 이용한다. 예를 들어, 비가 오면, 홍수가 날 것이라고 말할 수 있는 것이다. 결국 마귀가 말하는 것은, 누구나 경험을 통해 말할 수 있는 것에 지나지 않는다. 마치 의사가 증상을 보고 병을 진단하거나, 농부가 구름을 보고 날씨를 예측하거나, 선원이 바람을 느끼고 방향을 짐작하듯이 말이다. 안토니우스는 이렇게 말한다.

> "전적으로 순결하고 자기 본성에 부합하며 통찰력 있는 영혼은 계시를 통해 주님을 모시고 있기 때문에, 마귀들이 보는 것보다 훨씬 더 많은 것들을, 더 멀리까지 볼 수 있다고 확신합니다."
> (VA 34)

---

66) G. Bunge, Evagrio의 *Trattato pratico* 9[87]에 대한 주석.

안토니우스의 가르침 안에 담긴 절제의 정신은 깊이 주목할 만하다. 그는 예언이나 환시, 기적, 심지어 자신의 금욕 생활조차도 중요하게 여기지 말 것을 권고한다. 실제로 가장 큰 기적과 가장 큰 금욕, 심지어 순교까지도 결국은 신앙과 관련된다. "각 사람은 그가 믿음을 지켰는지, 그리고 바르게 계명을 지켰는지에 따라 심판을 받게 될 것입니다"(VA 33).

마귀들은 진실을 위장한 거짓에 능숙하다. 예를 들어, 수도자가 실제로 저지른 죄를 공격할 때가 그렇다. 그러나 그들의 진실은 어디로 이끄는가? "하느님에게서 멀어지게 한다"(VA 29). 그렇다면 어떻게 그것이 거짓임을 알아챌 수 있을까? 그 말이 어디로 이끄는지를 살펴보면, 그 말이 어디에서 왔는지를 알 수 있다. 마귀는 "믿음이나 진리의 이름으로 말하지 않는다. 오히려 순박한 사람들을 절망으로 이끌고, 금욕 수행을 무의미하게 만들기 위해 말하는 것이다"(VA 25).

가장 교묘한 속임수는, 마귀들이 빛의 현상으로, 성인들의 모습이나 심지어 주님의 모습으로 나타날 때이다. 하지만 이제는 노련한 투사가 된 안토니우스는 그들을 알아본다. 그들이 뿜어내는 빛은 지옥의 빛이기 때문이다. "그들에게서 나타나는 것은 진정한 빛이 아닙니다. 그들은 단지 자기들에게 준비된 불의 예고와 그림자, 〔…〕 곧 그들이 맞이하게 될 불의 형상만을 드러낼 뿐입니다"(VA 24).

아타나시우스의 가르침과 안토니우스의 증거

아타나시우스에게 있어, 하느님의 '인간화'(umanizzazione)와 인간의 '신화'(divinizzazione)는 하나의 단일한 신비를 이룬다. 곧, "하느님께서 사람이 되신 것은 우리가 신화되기 위함이다."[67] "죽음을 통하여 우리에게 불멸이 도달하였고, 말씀의 육화를 통해 보편적 섭리가 드러났으며, 머리이자 창조자이신 하느님의 말씀 자체가 알려지게 되었다."[68] 육화를 통해 인간 안에 하느님의 모상뿐 아니라, 인간 자신의 모상도 또한 회복되었다.

> "한때 하느님의 모상에 참여하게 된 피조물들이 멸망해서는 안 되었기에 〔…〕 하느님께서는 무엇을 하셔야 했겠습니까? 또 무엇이 일어나야 했겠습니까? 그것은 인간들이 그 모상을 통해 다시금 하느님을 알 수 있도록 모상에 따른 존재의 새로움, 곧 존재의 쇄신이 일어나야 했던 것이 아니겠습니까? 그런데 그것이 어떻게 가능했겠습니까? 하느님의 모상 자체, 곧 우리의 구원자 예수 그리스도께서 친히 오시지 않고서야 가능했겠습니까? 〔…〕 그리하여 하느님의 말씀 자체가 친히 오셨습니다. 그분은 모상이신 분으로서, 모상대로 창조된 인간을 새롭게 하시기 위해 직접 오신 것입니다."[69]

아타나시우스는 결론짓는다. "이 때문에, 아버지의 모상 외에

67) *Incarnazione del Verbo* 54〔129〕.

68) *Incarnazione del Verbo* 13〔60~61〕.

69) *Incarnazione del Verbo* 13〔61〕.

는 다른 누구도 필요하지 않았습니다."

아버지의 모상은 인간을 자녀로서 다시 태어나게 하였고, "영혼을 그 모상에 합당한 상태로 회복"[70]시키셨으며, 피조물이 자기 창조주를 다시금 관상할 수 있도록 만들었다. 왜냐하면 육화 이후에 "온 세상이 하느님에 대한 지식으로 충만해졌기"[71] 때문이다. 아타나시우스의 『말씀의 육화』라는 저술은 "하느님의 아드님, 성부의 말씀, 만물의 머리이시며 임금이신 분"[72]께서 우리 가운데 오신 데 대한 은혜로움과 장엄한 찬미로 가득하다. 모상을 통한 관상, 성자를 통해 성부를 바라봄, 악으로부터의 해방, 그리고 인간의 신적 소명을 회복하는 신화의 관점에서 표현되는 이러한 구원은 그의 신학에서 핵심을 이룬다.

안토니우스에게 있어, 영웅적 덕행은 수도 생활의 목적이 아니라, 인간이 창조되었을 때 어떤 존재였는지 그리고 하느님 나라와 함께 인간이 무엇을 상속받았는지를 드러내기 위한 하나의 수단일 뿐이다.

> "하느님 나라는 여러분 가운데에 있습니다. 그러므로 덕은 오직 우리의 의지만을 필요로 합니다. 왜냐하면 덕은 우리 안에 있으며, 우리에게서 그 기원을 갖기 때문입니다. 〔…〕 영혼이 바르게 서 있을 때, 그 이성은 창조될 때의 모습 그대로입니다. 그러나 영혼이 그 본성에서 벗어나 타락하게 되면, 그 영혼은 부패했다고 말하게 됩니다. 이것은 어려운 일이 아닙니다. 우리가 창

70) *Incarnazione del Verbo* 14〔62〕.

71) *Incarnazione del Verbo* 16〔65〕.

72) *Incarnazione del Verbo* 16〔65〕.

조된 그 모습 그대로 머문다면, 우리는 덕이 있는 자가 될 것이고, 반대로 악에 자신을 내맡긴다면, 우리는 악한 자로 심판받을 것입니다. 만약 우리가 덕을 얻기 위해 우리 자신을 벗어나 밖으로 나가야만 한다면, 그 길은 분명 많은 어려움을 동반했을 것입니다. 그러나 덕이 우리 안에 있는 만큼, 악한 생각들을 경계하고, 주님께서 우리에게 맡기신 영혼을 잘 지켜야 합니다. 그리하여 그 영혼이 주님께서 빚으신 그 본래 상태 안에 머무름으로써, 주님께서 우리 안에서 당신의 작품을 알아보실 수 있도록 해야 합니다." (VA 20)

즉, 하느님의 모상이 그분과 닮아 가는 것이다.

"그러므로 여러분은 선함과 인내, 친교, 타인을 향한 사랑과 여러분의 형제들에 대한 사랑으로, 악을 미워하고 죄의 욕정을 다스림으로써 하느님과 닮게 되었으며, 그리하여 다스릴 권능이 진정 여러분의 것이 되도록 한 것입니다."[73]

인간의 회복은 창조 세계에 대한 새로운 주권으로 드러난다. 이는 곧, 성령의 삶이 영혼을 다스리고(즉, 정욕을 누르고), 영적으로 변화된 영혼(l'anima spiritualizzata)이 육체를 다스리는 것을 말한다.[74] 이 다스리는 능력은 창조 때부터 주어진 것으로, 하느님이 인간을 당신과 '본질적으로' 관계된 존재로 창조하였음을 말

73) Basilio di Cesarea, *Omelia sull'origine dell'uomo* 18, p.260.

74) Cf. D. Brakke, *Athanasius and the Politics of Ascetism*(아타나시우스와 금욕주의의 정치학), Oxford University Press, Oxford, 1995, p.165.

해 준다.[75] 아버지의 모든 영적 권고는, 바실리우스의 다음과 같은 말씀 안에서 모든 수도자의 마음에 울려 퍼진다. "자신 안에서 자기 생각을 다스리는 주인이 되십시오. 그래야 모든 존재의 주인이 될 수 있습니다."[76]

죄는 생각들과 관련되어 있으며, 인간에게서 그의 '주도권'을 빼앗고, 하느님과의 닮음으로부터 멀어지게 하며, 생명을 빼앗는다. 왜냐하면 "하느님에게서 떨어져 있는 것이 곧, 죽음이기"[77] 때문이다. 누구든지 하느님으로부터 분리된 자는 죽음과 죄의 도구가 되며, 악마의 하수인이 된다. 그렇다면 수도자들이 영적인 삶, 곧 세례받은 이들의 새로운 삶의 여정을 영적 투쟁과 동일시해 온 것은 결코 이상한 일이 아니다. 그 투쟁은 곧, 죄와 타락한 본성이 의미하는 모든 것, 즉 죽음, 악한 영들의 반역, 그리고 그들이 피조 세계에 미치는 영향력에 대한 승리를 의미하기 때문이다.

『안토니우스의 생애』를 통해 표현된 아타나시우스의 신학은, 죄 안에서 인간이 지성을 상실할 뿐 아니라, 피조물 또한 그 아름다움을 잃는다는 사실을 말해 준다. 이제 피조 세계는 하느님과의 친교의 자리가 아니라, 하느님 없이 살아가도록 유혹하는 공간이 되어 버린다. 우상 숭배, 이교주의, 유혹 가운데 악마들의 활동은 '세상에 들어온' 죄의 실재를 드러낸다. 유혹은 수도자로 하여금 피조된 삶, 결국 죽을 운명에 놓인 바로 그 삶에 집착하도록 만든다. 박해 상황에서 죽음에 대한 두려움이 그리스도인을

75) Cf. R. Bernard, *L'image de Dieu d'après st. Athanase*(성 아타나시우스에 따른 하느님의 모상), Théologie 25, Aubier, Paris, 1952.

76) Basilio di Cesarea, *Omelia sull'origine dell'uomo* 19, p.262.

77) AH V, 27,2〔II, 223〕.

배교로 이끄는 것처럼, 금욕 생활에서도 죽음에 대한 두려움은 수도자로 하여금 유혹에 굴복하게 만든다. 마귀들도 피조물의 일부이며, 오직 피조물이라는 존재로서만 인간을 괴롭힐 수 있다. 그들은 인간에게 두려운 생각과 이미지들을 통해 혼란을 일으키고, 반항심을 자극하거나 의심을 자아낸다. 그렇기에, 마귀들의 힘이 구원받은 인간에게 미치는 영향은 제한되어 있다는 점에서 과도한 두려움을 가질 필요는 없지만, 동시에 악마들이 우리 안에서 우리의 두려움과 정욕들, 하느님의 자비에 맡기지 않은 우리의 연약함으로부터 힘을 얻는다는 사실은 경계해야 한다.

마귀들은 죽음에 대한 두려움과 하느님의 뜻에서 벗어나게 하려는 모든 유혹 앞에서, 오직 그리스도 안에서만 그 어떤 타협도 발견하지 못한다. 왜냐하면 그리스도께서는 당신의 십자가를 껴안으셨기 때문이다. 그러므로 십자가는 마귀들과 죽음에 대한 그리스도의 승리를 드러내는 표징이다. 그러나 그보다 먼저, 십자가는 아들이 아버지의 뜻을 따르며 보여 준 사랑의 절정이다. 이 때문에 마귀들은 십자 성호를 그을 때 도망치고, 불 앞에서 밀랍이 녹듯 사라지며, 스스로가 '한낱 연기'[78]일 뿐임이 드러난다(VA 13). 마귀들은 이 승리의 전리품을 두려워한다(VA 35). "십자가 위에서 모든 피조물은 그 육체 안에서 자신을 드러내시고 고통을 받으신 분은 단순한 인간이 아니라, 하느님의 아드님이라고 고백하였다."[79] 마귀를 이긴다는 것은 곧 십자가와 그리스도 신앙이 승리하는 것이다.

---

78) 그리스도 이름의 힘이 표현된 다른 대목들도 참조하라: 『안토니우스의 생애』 40; 41; 53; 63; 71; 78; 80.

79) *Incarnazione del Verbo* 19〔71〕.

복음에 따른 삶, 곧 그리스도인의 삶, 영적 생활, 또는 '덕행의 삶'은 마귀들을 이길 은총을 주며(VA 30), 우상 숭배로부터 '세상을 정화'하고, 악의 권세를 무너뜨린다.[80)]

안토니우스는 그리스도에 대한 신앙의 순교자로 마땅히 평가될 수 있다. 그의 금욕 생활과 영적 투쟁, 그리고 육체적 혹은 '양심의' 모든 순교 형태 안에서의 신실함은 모두 그리스도를 위한 것이며, 그리스도에 의해 지탱되는 것이다(VA 5). 비록 악마들과의 투쟁에 관한 그의 서술은 매우 '환상적'으로 묘사되었지만, 악마들에 대한 안토니우스의 가르침은 짧은 신앙 고백들로 끊임없이 엮여 있다.

> "하느님의 말씀께서는 〔…〕 인류의 구원과 선익을 위해 인간의 몸을 취하셨습니다. 이는 그분께서 인간의 탄생에 참여하기 위함이었으며, 그 결과 인간이 신적이며 이성적인 본성, 즉 로고스의 본성을 함께 나눌 수 있도록 하기 위함이었습니다." (VA 74)

그러므로 안토니우스의 가르침은 절제되어 있으며 건전하다.

이로써 왜 『안토니우스의 생애』가 언제나 그리스도인들에게 얼마나 깊은 감동을 주었는지 이해할 수 있다. 이 작품은 사막조차도 마귀들로 가득 차 있지만, 동시에 그리스도께서 세상과 그리스도인 안에 현존하신다는 사실이, 심지어 실제적인 사막뿐만 아니라 내적인 사막까지도 복음화할 수 있음을 보여 준다(VA 44). 안토니우스는 이렇게 증언했다. "그리스도인의 영적 투쟁은 곧 믿

80) Cf. A. et C. Guillaumont, "Démons dans la plus ancienne littérature monastique", in "Démon", DS 3, pp.189~311.

음과 세례의 은총에 대한 능동적인 응답에 지나지 않습니다."[81] 그리하여 그는 그리스도인의 삶의 목적은 "주님께로 시선을 고정"[82]하고, "주님을 호흡하는 것"(VA 91)입니다.

---

81) M. Van Parys, "*Conclusioni*" (결론), in AA.VV., *La lotta spirituale nel la tradizione ortodossa*(정교회 전통 안에서의 영적 투쟁), Qiqajon, Bose, 2010, p.335.

82) Cf. "Nepsis"(깨어 있음), in P. Miquel, *Lexique du désert. Étude de quelques motsclés du vocabulaire monastique grec ancien*(사막의 어휘: 고대 그리스 수도원 용어의 핵심 단어들에 대한 연구), Spiritualité Orientale 44, Bellefontaine, 1986, pp.195 & 198.

제 3 장

성령께서는 신적 생명을 낳으신다

니케아 공의회가 막 끝난 후, 삼위일체 신앙[1] 자체로 인해 성령의 신성에 대한 문제가 긴급하게 제기되었고, 이와 더불어 '성령 적대론자들'(pneumatomachi)[2]이라고 불리는 몇몇 이단 집단들이 등장하면서 상황은 긴박해졌다.

성 바실리우스는 새로운 이단의 확산으로 인하여 직접 요청을 받고, 본격적으로 『성령론』(*Lo Spirito santo*)이라는 작품을 "처음으로"[3] 집필하며 자신의 입장을 밝혔다. 바실리우스의 권위는

---

1) Cf. Ladaria, *Il Dio vivo e vero*, p.243.

2) 시모네티에 따르면, '마케도니우스파'(Macedoniani)라는 이름은 처음에는 마케도니우스(Macedonius)가 모은 콘스탄티노폴리스 인근 지역의 '동일본질파'(homoousiani) 신자들을 가리키는 데 사용되었다. 그러나 380년경부터는 이 명칭이 특별히 프네우마토마키(pneumatomachi)를 지칭하는 데 사용되었다. Cf. Simonetti, *La crisi ariana*, p.364ss.

3) 4세기 성령에 관한 주요 저작들은 다음과 같다. 알렉산드리아의 아타나시우스(약 296~373)의 『세라피온에게 보낸 편지』(*Lettere a Serapione*), a cura di C. Cattaneo, Città Nuova, Roma, 1986; 맹인 디디무스(Didymus Caecus, 약 313~398)의 『성령론』(*Lo Spirito Santo*), a cura di C. Noce, Città Nuova, Roma, 1990; 몹수에스티아의 테오도루스(약 350~428)의 『교리 강론집』(*Le omelie catechetiche*) X,1 a cura di R. Tonneau / R. Devreese, LEV, Città del Vaticano, 1949.

그가 신학 논쟁[4]에 참여했을 뿐만 아니라 성덕의 실천에 있어서도 앞장섰다는 사실에서 비롯된다. 그는 그리스도인의 삶에 있어 가장 '기초적인 지침'(abbecedario)[5]을 제시했고, 수도 생활에는 그 '규칙'(Regole)들을 만들었다.

『성령론』은 374~375년에 집필된 작품으로, 379년에 선종한 바실리우스의 마지막 저작이다. 이 작품은 오래전부터 삼위일체에 대한 소중한 신앙 고백으로 간주되어 왔으며, 바실리우스가 이룬 긴 여정의 정점이자[6] 이후 어떤 신학자도 비켜갈 수 없는 전통적 기반을 형성한 저작이다. 바실리우스는 성령의 신성을 고백하는 신앙을 전개하면서, 그리스도인이 세례로부터 내주하시는 신적 성령에 의해 "신화(神化)된" 새로운 피조물이 될 수 있다는 점을 근거로, 교회 안에서 전통의 권위를 신학적으로 정초한다.

이 저술을 쓰게 된 직접적인 계기는 명확하게 기록되어 있다. 374년 9월 5일 또는 7일, 지역에서 매우 존경받던 순교자 에우프시키우스(Eupsichius)와 동료들의 축일을 기념하는 전례 중에,

---

4) Cf. Anche E. Cavalcanti, "Lineamenti del dibattito sullo Spirito Santo da Basilio al concilio di Costantinopoli del 381"(바실리우스에서 381년 콘스탄티노폴리스 공의회에 이르기까지의 성령에 대한 논쟁의 개요), in AA.VV., *Spirito Santo e catechesi patristica*(성령과 교부들의 교리 교육), a cura di S. Felici, Roma, 1983, pp.75~92.

5) Cf. la descrizione del "che cosa è proprio del cristiano" in Basilio di Cesarea, Regole Morali LXXXII, 22(카이사리아의 바실리우스의 『도덕규범』 제82장 22항에서 묘사된 「그리스도인에게 고유한 것이 무엇인가」에 대한 설명), in Id., 『금욕 생활 작품집』(*Opere ascetiche*), a cura di U. Neri, UTET, Torino, 1980, pp.207~209.

6) Cf. F. Bolgiani, "La théologie de l'Esprit Saint de la fin du Ier siècle après Jésus-Christ au concile de Constantinople(381)"〔예수 그리스도 이후 1세기 말부터 콘스탄티노폴리스 공의회(381년)까지의 성령신학〕, *Les Quatre Fleuues* 9(1979), pp.9~72.

자신의 관할 구역에 속한 다른 주교들이 참석한 가운데, 바실리우스는 삼위일체를 찬미하며 두 가지 표현을 사용하였다. 하나는 전통적이고, 다른 하나는 새로웠다. 전통적인 공식은 "성자를 통하여(*dia*) 성령 안에서(*en*) 성부께 영광"으로 표현된 반면 새로운 표현은 "성자와 함께(*meta*), 성령과 함께(*syn*) 성부께 영광"이라고 선언되었다. 그런데 '새로운' 찬미의 표현은 의심스럽게 여겨졌다. 그 이유는 이 표현이 성령을 성자와 나란히 두어, 하느님으로 간주하는 것처럼 보였기 때문이다. 바실리우스의 반대자들은 다음과 같이 논증하였다. "하느님은 영이시다"(요한 4,24)라고 말하는 것은 옳지만, "성령은 하느님이시다"라고 말하는 것은 옳지 않다는 것이다. 따라서 성경이 말하는 '하느님의 영'은 하느님의 활동하는 힘을 의미하며, 요한 복음에서 예수님이 말씀하시는 '파라클리토 성령'과는 서로 다른 존재라는 것이다. 이 파라클리토 성령은 하느님에게서 성자를 통하여 존재하게 되었으며, 유일하며, 파견되었고, 거룩하게 하며, 인도하시는 분이라는 것이다.[7)]

바실리우스가 사용한 찬미의 공식은 여러 주교들 사이에 반발을 불러일으켰고, 그 결과 바실리우스의 친구들조차 참된 신앙을 어떤 방식으로 옹호해야 할지 어려움을 느낄 정도였다. 바실리우스는 친구이자 주교인 암필로키우스(Amphilochius)에게 응답하기 위해, 374년 가을부터 이듬해 말까지 『성령론』이라는 저술을 집필하였다. 376년 말경에는 이 글이 수신자인 암필로키우스

7) Cf. E. Cavalcanti, *L'esperienza di Dio nei Padri greci. Il trattato sul lo Spirito Santo di Basilio di Cesarea*(그리스 교부들의 하느님 체험. 카이사레아의 바실리우스의 "성령"에 관한 논문), Studium, Roma, 1984, pp.43~44.

에게 전달된 것으로 알려져 있다.

콘스탄티노폴리스 공의회(381년)를 앞둔 시점에, 교회 사목자들 사이의 상황은 지극히 심각하여, 바실리우스는 마치 교회가 곧 침몰할 것처럼 느낄 정도였다. 그리고 그는 많은 이들이 교의적 위기의 본질에는 무관심한 채, 오직 권위와 지위를 둘러싼 다툼에만 몰두하느라(SS 30), 상황조차 자각하지 못한다고 생각했다.

본 저서는 내용이 풍부할 뿐 아니라, 전체 구성 또한 세 가지 축을 중심으로 체계적으로 짜여 있다. 첫째, **논쟁적 측면**에서 성령의 신성을 부정하는 이들(pneumatomachi)뿐 아니라 가르침의 정통성을 의심하는 이들의 오류를 반박하고자 한다. 둘째, **교의적 측면**에서는 니케아 공의회의 용어를 충실히 지키고, 구전으로 전승된 전통, 성령에 관해 성경이 말하는 바를 바르게 해석하면서, 성령의 신성을 정확히 표현하고자 한다. 셋째, **사목적 측면**에서는 성령을 받은 이로서 세례받은 존재의 품위를 자각하게 하고, 그로 인한 성덕으로의 부르심을 강조하고자 한다.

니케아에서든 콘스탄티노폴리스에서든, 또 어느 시대에서든, 삼위일체 신학은 무엇을 다루어야 하는가?

• 그리스도의 신적 본성에 관한 신학적 탐구

삼위일체 교의의 형성 과정에서, 성부와 성자 사이의 관계에 대한 이해가 가장 먼저 심화되고 명확히 규정되었다.[8)]

8) Cf. M. Tenace, "Trinità"(삼위일체), in *Dizionario di Pastorale vocazionale*, Rogate, Roma, 2002, pp.1211~1219.

그런데 바실리우스는 삼위일체에 대한 신학 논쟁이 단지 "성부와 동일한 본질을 지닌" 성자의 신성을 옹호하는 데에만 머물러서는 안 되며, 성령의 신성과 관련된 또 다른 전선에서도 움직일 수 있어야 한다는 것을 깨달았다. 왜냐하면 그리스도께서 참된 하느님이심을 이성적으로 납득하게 할 수 있는 것은 오직 성령뿐이기 때문이다. 이러한 관점에서 볼 때, 아리우스의 위기는 단순한 이단 논쟁 중에 하나로 볼 수 없다. 왜냐하면 이 논쟁은 어떤 의미에서 끊임없이 반복되며, 그리스도께서 참하느님으로 인정받기 전까지는 결코 끝나지 않을 것이기 때문이다. 그러나 이러한 인식은 죄를 '깨닫게' 하고, 진리를 드러내는 성령 안에서만 가능하다.

그리하여 니케아 공의회의 결정만으로는 충분하지 않다는 것이 분명해졌다. 왜냐하면 니케아는 성령에 대해 구체적으로 아무것도 언급하지 않았기 때문이다. 그러나 새로운 말을 꺼내는 것만으로도 전투가 벌어지고 그리스도인들 사이에 분열을 야기하던 시대에, 어떻게 성령에 대해 말할 수 있었을까? 일부 서방 주교들과 교황에게는, 니케아 신경의 정의를 조금도 수정하지 않는 것이 신중함으로 보여졌다. "서방에서는 니케아 신경과 완전히 일치하지 않는 것은 전적으로 '아리우스주의자들'로 간주되었고,"[9] 이단으로 여겨졌기 때문이다. 따라서 성령에 관해 무언가를 덧붙이고자 했던 바실리우스는, 니케아 공의회의 권위를 받아들이지 않는 것처럼 보이며 의심을 받게 되었다.

그럼에도 불구하고 바실리우스의 작품은 대부분 니케아 신경

---

9) G. Azzali Bemardelli, "Introduzione"(서문), in SS 13,

의 정의를 더욱 명확히 드러낸 것이다. 성자를 '외아들로서 나신 분'이라 하여 성부와 '동일본질'이라고 말한 것은, 성자가 성부로부터 유래한 신비를 밝히기 위한 것이었다. 그렇다면 성령의 신성을 말하려면, 성령이 성부로부터 유래한다는 점과, 어떤 방식으로든 성자와의 관계 안에 자리한다는 점 역시 말해야 한다. 왜냐하면 성부의 계시에 대한 접근은 성자를 통하지 않고서는 불가능하기 때문이다. 따라서 모든 신학적 담론과 발전의 기초는 언제나 '동일본질'(*homoousios*)에 대한 그리스도론에 놓여 있다. 왜냐하면 계시 자체가 바로 이 진리 위에 세워져 있기 때문이다.

• 그리스도인의 삶 없이는 존재할 수 없는, 삼위일체와 하느님의 유일성 그리고 성령의 신성에 관한 신학적 탐구

> "하느님이 본성이나 실체로 무엇이신지는, 지금까지 인간 가운데 그 누구도 발견한 적이 없으며, 앞으로도 결코 발견할 수 없을 것입니다."[10)]

이러한 관점에서 바실리우스는 신앙의 신비 앞에서 한 가지 주의를 환기시키는 듯하다. 곧, 유일신론(monoteismo)은 신앙에 있어서 어쨌든 가장 쉬운 길이라는 점이다. 왜냐하면 인간적으로 볼 때 '하나이심' 안에서 신적인 완전함을 보게 만들기 때문이다. 그리하여 모든 교의적 논쟁 속에서 삼위일체의 신비는 거듭 강조된다. 왜냐하면 이는 하느님에 대한 인식이 이 세상의 한계에

10) Gregorio Nazianzeno, *Orazione* 28, 17〔675〕.

만 갇혀 있지 않다는 표지이기 때문이다.

> "우리에게 있어 삼위일체는, 그 본성 안에서 실제로 그러한 것만큼이나, 어떤 공격으로부터도 확고히 안전하게 지켜집니다. 삼위일체에서 무언가를 빼거나, 그 일부를 삼위일체와 무관하다고 여기는 것은, 전체를 무너뜨리는 것이며, 무방비로 하느님의 충만한 신성 전체와 맞서는 것과 같습니다."[11]

어떻게 하느님께서 한 분이시지만 하나의 위격만으로 존재하는 것이 아니라고 말할 수 있을까? 이는 신앙의 문제이다. 한편으로는 단순한 유일신론에 만족하지 않고, 다른 한편으로는 삼위일체를 세 분의 신성이 존재하는 것처럼 이해하지 않는 것이다. 그래서 우리는 하느님을 하나의 본성 안에 계신 세 위격으로 고백해야 하는 것이다.

> "〔…〕 본질의 공동 소유(친교)를 인정하지 않는 이는 다신론에 빠지며, 위격들의 고유성을 인정하지 않는 이는 유대교적 유일신론에 빠집니다. 〔…〕 각 위격은 참된 실체(ipostasi)로 존재합니다."[12]

삼위일체는 분열 없는 일치이므로, "만일 각 위격에 고유한 특성들, 이를테면 아버지 되심, 아들 되심, 성화하심을 고려하지 않고, 또한 존재의 공통 개념 안에서 하느님을 고백하지 않는다

11) Gregorio Nazianzeno, *Orazione* 6, 11〔237〕.

12) Basilio, *Lettera* 210, 5〔II, 195~196〕.

면, 신앙에 대해 온전히 설명하는 것은 불가능하다."[13] 이미 "그리스도께서 참하느님이시다"라는 믿음만으로도 수많은 논쟁을 불러일으켰는데, 성령의 신성을 선언하는 것은 훨씬 더 복잡한 일이었다. 왜냐하면 같은 신적 존엄과 같은 영광이 성자뿐 아니라 성령에게도 돌아간다고 주장해야 했기 때문이다. 동일한 신성, 동일한 영광, 동일한 존경, 그러나 상이한 위격, 그렇다면 이를 어떻게 신학적으로 설득력 있게 표현할 수 있을 것인가? 그리스 교부들의 신학은 여전히 성부의 '단일 군주론'(monarchia)을 일치의 기준으로 유지하지만, 이를 결코 배타적인 원리로 보지는 않는다. 바실리우스는 나지안주스의 그레고리우스의 다음과 같은 의견에 분명히 동의하고 있었다.

> "'단일 군주론'은 본성의 동일한 존엄성, 의견의 일치, 작용의 동일함, 하나의 목적을 향한 수렴에서 형성된다는 것입니다. [⋯] 이러한 방식으로, 비록 수적인 차이성이 있더라도, 그 본성은 실체(sostanza) 안에서 결코 분리되지 않습니다."[14]

나지안주스의 그레고리우스 역시 놀라울 정도로 명확한 정식에 도달하였다. 우리가 경배해야 하는 분은

> "성부와 성자와 성령이시며, 한 분이신 신성이십니다. 성부는 하느님이시며, 성자는 하느님이시며, 그리고 (분노하지 않는다면!) 성령도 하느님이십니다. 지성을 지니고, 완전하며, 스스로 존재

13) Basilio, *Lettera* 236, 6[III, 53].

14) Gregorio Nazianzeno, *Orazione* 29, 2[695].

하고, 수적으로는 구분되지만 신적 본성에서는 나뉘지 않는, '세 위격 안에서 유일한 본성'이십니다."[15]

삼위일체 교의의 위대함은 삼위일체를 고백하면서도 결코 일치를 의심하지 않는 데 있다. 이는 성부의 위격을 결코 약화시키지 않으며 오히려 그 위엄을 드러내는 것이다.[16] 그러므로 성부의 위격을 다음과 같이 정의하는 것은 피해야 한다.

> "절대적인 위격, [...] 곧 성자와 성령과 무관하게 독립적으로 존재하는 분으로 여기는 것 말이다. 바로 '성부'라는 이름 자체는, 그분을 성자와 성령과의 내적 관계 없이 이해하는 것을 불가능하게 만든다. 성자와 성령이 없이, 성부 또한 단순히 존재하지 않는다."[17]

"성부"라는 이름은, 이단자들이 주장했던 것처럼 본질이나 활동을 규정하는 것이 아니라, 관계를 나타낸다. 즉, 성부가 성자와 맺고 있는 방식, 혹은 성자가 성부와 맺고 있는 관계를 의미한다.[18] 바로 이러한 이유로, 다음과 같이 말할 수 있다. "삼위일체는 동등하고 동일한 가치를 지닌 실재들의 총합이다."[19]

---

15) Gregorio Nazianzeno, *Orazione* 33, 16[831].
16) Cf. Ladaria, *Il Dio vivo e vero*, p.338.
17) Cf. Ladaria, *Il Dio vivo e vero*, p.352.
18) Cf. Gregorio Nazianzeno, *Orazione* 29, 16[701].
19) Gregorio Nazianzeno, *Orazione* 23, 10[573].

성령의 신성을 인정하지 않는 이들의 주장은 무엇인가?

삼위일체 신앙의 기초가 세워진 이상, 하느님의 본성을 어떻게 인식하느냐, 그리고 성령의 위격을 어떻게 규정하느냐에 따라 교회의 삼위일체 신앙이 좌우된다는 점을 분명히 해야 한다.[20)]

바실리우스는 성령이 창조된 존재이며, 성부와 성자보다 열등하다고 주장하는 이단적 성향의 지지자들을 알고 있었다. 그들의 입장은 두 가지 주장으로 요약될 수 있다.

성령의 피조성을 뒷받침하는 첫 번째 논거는, 성경이 성령을 하느님이라고 명시적으로 말하지 않기 때문에, 성령은 하느님으로서 찬미되거나 영광을 받아서는 안 된다는 주장이다. 성령은 신적일 수 있으나, 하느님은 아니라는 것이다. 이에 대해 정통 교부들은, 성경에 근거한 정통 신앙의 정확한 기준을 세워야 했다. 즉, 성령께서는 성부와 성자가 가진 고유한 신적 속성들을 지닌 분이며, 성자에게 적용되는 특성과 이미지들도 동일하게 귀속된다는 것이다. 또한, 성령은 성부와 성자와 동일한 활동을 하시며, 그들의 활동에 깊숙이 결합되어 있다는 점도 강조된다.[21)] 나지안주스의 그레고리우스는 이 주제에 대한 신학적인 결정을 종합해 냈다.

"구약은 성부를 분명히 선포하였고, 성자는 더욱 모호하게

---

20) Cf. G.L. Müller, *Dogmatica cattolica*(가톨릭 교의신학), San Paolo, Cinisello Balsamo, 1999, p.491.

21) Cf. Simonetti, *La crisi ariana*, p.487.

드러냈습니다. 신약은 성자의 존재를 분명히 밝히되, 성령의 신성은 희미하게 암시했을 뿐입니다. 이제는 성령께서 우리 가운데 살아 계시며, 자신을 더욱 분명하게 드러내 주십니다."[22]

그러므로 '정통' 교부들의 첫 번째 임무는, 성경적 근거로 성령의 신성을 부정하는 이단자들의 주장을, 성경 자체로 반박하는 것이었다. 이에 대해 바실리우스는 전통의 권위에 비추어, 오직 성경에 근거하여 자신의 주장을 펼친다. 그는 문자 그대로 또는 기록을 통해 성경구절을 인용하는데, 그 수가 무려 460구절에 이르며, 반복되는 부분까지 포함하면 총 654회에 걸쳐 성경을 인용한다.

성령의 신성을 부정하는 이단자들의 두 번째 논거는 성령의 근원과 관련되어 있다. 성령의 기원에 대한 관계에 대해 말 할 때, 그들은 성령이 성부로부터 낳아진(generato) 분이라고 말할 수 없다고 주장했다. 그렇게 말한다면, 성령의 지위는 성자와 같아져 '형제 관계'처럼 되어 버리기 때문이다. 반면 성령이 성자에게서 유래한다고 하면, 성령은 성자의 아들이 되며, 성부보다 열등한 존재가 되어, 성부와 성자와 '함께 헤아려질 수'(connumerato) 없고, 오히려 하위의 차원에서 '덧붙여 헤아려지는'(subnumerato) 아래의 존재로 간주되어야 한다. 물론 탁월한 피조물일 수는 있지만, 어디까지나 피조물일 뿐이라는 것이다.

바실리우스의 대답은 일관적이다. 구원 행위 안에서 삼위는 함께 언급될 뿐만 아니라 실제로도 함께 활동하신다. 그것은 바

22) Gregorio Nazianzeno, *Orazione* 31, 26〔771〕.

로 세례에서부터 시작된다. 이때 다음과 같은 말씀이 선포된다. "너희는 가서 모든 민족들을 제자로 삼아, 아버지와 아들과 성령의 이름으로 세례를 베풀어라"(마태 28,19).

> "성령께서는 주님과 함께 이름 불리며, 이는 성자께서 성부와 함께 이름 불리는 것과 동일한 방식입니다. 사실, 성부와 성자와 성령의 이름은 같은 방식으로 드러났습니다. 성자가 성부와 관계 안에 나타나는 것처럼, 성령도 성자와 관계 안에 존재합니다. 이는 세례에서 전해진 말씀의 질서 안에서 명백하게 드러납니다. 만일 성령이 성자와 나란히 있고, 성자가 성부와 나란히 있다면, 명백히 성령 역시 성부와 나란히 있는 것입니다. 그렇다면 어찌하여 한 분은 '함께 헤아려지는' 존재이고, 다른 분은 '덧붙여 헤아려지는' 존재라고 말할 수 있겠습니까? 그분들의 이름이 하나의 동일한 선상에 나란히 배열되어 있는데도 말입니다." (SS 17)

바실리우스의 성령 신학과 콘스탄티노폴리스 공의회의 교의

출발점은 필연적으로 니케아의 신앙, 즉 성부와 동일본질이신 성자의 정체성, 즉 그리스도론이다.[23] 이것이 신앙과 교회, 그리스도교 희망의 기초이다. 그리스도는 신성과 인성을 지니신 위격이시다. 만약 그리스도께서 참하느님이시며 참아드님이 아니라면, 모든 것이 달라진다. 그러나 많은 이들은 신앙의 이 첫

---

23) Cf. SS 6, 8.

번째 기본 진리조차 받아들이지 않았다.

만일 그리스도께서 참하느님이시라면, 우리는 세례를 통해 그분 안에 참여하게 되고, '신적인' 피조물, 곧 양자(養子)로서의 자녀, 죄의 용서를 통해 새로운 생명으로 다시 태어난 존재가 된다고 믿을 수 있다. 따라서 우리는 성부와 성자와 성령을 찬미할 수 있는 존재가 된다. 세례는 삼위일체적 영광과 삼위일체적 신앙 사이에 하나의 결속을 형성한다.[24] 따라서 세례 안에서 이러한 모든 일을 이루시는 분이 바로 성령이시기 때문에, 성령께서는 생명을 주시고 거룩하게 하시며 피조물을 신화시키시는 분이라는 사실은 바로 성령께서 하느님이시다는 뜻이 된다.

> "만일 성령께서 우리의 경배를 받을 자격이 없다면, 어떻게 세례를 통해 우리를 신적 존재로 만들 수 있겠습니까? 반대로, 만일 성령께서 경배를 받을 자격이 있다면, 어찌 그분이 우리의 예배의 대상이 아닐 수 있으며, 어찌 하느님이 아니라고 할 수 있겠습니까?"[25]

성령께서는 하느님이시다. 그렇지 않다면 우리를 신적인 존재로 만들 수 없다. 그리고 오직 하느님이시기에, 신자들로부터 흠숭을 받으신다. "성령은 하느님이신가? 틀림없이 그렇다! 그렇다면 성령은 '동일본질'인가? 그렇다. 그분은 하느님이시기 때문이다."[26]

---

24) Cf. SS 10~15, 특히 13.

25) Gregorio Nazianzeno, *Orazione* 31, 28〔773〕.

26) Gregorio Nazianzeno, *Orazione* 31, 10〔755〕.

성령의 신성을 인정한다면, 성령께서는 성부와 성자 사이에 어떠한 위계질서 안에 있는가? 실제로, 위격 간에는 내적인 위계질서가 존재한다. 왜냐하면 위격 간의 관계는 존재론적으로 비대칭적이기 때문이다. 즉, 위격은 결코 스스로 존재하지 않으며(자기 원인으로 존재하지 않고), 어떤 의미에서는 '타자'로부터 '유래된' 존재들, 곧 존재를 주는 자(주체)에 의해 존재론적으로 자리매김된다. 여기서 주는 자는 받는 자보다 '우선적'이며 '근원적'이다. 삼위일체 안에서, 성부는 모든 위격적 존재의 궁극적인 증여자이며, 모든 위격의 원인 없는 원인이신 분이다. 이러한 의미에서 성부의 단일 군주성이 이해되어야 한다. 즉, 성부는 다른 신적 위격들의 존재론적이고 위격적인 근원이시다. 바실리우스에게 있어, 성령이 성부로부터 발출된다고 말하는 것은 성령의 신성을 확인하는 근거가 된다. "자신의 고유한 존엄 안에서, 성령은 자신을 발출하신 분의 위엄 자체를 드러낸다"(SS 18). 성령은 "하느님에게서 존재를 끌어오며"[27] "진리의 성령은 성부로부터 발출된다."[28] 성령은 하느님으로서, 하느님의 진리를 가르치신다(SS 9). 성부로부터, 곧 원천적 근원으로부터, 성자는 '낳아지심'(*generatio*)을 통해, 성령은 형언하기 어려운 '발출되심'(*processio*)을 통해 유래한다.

그러나 주목할 점은, 바실리우스에게 있어서, 아타나시우스와 마찬가지로, 성자께서는 성령의 발출과 무관한 분이 아니라는 점도 유의해야 한다. "성령도 한 분이시며, [⋯] 한 분이신 성자를 통하여, 한 분이신 성부에 결합되어 계신다"(SS 18).

---

27) Basilio, *Lettera* 105[II, 6].

28) Basilio, *Lettera* 125, 3[II, 34].

> "자연적 선함과 본성에 따른 거룩함, 그리고 왕적인 위엄은 아버지로부터, 외아들을 거쳐, 성령에게 흘러 들어갑니다. 이와 같이 고백함으로써, 단일 군주론의 거룩한 교의를 훼손하지 않으면서도, 위격들을 함께 고백할 수 있는 것입니다." (SS 18)

성령이 피조물일 수 없다는 여러 가지 논거들이 있다. 피조물은 조건 지어져 있지만, 성령은 자유로우며 해방시키는 분이다.[29] 피조물은 생명을 필요로 하지만, 성령은 생명을 주시는 분이다. 성령의 신성을 부정하는 것은 그리스도의 구원을 헛되게 만드는 일이다. 성령이 하느님이 아니라 피조물이라고 말하는 것은, 예수님께서 말씀하신 성령을 거스르는 모독이며, 동시에 우리의 세례에 대한 모독이기도 하다.

> "세례의 표징이 지니는 가장 깊은 의미는 바로 하느님의 생명 자체를 나누어 주는 데 있다. 이 나눔은 하느님에 대한 살아 있는 인식이며, 빛의 체험으로 표현되며, 이로 인해 세례받은 이들을 비추는 빛에 대해 말하게 되는 것이다."[30]

성령의 신성을 주장하는 데 있어 가장 핵심적인 논거는 '존재론적인' 거룩함에 관한 것이다. "성령께서는 〔…〕 아버지께서 본성상 거룩하시고, 아드님께서도 본성상 거룩하신 것과 같이 본성적으로 거룩하신 분이시다."[31] 성령께서 아버지와 아드님과 결합되

29) Cf. SS 9, 13, 15, 16.

30) E. Cavalcanti, *L'esperienza di Dio nei Padri greci*(그리스 교부들의 하느님 체험), p.76.

31) Basilio, *Lettera* 125, 3〔II, 33〕.

어 있는 것은, 신성 안에서 결합되어 계심을 의미한다. 본성상 이질적인 것이 동일한 영예에 참여하거나, 하느님으로서, 거룩한 분으로서 영광을 받는 것은 불가능하다.[32] 성령께서는 본성상 거룩함을 지니고 있으며, 이 거룩함을 피조물에게 나누어 주신다. 성령께서 거룩함을 주신다고 말하는 것은, 곧 그분께서 생명과 자녀로 삼으시는 은총, 그리고 완덕을 주신다고 말하는 것과 같은 것이다.[33]

> "피조물은 성화되지만, 성령은 성화되도록 하시는 분입니다. 〔…〕 피조물은 성령으로부터 성화되지만, 성령은 은총으로부터 부여된 것이 아니라 자신의 본질에 속한 본성적인 거룩함을 지니고 있습니다. 따라서 성령께는 특별히 거룩한 분이라는 칭호가 합당합니다."[34]

나아가 성령께는 이렇게 말해야 한다. "거룩함의 샘이시며, 생명을 창조하는 능력이시고, 완덕에 이르게 하는 은총이시며, 그분으로 말미암아 인간은 자녀로 입양되고, 죽을 존재가 불멸에 이르게 됩니다."[35]

---

32) Cf. SS 9, 16, 19.

33) Cf. SS 16, 19, 16.

34) Basilio, *Lettera* 159, 2〔II, 87〕.

35) Basilio, *Lettera* 105〔II, 6〕.

그러므로, 우리를 그리스도인으로 만드는 분은 바로 성령이시다

성령께서는 성부와 성자와 성령의 이름으로 받은 우리 세례의 토대이시며, 모든 '영광송'(*doxologia*)과 신앙 고백, 새로운 삶의 근거이시다. 그러므로 누구든지 성령을 지니고 있지 않으면 그리스도의 사람이 아니다(로마 8,9 참조).

삼위일체와 인간학의 관계는 어느 공의회에서도 명확히 정의된 바가 없다. 이는 마치 전통이 우리에게 남겨 준 것이 그리스도 안에서 드러난 신성과 인성의 불가분한 결합이라는 계시뿐인 것처럼 보이기 때문이다. 성령에 대한 인간학은 아직 존재하지 않는다. 다만 그것은 세례로부터 비롯되어, 영적인 사람들이라 불리는 이들에 의해 살아 내고 증언한 삶을 통해 드러날 뿐이다.

바실리우스에게 있어 세례에 대한 언급은 교의적으로 아주 중요하다. 그의 삶 안에서도, 성인이 되어 받은 세례의 체험은 분명한 흔적을 남겼다. 더 이상 세례 이전의 삶으로 다시 돌아갈 수 없기 때문이다. 피조물은 세례를 통해 참으로 한 분이시며 삼위이신 하느님을 만나고, 성삼위의 친교 안에서 새로운 삶에 들어간다. 성령께서는 세례를 통해 우리가 새로운 자녀로 다시 태어날 때, 하느님의 생명에 대한 보증금으로 주어진다. 물에서 다시 태어나며 성령 안에서 새로 태어남을 체험하게 하는 세례식 전례의 아름다움은 그리스도 안에서 사는 삶의 기초이다. "세례가 참으로 나에게 생명의 기원이며 새로 태어남의 첫 날이 세례의 날이라면, 나를 양자로 삼아 주심의 선물을 받은 바로 그 순간에 선포된 말씀이야말로, 모든 말씀 중에 가장 귀한 것임이 분명하다"(SS 10). 이 신앙을 저버리는 일은 "분명히 영원한 생명으로부터 멀어지는 것이다"(SS 12). 그렇다면 어떠한 말씀이 그러한가? 그것은 세례를 베풀 때 사용되는 삼위일체의 정식, 영광송과 신앙 고백의 정식을 말한다. 이 말들은 우리가 충실히 지켜야 할 신앙의 일치를 이루며, 우리가 세례받을 때 고백했던 그 동일한 신앙 안에 머물도록 이끈다.

세례 안에서 새로 태어남의 경험

세례는 무엇보다 성령의 '경험'이다. 그러나 경험이란 어떤 의미에서인가? 이에 대해 이브 콩가르(Yves Congar)는 다음과 같이 정의한다.

> "경험은 하느님께서 우리에게 다가오시고 우리 안에서 그리고 우리를 통하여 활동하시며, 우리를 친교와 우정 안에서 당신께로 끌어당기시어, 서로가 서로를 위한 상호적인 존재가 되어 하느님의 실재를 인식하게 되는 것을 말한다. 물론, 이 모든 것은 하느님을 직접 뵙는 직관 이전의 차원에서 이루어지며, 하느님을 아는 인식의 질서 안에서의 거리를 없애지는 않는다. 그러나 그 인식의 거리는, 우리 삶이 지향하는 사랑의 목적 그 자체이신 하느님께서 우리 안에 현존하심으로써, 넘어서게 된다. 이 현존은 평화, 기쁨, 확신, 위로, 깨달음 등의 사랑을 동반하는 모든 표징과 효과 안에서 감각적으로 드러난다."[36]

[36] Y. Congar, *Credo nello Spirito Santo, I. Rivelazione e esperienza dello Spirito*(나는 성령을 믿나이다 1, 성령의 계시와 경험), Queriniana, Brescia,

주님께서는 이스라엘의 역사 안에서, 특히 출애굽 사건들을 통해, 세례를 위한 점진적인 '교육'(pedagogia)을 준비해 주셨다. 그러나 세례가 이전의 준비 과정과 구별되는 새로움은, 바로 죄의 용서와 하느님의 생명을 선물로 받은 것이다.

"세례 때 이루어지는 세 번의 침수는 그리스도의 죽음과, 그분의 매장, 그리고 저승으로 내려가심에 우리를 일치시키는 행위이다. 이는 상징적으로, 옛 삶과 그의 활동들 사이에 죽음이 개입되었음을 의미하며, 그 죽음 안에서 우리는 성령으로 주입된 새로움으로 들어간다는 뜻이다. 우리는 물에서 올라오면서 정화되고 그리스도의 부활과 일치되어, 거룩함의 열매를 맺기 시작한다. 바로 이러한 이유로 우리는 단 한 번의 유일한 구원의 세례를 고백한다. 왜냐하면 이는 세례가 세상을 위한 단 한 번의 죽음, 그리고 죽은 이들 가운데서 이루어진 유일한 부활, 곧 우리를 구원하는 유일한 분이신 그리스도의 죽음과 부활의 모형이기 때문이다."[37]

물은 죽음의 표상이다. 인간의 몸은 마치 무덤 속으로 내려가듯 물속으로 내려간다. 성령께서는 새로운 생명을 주시며, 우리를 "위로부터 다시 태어나게"(요한 3,5 참조) 하신다. 우리는 반드시 세례의 물속으로 내려가야 하며, 어떤 방식으로든 물 안에서 죽어야 물로부터 다시 태어날 수 있다. 그래서 우리는 이렇게 말할 수 있다. 우리가 세례수 안에서 죽는 동안, 물과 성령으로 다

1984, p.13.

37) G. Azzali Bemardelli, "Introduzione"(서문), in SS 60.

시 태어난다고 말이다. "실제로 물 안에 은총이 있다면, 그것은 물의 본성에서 나오는 것이 아니라, 성령의 현존에서 나오는 것이다"(SS 15). 정화와 관상은 세례로 시작되는 신화의 과정이며, 이는 성령의 활동을 드러내는 표지이다.

이렇게 해서 새로운 삶은 하느님과 친밀한 관계의 시작, 가족됨, 가족적인 가까움을 드러내게 된다.

> "성령께서 영혼(anima)과 가까이 지내신다는 것은, 마치 육체적 존재가 비육체적인 존재에게 공간적으로 가까이 다가가는 것과 같지 않습니다. 오히려 그것은 육적인 매혹으로 인해 영혼을 공격하고, 하느님과의 친자적 관계에서 멀어지게 만드는 온갖 욕정을 영혼에서 제거하는 것을 뜻합니다." (SS 9)

하느님과 친밀한 관계 안에 있다는 것은 세례의 삶을 살아가는 것을 의미한다. 반대로 하느님과 낯선 관계에 있다는 것은, 세례 이전의 옛 인간에 따라 살아가는 삶, 즉 세례를 알지 못하는 이들의 삶을 산다는 것을 의미한다.

> "성령의 활동으로 말미암아, 우리는 낙원으로 되돌아가게 되고, 하늘 나라에 오르게 되며, 하느님의 자녀로 입양된 신분을 회복하고, 하느님을 '우리 아버지'라 부를 수 있는 자유를 얻게 됩니다. 그리고 또한 그리스도의 은총과 친교를 이루며, 빛의 자녀라 불리게 되며, 영원한 영광에 참여하게 됩니다. 한마디로 말해, 우리는 이 생애 안에서도, 그리고 장차 다가올 미래의 생애 안에서도 축복의 충만함 안에 놓이게 되는 것입니다. 그리고 약

속 안에 간직되어 있는 축복된 선물들을 이미 현재 안에서 거울을 통해 바라보듯 미리 관상하면서, 그 선물들을 실제로 향유할 날을 믿음 안에서 기다립니다." (SS 15)

성령의 내주 체험: 그리스도인, 하느님의 성전이 되다

믿는 이 안에 현존하시어, 그를 거룩하게 만드는 성령의 '내주'(inabitazione)에 관한 주제는 매우 중요하다. 여기에는 일종의 이중적 내주가 있다. 성령께서 성인(聖人) 안에 머무르시고, 성인은 다시 성령 안에 자기 거처를 둔다.

"성령은 〔…〕 거룩하게 된 이들이 머무는 장소이며, 〔…〕 참으로 성인들의 자리입니다. 그리고 성인은 또한 성령께 친숙한 거처가 되는데, 이는 그가 자신을 하느님과 함께 살기 위한 처소로 내어 드리기 때문이며, 또한 그는 성령의 성전이라 불리기도 합니다." (SS 26)

성령께서는 언제나 우리 안에 현존하시지만, 인간의 응답과 소명에 따라 활동하신다. 성령께서는 인간을 당신의 활동에 참여하게 하여, 성령과 협력하여 행동하게 하신다. 다시 말하면 개인의 고유한 '은사'(carisma)를 통해 교회라는 전체 '은사'에 참여하도록 한다. 왜냐하면 성령께서는 전체가 각 부분들 안에 현존할 수 있도록 하시기 때문이다. "성령은 〔…〕 은사의 분배와 관련하여, 부분들 안에 존재하는 전체로서 이해된다"(SS 26). 성령의 일치 안에서 우리는 서로의 지체가 되며, 그리스도의 몸을 이루며, 서로에게 건강함과 거룩함을 나누는 존재가 되는데, 이는 우리가 '영적인 존재'이기 때문이다. "건강한 눈에 보는 능력이 존재하듯이, 정화된 영혼 안에는 활동하시는 성령의 힘이 있다"(SS 26). 그리고 전체 안에 있는 부분들처럼, 우리 각자는 성령 안에 존재한다. 우리 모두는 한 성령 안에서 세례를 받았기 때문에 한 몸을 이루기 때문이다.

성령께서는 당신의 거룩함 안에서 모든 피조물을 감싸시지만, 믿음을 지닌 이들, 즉 자신의 삶을 "죄로 덧입혀진 추함"으로부터 정화되어 "본래의 아름다움"으로 되돌아간 이들 그리고 "순결함을 통해 왕적인 형상의 본래 옛 모습"을 회복한 이들에게는 다양한 방식으로 참여하신다(SS 9). 세례 이후에도 거룩함의 여정은 끝나는 것이 아니라, 오히려 그 순간부터 시작된다. 성령께서는 삶의 방식 안에서 지속적으로 회개하도록 도와주시며, 이 회심의 핵심 조건은 선을 향해 흔들림 없이 나아가려는 안정된 지향이다. 성령의 은총은 "선을 향한 안정된 태도 때문이며, 이를 받아들인 이들 안에 항구히 머문다"(SS 26).

성령의 거처가 된 우리는 성령을 모시는 이들로서, 곧 성령을 품은 사람들이 되었고, 그로써 영적인 인간, 곧 성령의 열매를 맺는 능력을 지닌 존재가 된다.

> "마치 맑고 투명한 물체가 한 줄기 빛을 받으면 그 자체로 빛나며 다른 광채를 반사하는 것처럼, 성령을 모시는 영혼도 성령에 비추어지면 스스로 영적인 존재가 되고, 그 은총을 다른 이들에게 흘려보내게 됩니다." (SS 9)

피조물 본래의 아름다움이 다시 회복되고, 예수 그리스도의 약속, 곧 그분께서 우리 안에 머무르시고 우리도 또한 그분 안에 머무른다는 약속이 실현되며, 하느님과의 닮음이 현실 안에서 이루어진다.

> "성령 밖에서는 어떠한 방식으로도 참된 흠숭을 드릴 수 없습니다. 그러나 그분 안에 머무른다면, 마치 눈으로 본 것에서 빛을 분리할 수 없듯이, 성령에게서도 떨어져 나갈 수 없습니다. 사실, 보이지 않는 하느님의 모상을 보는 것은 성령의 빛 안에서만 가능한 일입니다. 누군가가 그 모상을 응시한다면, 그 모상에서 빛을 분리해 낼 수 없습니다. 왜냐하면 보는 것의 원인이 되는 빛은, 보고 있는 대상과 더불어 동시에 인식될 수밖에 없기 때문입니다. 이와 같이, 성령의 빛으로 말미암아 우리는 하느님의 영광의 광채를 볼 수 있으며, 그 모상의 자국을 통해 우리는 그 흔적의 주인이시며, 동일한 모상의 인장을 지니신 분, 곧 하느님께로 인도됩니다." (SS 26)

결론

세례받은 이들에 대한 탐구 여정을 계속해 나가기 위해, 지금까지 말한 것들 가운데 우리는 무엇을 지켜야 할까? 성령께서는 그리스도인 삶과 삼위일체 하느님에 대한 올바른 이해를 위해서 반드시 필요하신 분이다. 신적인 위격으로서 성령을 부정할 수 없으며, 삼위일체 내 관계 질서를 가볍게 여길 수도 없다. 그러나 동시에, 성령이 가지는 우리 내면과 문화 안에서의 작용 그리고 교회와의 깊은 결속 역시 부정할 수 없다. 성령께서 가져다주시는 새로움은 그 어떤 현실과도 비교할 수 없을 만큼 완전히 새로운 것이며, 성령과 함께하느냐, 그렇지 않느냐의 문제는 생명과 죽음 사이의 갈림길에 서게 되는 것이다.

성령에 대한 이러한 신앙의 측면들을 다루어 글을 남긴 바실리우스에 관해, 그를 가장 권위 있게 설명해 준 동시대 증인 가운데 한 사람의 목소리에 귀 기울여 보자.

> "성령께서 존재하지 않으셨다면, 우리는 "예수님은 주님이시다"라고 말할 수 없을 것입니다. "성령의 활동 없이는 아무도 '예수님은 주님이시다'라고 말할 수 없습니다"(1코린 12,3). 성령께서 신자들 안에 계시지 않는다면, 우리 신자들은 하느님께 기도드릴 수도 없을 것입니다. 사실 우리는 이렇게 기도합니다. "하늘에 계신 우리 아버지"(마태 6,9). 우리가 예수님을 주님이라고 부를 수 없는 것처럼, 하느님을 우리 아버지라고 부를 수도 없었을 것입니다. 이 사실을 누가 증명해 줍니까? 바로 사도 자신이 이렇게 말합니다. "진정 여러분이 자녀이기 때문에 하느님께서 당신 아드님의 영을 우리 마음 안에 보내 주셨습니다. 그 영께서 '아빠, 아버지!' 하고 외치고 계십니다"(갈라 4,6). 그러므로 당신이 아버지를 부를 때, 그 이름으로 그분을 부를 수 있게 된 것은 바로 성령께서 당신의 영혼 안에 작용하고 계시기 때문이라는 것을 기억해야 합니다. 그러므로 성령께서 존재하지 않으셨다면, 교회도 존재하지 않았을 것이며, 지혜나 지식에 대한 말씀도 없었을 것입니다. "어떤 이에게는 성령을 통하여 지혜의 말씀이, 어떤 이에게는 같

은 성령에 따라 지식의 말씀이 주어집니다"(1코린 12,8). 성령께서 존재하지 않으셨다면, 교회 안에 목자도, 학자도 존재하지 않았을 것입니다. 왜냐하면 이들을 그러한 직무로 세우시는 분이 성령이시기 때문입니다. 〔…〕 비록 그 자리에 한 인간이 있다고 하더라도, 그를 통해 활동하시는 분은 하느님이십니다. 그러니 당신이 눈으로 보이는 존재의 본성을 바라보지 말고, 그 안에 머물고 있는 보이지 않는 은총을 생각하십시오. 성스러운 장소 안에서 이루어지는 일들 가운데, 인간에게서 나오는 것은 아무것도 없습니다. 성령께서 현존하지 않으신다면, 교회는 굳건한 일치를 이루지 못할 것입니다. 그러나 교회가 굳건한 일치 안에 머물러 있다면, 그것은 성령께서 그 안에 현존하고 계시다는 표지인 것입니다."[38]

삼위일체의 생명과, 동일한 신적 본성으로부터 그리고 위격들 사이의 관계 질서 안에서 각 위격들의 동등한 영광을 단순화하거나 가볍게 여겨서는 안 된다. 정교회 신학자 블라디미르 로스키(Vladimir Lossky)에게 있어 필리오퀘(*Filioque*)의 문제는 다음과 같은 중요한 의미를 지닌다.

"성령이 두 위격(성부와 성자) 사이의 단순한 연결 고리로 축소되고, 존재 자체에 있어 성자에게 일방적으로 종속되며, 진정한 페리코레시스(pericoresi, 삼위의 상호 내재)가 훼손될 때, 성령은 위격으로서의 고유한 독립성을 잃게 되고, 구원 경륜적 활동 안에서의 그 위격적인 충만함 역시 잃게 된다."[39]

---

38) Giovanni Crisostomo, *Prima Omelia sulla Pentecoste*(성령강림 대축일에 관한 첫 번째 강론) 4, PO 50, pp.458~459.

구원 역사 안에서 성령의 활동은 교회적 차원에서도 개인적 차원에서도, 오로지 말씀의 구원 경륜을 위한 하나의 단순한 도구로 간주되기에 이른다. 개인적인 차원에서는 그리스도인의 삶의 목적이 더 이상 성령에 의해 이루어지는 신화, 즉 그리스도 안에서의 삶이 아니라, 단지 그리스도를 모방하는 것으로 전락하게 된다.[40]

교회적 차원에서 보면, 하느님의 백성은 그리스도의 몸에, 카리스마는 제도에, 내적 자유는 부여된 권위에, 예언직은 법률주의에, 신비 체험은 스콜라주의에, 평신도는 성직자에게, 보편 사제직은 직무적 위계 제도에, 그리고 마침내 주교단 전체는 교황의 수위권에 종속되는 처지에 놓이게 된다.[41] 블라디미르 로스키에 따르면, 창조와 쇄신의 힘이신 성령께서는 가톨릭교회에 의해 사실상 압류되어, 그리스도께서 당신의 대리자(교황)를 위하여 세우신 질서를 지키는 절대 수호자로 축소되어 버렸다. 반면, 정교회는 육화와 성령 강림의 구원경륜 사이에 존재하는 상호 종속성과 창조적 긴장 관계를 끝까지 보존해 왔다.[42]

성령께서는 교회 안에서 삼위일체를 계시하는 분이시다.

> "신앙의 증언과 구원의 보증이 세분의 위격들을 담보로 삼고 있기 때문에, 거기에는 반드시 교회에 대한 언급이 더해집니다.

39) 이처럼 로스키의 입장은 A. 드 알뢰(A. de Halleux)의 다음 글에 요약되어 있다: "Du personnalisme en pneuinatologie"(성령론의 인격주의에 대하여), *Reivue théologique de Louvain* 6(1975), p.13.

40) Cf. Lossky, *Teologia mistica*, p.163, 189.

41) Y. Congar, *Credo nello Spirito Santo III. Teologia dello Spirito Santo*(나는 성령을 믿나이다 3, 성령의 신학), Queriniana, Brescia, 1983, p.215.

42) Cf. Lossky, *Teologia mistica*, pp.151~152, 159~162.

사실, 성부와 성자와 성령, 이 세 분이 계신 곳에, 교회가 존재하는데, 이는 교회가 바로 이 세 위격의 몸이기 때문입니다."[43]

• 우리 안에 계신 성령– 깨닫고 보고 믿고 창조하게 하시는 분

우리는 성령의 활동을 통해서만 진리에 따라 교의를 이해할 수 있고, 창조 세계와 피조물들을 아름다움 안에서 이해할 수 있다. "성령을 통해 교의를 이해하고, 성령 안에 이해의 충만함이 있다."[44] 이로써 삼위일체에 대한 이해도 가능해진다. "성령께서는 성부와 성자의 사랑을 완성하게 하시며, 동시에 아름다움에 대한 관상이 향하는 대상이자 도구이시다."[45] 성령의 활동을 통해 우리는 피조물 안에서 삼위일체적 아름다움이 반영되는 모습을 바라보게 된다. 이러한 이유로 영적인 삶과 수덕적인 삶은 아름다움을 향한 사랑, 즉 "처음부터 주신 그 찬란하고 승리한 아름다움 안에서 모든 창조 세계를 인식할 수 있는 능력"[46]을 가지고 살아갈 수 있게 된다. 영적인 사람은 이중으로 아름다움을 섬긴다. 즉, 그는 성령의 빛으로 자신을 아름답게 가꾸도록 내맡겼기 때문이며, 동시에 피조된 아름다움을 드러내고 다른 이들이 그것을 보게 하기 때문이다.

"성령을 담지한 위격성(personalità)은 이중으로 아름답다. 객관

[43] Tertulliano, *De baptismo*(세례론) 6, in SC 35(1952), p.75.

[44] Florenskij, *La colonna*, p.209.

[45] Florenskij, *La colonna*, p.140.

[46] Florenskij, *La colonna*, p.370.

적으로는, 다른 이들이 바라보는 관상의 대상으로서 아름답고, 주관적으로는, 자신을 둘러싼 세계를 새롭게 정화된 시선으로 관상하게 하는 중심으로서 아름답다. 성인은 우리에게 원초적이며 지극히 아름다운 피조물을 관상하도록 눈을 열어 주며, 성인의 관상을 통해 그 피조물은 자신의 부패로부터 해방된다. '교회성'(ecclesialità)은 성령 안에서의 절대적인 아름다움 안에서 살아가는 새로운 삶의 아름다움이다."[47]

왜냐하면

"하느님께서는 당신의 손으로 빚어 만드신 작품을 당신의 아드님과 합당하고 그분과 닮게 만드실 때, 바로 그 작품 안에서 영광을 받으실 것이기 때문입니다. 곧, 아드님과 성령, 곧 성부의 손으로 불리는 이들의 활동으로 말미암아, 인간은 하느님의 모상과 닮은 모습으로 되어 가는 것입니다."[48]

• 우리를 그분의 나라로 이끄시는 성령

"성령께서는 우리 안에 하느님 나라의 종말론적 유산을 끌어당기는 힘으로 작용하신다. '아버지의 나라가 오시며!'라는 기도(루카 11,2)의 몇몇 필사본에는 이 말 대신에 다음과 같은 표현이 전해진다: '당신의 거룩한 성령을 우리 위에 보내시어 우리를 정화하게 하소서!' 그리고 이 전승은 많은 교부에 의해 받아들여졌

47) Florenskij, *La colonna*, p.383.
48) AH V, 6,1〔II, 166〕.

다. 따라서 성령께서는 복음의 사명을 앞으로 나아가게 하는 분이시다. 성령께서는 큰 혁신적인 시도들, 선교의 여정, 새로운 수도회 설립, 사상의 위대한 작업을 일으키신다. 또한 필요한 개혁에 영감을 부여해 주시고, 그 개혁들이 단지 외적인 제도 개편으로 전락하지 않고, 그 안에 예수님의 영에 따른 새로운 '형성'(conformazione)이 자리 잡도록 하신다. 〔…〕 이러한 방식으로 교회는 하느님 현존을 드러내는 표징, 즉 '성현'(聖顯, *haghiofania*)이 된다. 교회는 아직 도달하지 않은 세계의 현존, 즉 하느님께서 모든 것 안에서 모든 것이 되실 나라의 선취를 드러내는 것이다(1코린 15,28 참조)."[49)]

"사라질 것은 이 세상, 곧 창조의 말씀으로 이루어진 경이로움이 아니라, 죽음이다. 인류 세대들이 걸어온 수고의 여정이 무(無)로 돌아가는 것이 아니라, 그 수고가 마침내 궁극적으로 변모되는 것이다. 성령께서는 바로 이 최종적인 성령 청원(*epiclesis*)를 내다보며, 우리를 하나로 모으신다."[50)]

이미 바실리우스 성인은 이렇게 말하였다. "성령에 대한 경험과 이해는 장차 올 세상에서 우리에게 주어질 것이라고 확신합

---

49) Y. Congar, *Credo nello Spirito Santo, II. Lo Spirito come vita*(나는 성령을 믿나이다 2, 삶으로서의 성령), Queriniana, Brescia, 1982, pp.68~69. 루카 복음 11장 2절의 변이와 관련해서 다음 문헌들을 참조: Tertulliano, *Adv. Marcionem*(마르키온 반박) IV, 26,3, SC 456(2001) p.332; Gregorio di Nissa, *De orat. Dom.*(주님의 기도) 3, PC 44, 1157C; Evagrio, *De oratione*(기도론) 58, PO 79, 1165; Massimo il Confessore, *Expositio orat. Dom.*(주님의 기도 해설), PO 90, 884B.

50) Ignace IV Patriarche d'Antioche, *La résurrection et l'homme d'aujourd'hui*(부활과 오늘날의 인간), Desclée, Paris, 1981, p.53.

니다."[51]

"보통 그리스도인의 사적인 삶(일시적인 고양 상태들을 제외하고)이나 교회의 일상적인 삶(천상의 선택된 이들을 제외하고)은 성령을 한 위격으로서 제대로 알지 못하며, 그에 대한 인식은 희미하고 혼란스러우며 어두운 경우가 많다. 이로 인해, 피조물이 지닌 천상적 본성에 대한 이해도 불충분하고 단편적일 수밖에 없다. 그러나 이는 어찌 보면 당연한 일이다. 왜냐하면 성령에 대한 참된 인식은 우리를 완전한 성령의 담지자로 만들며, 모든 피조물을 신화시키고, 완전한 빛의 조명을 가져다줄 것이기 때문이다. 그 순간, 역사는 끝날 것이고, 때가 충만해졌음이 드러날 것이다."[52]

우리는 믿음을 가지고, 사랑 안에서 일하는 가운데, "성령께서 우리의 마지막 보상이 되실 것"을 기다린다.[53]

---

51) Basilio di Cesarea, *Contro Eunomio*(에우노미우스 반박) I1I/7, a cura di R. Quarta, Città Nuova, Roma, 2007, p.320.

52) Florenskij, *La colonna*, p.155.

53) 1482년 12월 4일, 성 니콜라우스 폰 플뤼에(Niklaus von Flüe)는 베른 지역 신자들에게 보낸 한 편지에서 다음과 같이 축복하였다. "성령께서 여러분의 마지막 보상이 되기를 바랍니다." In C. Joumet, *Nicola di Flüe, il politico della pace*(평화의 정치가, 니콜라우스 폰 플뤼에), Città Nuova, Roma, ^{2}1979, p.84.

제 4 장

진복팔단, 성령의 활동이 드러나는 표징

하느님 나라의 현존과 인간 안에서 드러남

바실리우스의 『성령론』은, 성령의 신성을 바탕으로 한 인간 이해, 즉 성령 신학이 밝혀 주는 인간학의 토대를 보여 주었다.

이러한 인간학적인 접근은 니사의 주교 그레고리우스의 여덟 편의 『진복팔단에 대한 강론』(*Omelie sulle beatitudini*)을 통해 한 걸음 더 나아간다.[1] 이제 질문은 이것이다. 성령 안에서 신앙을 받아들여 하늘 나라의 상속자가 된 그리스도인은 어떤 삶을 살아가는가? 아타나시우스에게 중요한 것은 하느님의 '내려오심', 곧 그리스도의 육화였다. 당시 그리스도의 신성이 도전받고 있었기에, 그는 '하느님의 사람'이란, 즉 '하느님 모상의 모상', 다시

1) PG 44, 1193~1301. 『진복팔단에 대한 강론』은 오랫동안 일부 번역본만을 현대어로 찾아볼 수 있었다. 최근에야 프랑스어, 영어, 이탈리아어로 된 전체 번역본들이 출간되었다. Cf. Grégoire de Nysse, *Les Béatitudes*(진복팔단), Pères dans la Foi 10, Paris, 1997; H.R. Drobner / A. Viciano, *Gregory of Nyssa. Homilies on the Beatitudes*(니사의 그레고리우스, 진복팔단에 대한 강론), Brill, Leiden-Boston, 2000; 여기서의 참행복 즉, *Beatitudini*(진복팔단)의 인용은 이탈리아어 번역본에 따른다.

말해 '그리스도를 호흡하는 이'라고 보았다. 그에 반해, 니사의 그레고리우스는 인간의 '올라감', 즉 하느님을 향한 상승에 초점을 맞춘다. 이러한 새로운 삶은 세례를 받을 때 주어진 성령 덕분에 가능해진다. 그에게 '하느님의 사람'이란 관상을 통해 하느님을 향해 '오를 줄 아는' 사람이며, 하느님 나라를 볼 줄 알고 다른 이에게도 보여 줄 줄 아는 사람이다. 따라서 신학적 인간학이 지향하는 궁극적 완성은 하느님을 뵈옵는 것, 곧 정결한 마음이 드러나는 것이며, 이는 바로 '신화'이다.

그레고리우스가 글을 집필할 때 형제 바실리우스의 기술적 협력자들을 활용하고 있다는 사실에 근거하여, 이 작품의 작성 시기와 집필 계기를 추정할 수 있다.[2)] 이 점에 비추어 볼 때, 이 작품은 379년 바실리우스 죽음 직후에 작성된 것으로 보이며, 세례 교리 교육의 일부였다고 여겨진다. 우리 성찰의 흐름의 관점에서 이 텍스트가 중요한 이유는, 바실리우스의 『성령론』과 같은 시기의 작품이며, 381년에 열린 콘스탄티노폴리스 공의회와 동시대의 문헌이기 때문이다. 그레고리우스는 신앙의 진리들과 함께, 그리스도인의 완전한 기도인 '주님의 기도'를 전해 주는 것과 더불어, 그리스도인의 삶의 완성과 그로부터 요구되는 것들을 교우들에게 제시한다. 여덟 가지 진복 선언은 구원 계획과 신앙 여정을 총체적으로 조망하고 구원의 신비 전체를 바라보는 관점에서, 구원 체험을 이루는 각 측면을 하나하나 강조한다. 어느 하나의 진복 선언만으로는 구원의 신비 전체를 설명할 수 없지

2) Cf. M. Canévet, *Grégoire de Nysse et l'herméneutique biblique. Étude des rapports entre le langage et la connaissance de Dieu*(니사의 그레고리우스의 성서 해석학. 언어와 하느님 인식의 관계에 대한 연구), Études augustiniennes, Paris, 1983, p.70.

만, 동시에 각각의 선언은 그 삶을 실천하는 사람에게 전체 구원의 신비를 담고 있다. 하늘 나라에서는 가난한 사람이 온유하지 않을 수 없고, 평화를 추구하지 않을 수 없고, 그 밖의 다른 덕들도 함께 지니지 않을 수 없기 때문이다.

교부들은 진복팔단에 대해 별도의 저작을 남기지는 않았지만, 성경, 특히 마태오와 루카 복음을 주해하면서 이 주제를 다루었다. 그런 점에서 니사의 그레고리우스의 『진복팔단에 대한 강론』은 매우 독특한 사례에 해당한다.[3] 이 강론들은 곳곳에서 드러나는 아름다움과 그 안에 제시된 인간학 때문에 특별한 주의를 기울일 만하다. 그레고리우스는 철학적 논증이나 성경적 근거를 제시하는 데는 관심이 없었다(실제로 이 텍스트에는 성경 인용이 거의 없다). 대신, 니사의 주교로서 신자들을 향해 말을 건네고 있으며 모두가 이해할 수 있는 언어로 가르친다.

이 논증의 기초는 단순하다. 그리스도인의 삶의 목적은 하느님과 닮아 가는 것이며, 이는 세례로 시작된다. 초대 그리스도인들의 확신에 따르면, 세례는 "곧바로 영원한 생명으로의 접근을 가능하게 하며, 부활의 효과를 현재화한다. 그러므로 진복팔단의 약속은 단지 영원한 생명에 대한 최종적 상급을 의미하는 것이 아니라, 이미 그리스도교 입문 과정의 열매를 이룬다. 곧, 세례 자체가 그 약속들의 실현 안으로 들어가게 하는 것이다."[4] 앞서 언급했듯이, 세례는 우리를 그리스도와 닮게 만든다. 따라서 진복팔단은 그리스도의 '형상'을 묘사하는 것이며, 동시에 세례로 그분

---

3) Cf. P. Meloni, "Le beatitudini nei Padri della Chiesa"(교부들의 진복팔단), in AA.VV., *Beatitudini, benedizione, maledizione* (진복팔단, 축복, 저주), Borla, Roma, 1994, pp.258~284.

4) C. Somenzi, "Introduzione"(서문), in *Beatitudini* (진복팔단), pp.41~42.

을 따르게 된 이의 형상을 드러낸다. 그리스도를 향한 그리스도인의 '일치'(conformità)는 하나의 '형상을 향한 긴장'(ἐπέκτασις)[5]으로 표현된다. 이는 유한한 인간이 무한한 하느님을 향해 나아가는 끊임없는 전진이며, 이 여정은 산 위로 오르는 모세나 사다리를 오르는 야곱의 표상 안에서 표현된다. 이처럼 영적인 삶을 하나의 여정으로 이해하는 맥락 안에서, 진복팔단은 그 여정을 안내하고 성장으로 이끄는 지도가 된다. 그 여정의 끝에는 하느님 자신, 곧 하늘 나라가 있으며, 이는 "세상의 현재 상태를 마무리 짓는 하느님의 충만한 현현"이 기다리고 있다.[6]

그러나 신앙 여정의 시작에서도 우리는 이미 하느님 자신을 만날 수 있다. 즉, 모든 진복을 자신 안에 구현하신 성자 예수님 안에서 하느님을 '발견하게' 되는 것이다. "진정한 의미에서 복되신 분은 바로 하느님 존재 자체이다. 〔…〕 그리고 참된 행복에 참여함으로써 이 이름을 부여받아 존재하게 된 것은 복되다고 불려야 하는 것이다."[7] 하느님의 참된 행복에 참여하는 것은 "그의 하늘 나라를 소유하는 것" "그의 위로를 받는 것" "땅을 차지하는 것" 등으로 표현된다. 진복팔단은 하느님의 생명에 대한 참여이자 그리스도를 향한 그리스도인의 '형상적 일치'로 구원을 묘사한다. 이 참여는 은총에 의한 것이며, 이 형상적 일치는 헌신을 통해 이루어진다. 그리하여 하느님의 선물과 인간의 응답 사이, 은총(자유)과 덕행 사이의 결속에 대한 중요한 신학적 성찰이

---

5) 니사의 그레고리우스의 '에펙타시스' 개념에 대해서는 다음을 참조: J. Daniélou, *Platonisme et théologie mystique*(플라톤주의와 신비신학), Aubier, Paris, 1944, pp.291~307.

6) Stock, p.33.

7) *Beatitudini* I, 3〔139〕.

뒤따르게 된다. 이 덕행들은 성령의 힘 안에서 "하느님과의 직접적인 관계를 지향하며, 삼위일체와의 친교 안에서 살 수 있도록 준비시키며, 인간의 능력을 하느님의 본성에 참여할 수 있도록 만든다."[8] 그런데 이러한 그리스도교적 참신함을 해석하기 어려운 이유는, 덕행이 인간적인 성품으로 드러나지만, 그 힘은 하느님으로부터 오며, 그 목적 역시 하느님께 있다는 데 있다. 은총과 응답의 차원 안에서, 죄 때문에 잃어버린 하느님과의 닮음에 대한 회복하며, 이는 창조 때 인간의 마음 안에 새겨진 모상의 광채를 되찾는 것이며, 사랑의 낙원으로 되돌아가는 여정이다. 이 모든 것은 세례의 '선물'이며, 세례받은 이가 헌신해야 할 근거가 된다. 니사의 그레고리우스는 이 점을 이렇게 요약한다. 세례는 "저 높은 곳에 있는 참행복의 모상"이다.[9]

이러한 이유로, 증거하는 삶의 외적인 매력은 일종의 모호함이 뒤따른다. 곧, 성인(聖人)은 진복팔단을 구성하는 두 측면의 진리를 살아간다. 즉, 하느님 나라의 복됨을 미리 살아감으로써 가난, 온유, 박해 등을 선택할 수 있게 된다. 그러나 그리스도인을 외부에서 바라보는 이들은, 그리스도인들이 덕행을 세우기 위해 가난을 선택한다거나, 가치를 추구하기 위해 고통을 받아들여야 한다거나, 내세에서 더 나은 삶을 살기 위해 박해라는 방식을 추구한다고 오해할 수 있다. 그러나 더 나은 길로 가난을 선택하는 그리스도인은, 가난하신 그리스도 곁에 머물기 위해 그렇게 하는 것이다.[10] 그리고 이를 통해 믿음, 희망, 사랑의 가난 즉,

---

8) S.P. Bonanni, *L'amore che spera e crede. Nella traccia della storia fra antropologia e teologia*(희망하고 믿는 사랑. 인간학과 신학 사이의 역사적 흔적 안에서), Gregorian & Biblical Press, Roma, 2010, p.9.

9) Gregorio Nazianzeno, *Orazione* 40, 4[925].

즉 하늘을 빼앗아 가는 가난만큼 두려워할 가난은 없음을 증거하기 위하여 그렇게 한다. 진복팔단은 하나의 기준을 제시한다. 그리스도처럼 살아가는 이가 진정한 그리스도인이라는 것이다.

이 복된 선언을 약속의 측면에서만 보게 되면, 진복팔단은 유토피아적 이상이나 '민중의 아편'으로 오해될 수 있다. 더욱이 진복팔단의 첫 부분(가난, 고통, 굶주림, 목마름, 박해 등)만을 읽는 것 또한 유토피아적이다. 이러한 표현들이 복된 이야기의 거짓된 해석이라고 한다면 얼마나 많은 불행의 이미지를 불러일으키겠는가! 니사의 그레고리우스는 이를 명확히 지적한다. "말씀의 깊이 안에 담긴 의미가 명확히 밝혀지지 않는다면, 그 선물의 위대함에서 어떤 유익이 있겠습니까?"[11] 예를 들어, "행복하여라, 가난한 사람들"에 관해 그는 신자들에게 다음과 같이 분명하게 설명한다. 거부해야 할 가난과 복되게 여겨야 할 가난을 구분해야 한다는 것이다. 복된 이는 "악과 관련된 모든 것에 자발적으로 가난하며, 악마의 보물 중 어떤 것도 자기 금고 안에 간직하지 않고, 영 안에서 열정적으로 살아가며, 그래서 악한 것들에 대한 가난을 스스로의 보물로 간직하는 자"이다.[12] 초대 교회 공동체들의 역사를 돌아보면, 그리스도교는 무엇보다도 사회적 혁명을 지향하는 메시지로 시작한 것이 아님을 분명히 알 수 있다.

"십자가에서 돌아가신 예수님께서 가져오신 것은 전적으로 다른 무엇이었다. 그분이 가져오신 것은 모든 주님들의 주님이신,

---

10) Ignazio di Loyola, *Esercizi spirituali*(영신 수련), 제167항.

11) *Beatitudini* I, 4〔141〕.

12) *Beatitudini* I, 4〔143〕.

살아 계신 하느님과의 만남이었고, 그로 인해 노예 상태의 고통보다 더 강한 희망과의 만남이었다. 바로 이 희망이 인간의 삶과 세상을 내면으로부터 변화시키는 것이었다."[13]

첫 번째 가난에 대한 강론은 다음과 같이 결론짓는다.

"주님께서 스스로 가난해지셨으니, 여러분도 가난을 두려워하지 마십시오. 우리 때문에 가난해지신 그분은 모든 피조물을 다스리고 계십니다. 그러니 가난해지신 그분과 함께 여러분이 가난해진다면, 분명히 다스리시는 그분과 함께 여러분도 다스리게 될 것입니다. 행복하여라, 마음이 가난한 사람들! 하늘 나라는 그들의 것이다."[14]

겸손은 하늘 나라로 들어가는 문이다

니사의 주교는 신자들에게 가난, 온유, 슬픔이 사회·심리적인 불행이 아니라, 하느님 나라에 속한 '신적인' 복됨의 특징이라고 보았다. 그는 이를 어떻게 논증하는가? 진복팔단에 따르면 삶의 목적은 하느님과 닮아 가는 것이며, 인간은 오직 하느님께 속한 것을 통해서만 그분을 모방할 수 있다. 그리스도의 자발적인 가난을 모방하는 것은 하느님을 모방하는 것이다. 그리스도께서는 육화와 수난의 자기 비움(*kenosis*) 안에서 가장 극심

---

13) Benedetto XVI, *Spe Salvi*(희망으로 구원된 우리) 4.

14) *Beatitudini* I, 7[162~163].

한 가난을 사셨다. “그분께서는 하느님의 모습을 지니셨지만 하느님과 같음을 당연한 것으로 여기지 않으시고 오히려 당신 자신을 비우시어 종의 모습을 취하시고 사람들과 같이 되셨습니다”(필리 2,6~7). “그분께서는 부유하시면서도 여러분을 위하여 가난하게 되시어, 여러분이 그 가난으로 부유하게 되도록 하셨습니다”(2코린 8,9). “하느님께서 종의 모습을 취하신 것보다 더 가난한 것이 무엇이겠습니까? 존재하는 모든 것의 임금님이 자원하여 우리의 인간 본성을 함께 지니기로 하신 것보다 더 낮아지신 일이 무엇이겠습니까?”[15] 하느님께서 “당신 자신을 낮추시어 순종하셨습니다”(필리 2,8). 이로써 그분은 우리에게 구원의 길을 보여 주셨다. 가장 큰 부유함은 “우리 자신을 온전히 소유하는 것”이기에, 진복팔단이 말하는 진정한 가난은 “자발적인 낮아짐”, 곧 사람을 구원하고 신화하는 겸손이다.

> “그러므로 하느님의 본성 안에서 드러나는 다른 모든 특성은 미약한 인간의 한계를 넘어서지만, 겸손은 우리와 자연스럽고 친밀한 성질을 지니고 있으며, 땅 위를 걷고 흙으로 빚어진 이들에게 익숙한 것입니다. 바로 그러한 점에서, 여러분이 하느님의 본성 가운데 인간에게 가능하고 자연스러운 것을 모방함으로써, 여러분 또한 복된 형상을 입게 된 것입니다.”[16]

그리고 뒤에 그레고리우스는 또한 이렇게 기록했다.

---

15) *Beatitudini* I, 5〔149〕.

16) *Beatitudini* I, 5〔147〕.

"이러한 방식으로, 우리가 가난을 선택함으로써, 우리의 능력 안에서 가능한 한 그분과 최대한 닮아 가게 될 때, 그 결과, 우리는 그 복됨에도 참여하게 되는 것입니다."[17]

가난과 하늘 나라에 대한 강론은 인간 불행의 첫 번째 원인, 즉 하늘 나라의 상실이 원죄 안에 드러난 교만의 결과라고 말한다. 그러나 치유책도 함께 제시되는데, 즉 가난이 겸손으로 이해되어야 한다는 것이다. 왜냐하면 겸손은 진복팔단의 정신 안으로 들어가게 하는 열쇠이며, 다시 하늘 나라에 들어갈 수 있게 하고, 하느님과의 우정의 낙원으로 돌아가게 하기 때문이다.[18]

예수님께서는 진복팔단을 통해 하늘 나라의 시민이 어떻게 행동하는지를 보여 주시며, "영원한 생명, 하늘의 본향으로 이끄는 길"을 가리켜 주셨다.[19] 복된 이는 주님의 계명과 예수 그리스도에 대한 신앙을 지키는 자이며 '영원한 재화'로 부유해진 자이다.[20] 반면에 죄로 부유한 자, 즉 악에 대해 영이 가난해지지 않은 자[21]는 심판을 받을 것이다.

신앙 안에서 성숙한 그리스도인은 기도 중에 부나 명예를 구

---

17) *Beatitudini* I, 5〔147〕.

18) Cf. A.G. Hamman, "Introduction"(서문), in Grégoire de Nysse, *Les Beatitudes*(진복팔단), Paris, 1995, p.20.

19) Cromazio di Aquileia, *Sermone*(설교) 39〔frammenti〕, in Id., *Sermons*, SC 164(1971), p.217.

20) Cf. Cromazio di Aquileia, *Sermone*(설교) 39〔frammenti〕, in Id., *Sermons*, SC 164(1971), p.173.

21) Nerses Šnorhali, *Jésus Fils unique du Père*(예수, 아버지의 외아들) 355, SC 203(1973), p.109. "나는 악에 대하여 마음이 가난하지 못했네 / 만일 그랬다면 하늘 나라를 차지했을 텐데 / 그러나 나는 여전히 죄로는 부유하며 / 선함에 있어서는 완전히 가난하네."

하지 않고, 하느님의 영, 하느님 나라를 오게 하는 그 성령을 청한다. 성령을 청한다는 것은 하느님 나라를 청하는 것이다. 성령은 인간을 '영적인 존재'로 만들어 주시며, 그로 하여금,

> "죽을 것이 불멸의 것에 의해 삼켜지게 하십니다.〔…〕이 일은 육의 파괴로 인해 일어나는 것이 아니라, 성령과의 친교를 통해 일어납니다.〔…〕인간이 그저 성령의 보증만으로도 "아버지!"라고 부를 수 있다면, 하느님께서 인간에게 충만히 부어주실 성령의 은총은 무엇을 하게 하시겠습니까? 그 은총은 우리를 하느님과 닮은 존재, 곧 아버지의 뜻에 따라 완전한 존재로 만드실 것이며, 인간을 당신의 모상으로 당신을 닮도록 만드실 것입니다."[22]

첫 번째 강론의 서두에서 그레고리우스는 자신이 "행복하여라"라는 말이 무엇을 의미하는지를 요약하고, 그리고 이후 진복팔단에 대한 전체 가르침에서 무엇을 다루게 될지를 요약한다.

> "진정한 의미에서 '행복하여라'라고 불릴 수 있는 것은 하느님 존재 자체입니다. 실제로 우리가 어떤 방식으로 상상하든, 진복팔단이란 순수한 삶이며, 말로 표현할 수 없고 이해할 수도 없는 선, 형언할 수 없는 아름다움, 완전한 은총과 지혜와 능력, 참된 빛, 모든 선의 근원, 우주를 초월하는 권위입니다. 오직 그분만이 사랑받을 만한 존재, 변하지 않는 실재, 끝없는 기쁨, 영원

22) AH V, 8,1〔II, 170~171〕.

한 환희이신데, 사람이 자기 능력 안에서 그것이 무엇인지 말한다고 해도, 그분께 합당한 것을 말할 수 있는 것은 아무것도 없습니다. 〔…〕 사람을 빚으신 분께서 그를 하느님의 모상으로 만드셨기에, 그에 따라 복되다고 불릴 수 있는 것은, 참된 행복에 참여함으로써 존재하게 된 것이라 할 수 있습니다. 〔…〕 초월적 진복팔단의 형상이 되는 인간 본성도, 진복팔단의 고유한 특징들을 자신 안에 반영해 보일 수 있다면, 완전한 아름다움의 윤곽을 지니게 됩니다."[23]

초기 그리스도인 공동체 안에서 진복팔단에 따른 삶은 가난한 이들과 박해받는 이들에게 집중된다. 이는 그들이 동일한 행복, 즉 '하늘 나라'를 향유하는 주체들이며, 그 현실은 매우 시의적절하고 실제적인 것이기 때문이다. 이러한 이유로,

"첫 번째와 여덟 번째 진복팔단에서는 하늘 나라와의 관계가 현재 시제로 표현됩니다. 반면, 나머지 다른 진복팔단들에서의 세 번째 요소(보상)는 항상 미래 시제로 제시되며, 하느님의 약속으로 표현됩니다. 〔…〕 여기서 표현되고 있는 본질적인 사실은 그들이 실제적이고 현재적인 상속자라는 것입니다."[24]

"혹시 이런 생각이 들 수 있습니다. '그렇다면 주님께서 무엇을 가져오셨는가?' 알아 두십시오, 주님께서는 이미 예고되어 있는 당신 자신을 가져오심으로써 모든 새로움을 가져오셨습니다.

23) *Beatitudini I*, 3〔139〕.

24) Stock, p.41.

사실 이미 선포되었던 바와 같이, 이 새로움은 인간을 새롭게 하고 생기를 불어넣으리라는 것이었습니다."[25]

인간의 행복에 관하여 우리는 예수님의 부활 그 자체 외에는 다른 영감을 얻을 원천이 없다. "우리 주님께서 죽음에서 부활하신 뒤, 제자들은 모든 은총으로 충만해졌으며, 그로 인해 완전한 인식도 얻게 되었습니다."[26]

주님의 부활과, 우리를 그분과 닮게 만드는 성령의 선물은 그리스도인의 참된 행복의 비밀이다. 십자가라는 불명예 앞에서, 빠질 수 있는 위험은 가난이나 고통이 저지른 죄를 보상해 주며, 그로 인해 하느님으로부터 무언가를 받을 자격을 얻게 되었다고 생각하는 것이다. 마치 하느님께서 인간의 고통을 사랑하셔서 상을 주시는 것처럼 여기는 것이다. 그러나 하느님의 영광은 살아 있는 인간이며, 그 살아 있음은 사랑 안에서, 사랑에 자신을 온전히 내어 주는 관계 안에 맡기는 삶이다. 이러한 이유로, 사랑인 믿음은 보상으로 오직 사랑만을 받을 수 있다. 이것이 바로 '약속된 땅'이다. 하느님께서 모세가 죽기 전에 주신 입맞춤은, 바로 그의 상이었으며, 약속의 땅에 들어가는 것이었다![27]

두 번째, 세 번째, 네 번째 선언(땅의 행복, 위로의 행복, 흡족함의 행복)은 모두 '선물'이라는 주제를 중심으로 하나의 통일성을 이룬다. 상속받은 땅은 폭력으로 쟁취되는 것이 아니라, 하느님을 향해 방향 지어진 삶의 온유함과 안정성 안에서 주어지는

25) AH IV, 34,1〔II, 117〕.

26) AH III, 1,1〔I, 231〕.

27) Cf. L. Ginzberg, *Legends of the Bible*(성경의 이야기들), Jewish Publication Society, Philadelphia, 1956, pp.485~502.

것이다.[28] '위로'는 성령께 민감하게 반응하며, 죄에 대해 애통해하는 이들에게 선사된다.[29] "그 위로는 위로자이신 분에 대한 참여에서 비롯되며 〔…〕 성령의 고유한 활동이다."[30] "정의는 곧 주님 자신이며, 동시에 굶주림을 채워줄 양식이기도 하다."[31] 정의는 "자신의 구원에 대한 굶주림" "하느님의 뜻을 행하려는 목마름" 안에서 완성된다.[32] 그리고 "주님을 맛본" 자는, "하느님을 자신 안에 받아들임으로써, 자신이 굶주리고 목말라하던 바로 그것으로 가득 차게 된다."[33]

다섯 번째, 여섯 번째, 일곱 번째 선언은 그리스도께서 계시하셨고, 이미 세례를 통해 참여하게 하신 약속들을 가리킨다. 하느님의 자녀가 되는 행복(마태 5,9), 자비의 행복(마태 5,7)은 이를 분명히 드러낸다. 창조된 존재의 가장 높은 열망은 아드님이신 그리스도의 눈으로 아버지를 보는 것, 곧 아버지의 이름과 같은 이름인 '자비로움'을 받는 것이다. "하느님을 보는 것보다 더 큰 선은 없고, 하느님의 자녀가 된다는 것은 어떤 행운보다도 뛰어난 일이다."[34]

---

28) Cf. C. Somenzi, "Introduzione", in *Beatitudini*, p.70.

29) "죄 안에서 살아온 삶을 통탄하고 악을 감지할 줄 아는 영혼의 이러한 상태를 행복하다고 부르는 것은 전혀 부당하지 않습니다." *Beatitudini* III, 3〔197〕. 애통함은 특히 용서의 은총에 민감한 성인들에게서 더욱 깊이 나타난다. "우리가 선을 본성적으로 우리의 인식보다 우월한 것이라 믿을수록, 그만큼 더 큰 슬픔이 우리에게 미칩니다. 왜냐하면 우리에게 단절되어 있는 그 선은 너무나 크고 위대하여, 인식으로도 온전히 포용될 수 없기 때문입니다." *Beatitudini* III, 5〔209〕. 애통함의 정도는 은총의 정도를 반영하며, 곧 참된 행복의 정도와도 같다.

30) *Beatitudini* III, 6〔219〕.

31) Cf. *Beatitudini* IV, 7〔249〕.

32) *Beatitudini* IV, 4〔237〕.

33) *Beatitudini* IV, 7〔251〕.

행복하여라, 마음이 깨끗한 사람들. 그들은 하느님을 볼 것이다

• 하느님께서는 마음이 깨끗한 이들이 당신 자신을 보게 하겠다고 약속하신다

여섯 번째 선언, 즉 하느님을 보는 행복에 관한 강론은 인간학적인 관점에서 특히 인상적인 본문이다. 첫 단락들만 읽어 보아도, 설교자 자신이 그것을 선포하면서 느꼈다고 고백한 그 '현기증 나는 감정'을 그대로 느낄 수 있다.[35] 이 본문은 또한 니사의 그레고리우스의 고유한 신학 주제들과 깊이 관련된 중요한 자료이기도 하다.[36] 그래서 이 강론은 하나의 '신학적·인간학적 총합'으로 간주될 수 있다.[37]

'마음이 깨끗한 이들의 행복'에 대한 이 강론의 특징은, 그것이 '하느님의 모상인 인간'이라는 주제에 명시적으로 헌정되어 있다는 점이다.[38] 따라서 이 강론은 예비자 교리 교육의 맥락 안

---

34) *Beatitudini* VII, 2〔323〕. "그분(하느님)께서 인간에게 당신 자신이 본성상 지니고 계신 친밀함을 선물로 주신다면, 그분께서 그러한 친족 관계를 통하여 약속하시는 것이 어떤 동등한 가치의 참여가 아니라면 무엇이겠습니까?" *Beatitudini* VII, 2〔328~329〕.

35) Cf. *Beatitudini* VI, *Proemio*(서문)〔289〕.

36) 여섯 번째 강론은 "'존재의 유비'(*analogia entis*)와 '하느님의 명칭들'(*de divinis nominibus*)에 관한 니사의 그레고리우스의 방대한 저작들 가운데 가장 중요한 본문 중 하나"이다. W. Völker, *Gregorio filosofo e mistico*(철학자이자 신비가 그레고리우스), Vita e Pensiero, Milano, 1993, p.53.

37) R. Spataro, "Beati i puri di cuore perché vedranno Dio nel *De Beatitudinibus* di Gregorio di Nissa"(니사의 그레고리우스의 진복팔단 안에서 행복하여라, 마음이 깨끗한 사람들. 그들은 하느님을 볼 것이다), *Salesianum* 60(1998), p.456.

38) Cf. R. Leys, *L'image de Dieu chez saint Grégoire de Nysse. Esquisse d'une doctrine*(니사의 성 그레고리우스의 하느님의 모상), Museum Lessianum,

에 적절히 위치할 수 있는 내용이다. 왜냐하면 세례는 죄로 인해 잃어버린 모상을 회복시키고, 창조의 낙원 안에 있던 그 아름다움을 다시 발견하게 하기 때문이다.

누가 인간이고, 누가 하느님인가?

그레고리우스의 논리는 다음과 같다. 그는 청중이 이해할 수 있는 한 가지 명제로부터 출발한다. 인간이 하느님을 보는 것은 불가능하다는 것이다. 그러나 신앙 안에서 우리는 이렇게 고백한다. "영원한 생명이란 곧 하느님을 뵈옵는 것입니다." "생명이 하느님이시라면, 그분을 보지 못한 이는 생명을 보지 못한 것입니다."[39] 믿는 이는 하느님 안에 있는 선의 목록을 본다. 다음과 같은 것들이다.

> "죽음이 없는 삶, 부패 없는 영원함, 불멸의 행복, 끝이 없는 나라, 그치지 않는 기쁨, 참된 빛, 영적이고 부드러운 음성, 다가갈 수 없는 영광, 계속되는 환희, 절대적인 선."[40]

이 대목에서 니사의 그레고리우스는 한 가지 주목할 만한 의견을 제시한다. 마음이 깨끗한 이는 "목소리를 본다!"는 것이다. 마음이 깨끗한 이는, 듣는 데서 보는 데로 나아가는 새로운 신앙

Section théologique 49, Bruxelles-Paris, 1951, p.112.

39) *Beatitudini* VI, 1. *Proemio*(서문)〔291〕.

40) *Beatitudini* VI, 2〔293〕.

인의 모습이다. '듣는 것'이 구약의 옛 계약 안에서 유다인에게 주어진 주된 계명이었다면, '보는 것'은 신약의 고유한 계명이다. 모세는 하느님을 보지 못했지만, 마음이 깨끗한 이들은 하느님을 보게 될 것이다. 마음이 깨끗한 이에게 하느님을 보게 하겠다는 약속은 모든 한계를 초월하며, 그야말로 우리에게 현기증을 불러일으킬 정도로 특별하다![41]

그런데 예비신자들은 이렇게 생각했을 수도 있다. "과연 인간의 본성을 통해 하느님을 볼 수 있다는 것이 정말 가능한 일인가?" 이에 대해 주교는 이렇게 답한다. "가능하다. 그리고 불가능하다." 가능하다고 말한 이유는, 만일 그 약속이 하느님으로부터 온 것이라면, 그것은 인간이 그 약속을 실현할 수 있다는 뜻이기 때문이다. 반면에 불가능하다고 말하는 이유는, 인간이 하느님께서 제시하신 길이 아닌 다른 길로 그 약속에 도달하려 하기 때문이다. 여기서 니사의 그레고리우스의 인간학이 명확히 드러난다. 인간은 '본성적으로'(per natura) 마음의 깨끗함에 이를 수 있으며, 또한 하느님을 볼 수 있는 존재이다. 이는 마치 새는 '본성적으로' 날아 공중에 머무를 수 있고, 물고기는 '본성적으로' 헤엄쳐 물속에서 살 수 있는 것처럼, '본성적으로' 인간은 '마음이 깨끗한 자'가 될 수 있으며, 하느님을 볼 수 있는 것이다.[42] 이때 그레고리우스는 한 가지 혼란을 예방하기 위한 설명을 덧붙인다. 여기서 말하는 '본성적으로'란 '지적 능력에 의한'(per capaictà intellettuali) 것을 뜻하지 않는다.[43] 니사의 그레고리우스는 "신적

41) Cf. *Beatitudini* VI, 2〔293〕.

42) Cf. *Beatitudini* VI, 2〔295〕. "그 약속은 너무나 커서 행복의 가장 높은 한계를 넘어서게 합니다." *Beatitudini* VI, 2〔293〕.

43) "하느님을 보게 봄(visione di Dio)은 어떠한 개념적 이해로도 도달할 수 있는

본성(*ousia* divina)이 완전히 이해될 수 있다고 주장함으로써 하느님의 초월성을 돌이킬 수 없을 만큼 훼손한 에우노미우스와 당대의 지성주의자들의 주장에 맞서 이러한 점을 거듭 강조하였다."[44] 그레고리우스는 여러 방식으로, 창조주와 피조물 사이, 곧 창조된 것과 창조되지 않은 것 사이에는 존재론적 심연이 있다고 말한다. "하느님과 그와 닮은 것 사이의 차이는 무엇인가? 이것이다. 하나는 창조되지 않았고, 다른 하나는 창조를 통해 존재하게 된 것이다."[45] 그러나 이러한 차이가 제거되는 것이 아니지만, 그럼에도 창조주와 피조물 사이에 참된 소통이 가능하다는 점이 강조된다.

그렇다면, 어떻게 존재론적 차이를 존중하면서도 인간이 '복된 존재'로 부름을 받았다는 소명을 지키며, 소통을 가능하게 할 것인가? 그리고 "신적 본질을 인간의 이성적 추론으로 밝힐 수 없다면", 어떻게 '보이지 않는 분'을 보고, '이해할 수 없는 분'을 이해할 수 있다는 말인가?[46] 여기에는 서로 다른 함의를 지닌 두 가지 대답이 있다. 우선, 지혜를 통하여 하느님을 알 수 있다. 예를 들면 예술 작품이 창작자의 예술성, 곧 그의 지혜는 드러내지만 예술가 자신, 곧 인식될 수 없는 그의 본질은 드러내지 않는 것처럼, 하느님의 가시적 업적은 보이지 않는 하느님을 드러낸다.[47] 이러한 관점에서 하느님의 작품을 창조 안에서 바라본다

것이 아닙니다." *Beatitudini* VI, 3〔297〕.

44) R. Spataro, "Beati i puri di cuore perché vedranno Dio nel *De Beatitudinibus* di Gregorio di Nissa", cit., p.432.

45) Gregorio di Nissa, *De hominis opificio* 16.

46) *Beatitudini* VI, 3〔299〕.

47) "실제로, 본성상 보이지 않는 분께서는 당신의 활동 안에서 가시적으로 드러나십니다." *Beatitudini* VI, 3〔301〕.

면, 세상의 모든 지혜로운 이들은 마땅히 하느님께 이르러야 한다. 그러나 이는 마음이 깨끗한 이들의 행복이 말하고자 하는 인식의 차원을 말하는 것이 아니다. "주님께서는 하느님에 대해 무언가를 아는 것이 복되다고 말씀하신 것이 아니라, 하느님을 자기 안에 모시는 것이 복되다고 말씀하신다."[48] 그레고리우스는 이어서 이렇게 덧붙인다. 주님께서는 지금 우리가 하느님을 얼굴과 얼굴을 맞대어 보게 될 것이라고 말하신 것이 아니라(이 일은 오직 종말의 때에 이루어질 것이다), "영혼의 눈을 정화한 사람은 〔…〕 자신 안에 드러나는 아름다움 안에서 신적 본성의 모상을 보게 된다"고 하신 것이다.[49] 그레고리우스는 자신이 주님의 말씀을 해석하고 있음을 알고 있으며, 마치 행간에서 암시되듯이,[50] 마음이 깨끗한 이들의 행복은 주님의 또 다른 말씀, 곧 "하느님의 나라는 너희 가운데에 있다"(루카 17,21)는 말씀을 가리킨다고 말한다. 이제 이 진술의 중요성이 분명해진다. "자신을 바라보는 이는, 자신 안에서 바로 자신이 갈망하는 대상을 보게 된다. 이로써 마음이 깨끗한 이는 복된 것이다. 왜냐하면 자신 안의 깨끗함을 바라보며, 그 안에 있는 모상 속에서 '원형의 형상'을 보기 때문이다."[51] 같은 구절의 몇 줄 앞에서 그는 또한 이렇게 말한다. "사실 하느님을 이해할 수 있는 능력의 척도는 자신 안에 있다. 왜냐하면 자신을 지으신 분께서, 처음부터 '그 선한

48) *Beatitudini* VI, 4〔303〕.

49) *Beatitudini* VI, 4〔303〕.

50) "이 말씀이 지닌 위대함은, 어쩌면 다른 이들에게 더 분명히 드러낸 바 있는 말씀, 곧 '하늘 나라는 너희 안에 있다'는 말씀의 행간을 통해 우리에게도 암시하는 것일 수 있습니다." *Beatitudini* VI, 4〔303〕.

51) *Beatitudini* VI, 4〔307〕.

본성의 본질'(essenza della natura tale bene)을 심어 주셨기 때문이다."[52]

그러므로 이 행복 선언 안에는 이중적인 유익함이 제시된다. "첫째는 우주를 초월하는 본성을 알게 되는 것이고, 둘째는 삶의 깨끗함을 통해 그분과 하나로 섞이게 되는 것이다."[53] 마음의 깨끗함은 하느님을 알게 하며, 동시에 자신을 알게 한다.

> "만일 여러분이 처음부터 자신 안에 형성된 모상의 선물로 되돌아간다면, 여러분이 찾고 있는 것을 여러분 자신 안에 가지고 있음을 알게 될 것입니다. 왜냐하면 깨끗함과 무정념, 그리고 모든 악으로부터 멀어짐이, 곧 신성이기 때문입니다. 그러므로 만일 이러한 것들이 여러분 자신 안에 있다면, 하느님도 분명 여러분 안에 계신 것입니다."[54]

이제 우리가 마주해야 할 문제는 다음과 같다. 어떻게 마음을 깨끗이 할 수 있는가? 그리고 그보다 먼저, 무엇이 우리의 마음을 이토록 더럽혀, 생명을 대신해 죽음의 씨앗을 심게 하고, 모상의 아름다움을 드러내야 할 마음에 죄의 추악한 모습을 비추게 만드는가를 찾는 것이다. 하느님과 인간을 갈라놓는 악은 두 가지 유형이 있다. 악한 행위와 나쁜 생각이다. 옛 계약에서는 악한 행위가 악으로 벌을 받았다. 하지만 새 계약의 표현인 진복팔단에서는, 악이 그 뿌리로 거슬러 올라가는데 이는 곧 "우리

52) *Beatitudini* VI, 4〔305〕.

53) *Beatitudini* VI, 4〔307〕.

54) *Beatitudini* VI, 4〔307〕.

마음 깊은 곳에서 비롯되는 죄의 나쁜 뿌리들", 즉 사악한 생각들이다.[55] 이와 관련해, 주교의 한 발언은 청중을 충격에 빠뜨릴 만큼 강렬한 것이었다. 만일 마음이 깨끗한 이가 자신 안에 하느님을 모신다면, 마음이 더럽혀진 이는 자신 안에 악마를 품는다는 것이다! "만일 덕에 따라 사는 삶 안에 하느님의 흔적이 새겨진다고 한다면, 악덕에 따라 사는 삶은 당연히 적대자의 형태와 얼굴을 닮게 된다."[56] 이 강론은 우리 안에 누가 거주하게 될 것인지를 스스로 선택하라는 초대로 마무리된다.

> "우리에게 주어진 자유로운 선택에 따라 우리는 이 쪽으로든 다른 쪽으로든 향할 수 있는 능력을 부여받았기에, 악마의 모습을 피하고, 악의 가면을 우리에게서 떼어 내며, 하느님의 모상을 받아들입시다. 마음이 깨끗한 자가 되어 복된 사람이 되고, 깨끗한 행위를 통해 우리 안에 하느님의 형상을 형성해 갑시다. 우리 주 그리스도 예수 안에서 말입니다."[57]

마음이 깨끗한 이들에 대한 진복 선언은 하나의 역설과 그 해답을 함께 담고 있다. 우리는 이미 아드님 안에서 하느님을 보았고, 그분께서는 우리에게 아버지를 계시해 주셨다. 이제 세례받은 이는, 자신 안에서 아드님의 모상을 바라보고, 아드님의 삶에 합당한 삶을 살아 아버지를 드러내야 한다. 만일 마음이 거울

---

55) *Beatitudini* VI, 5〔315〕.

56) *Beatitudini* VI, 6〔317〕. 니사의 그레고리우스는 조금 앞서, 깨끗함과 성화, 단순함이란 "하느님의 본성을 비추는 빛나는 반영들로서, 이를 통해 하느님을 뵙게 됩니다"라고 설명한다. *Beatitudini* VI, 5〔311〕.

57) *Beatitudini* VI, 6〔317~319〕.

이며, 그것이 "모든 생명 기관 중에서 가장 고귀한 부분"[58]이라면, 우리는 그 마음 깊은 곳에 이르러, 당신의 모상대로 우리를 창조하시며 심어 주신 하느님의 씨앗들을 발견해야 한다. 인간은 마음의 끊임없는 정화의 역동성을 통해 신화되어 간다. 그 목적은, 인간 내면 안에서 하느님과 닮은 아름다움이 빛나도록 하는 것이다.[59] 자신 안에 모상을 지닌다는 것은, 오직 하느님의 사랑이라는 신비에서 비롯된 은총의 선물이며, 그 모상이 빛나도록 하는 일은 구원 질서 안에서 은총이면서 동시에 필연적인 일이기도 하다.

니사의 그레고리우스는 성생활, 의례 규범, 도덕적 삶의 차원에서의 깨끗함에 대해 말하고 있는 것이 아니다. 그의 접근은 존재론적 깨끗함, 곧 하느님을 보는 삶에 대한 것이다. 하느님을 보지 못하게 가로막는 것은 우리에게 죽음을 가져오는 죄이다. 하느님을 보지 못하는 마음은 죄 안에 머물러 있으며, 그 자체로 죽어 있는 것과 같다. 이 때문에, 무엇보다도 생명에 참여하기 위해, 그리고 다시 살아 있는 존재가 되기 위해 정화의 여정이 필요하다. "자신의 삶을 바로 세운 이들 덕분에, 인간 안에서 신적인 모상을 볼 수 있게 되었다."[60] 하느님을 보는 이는 자신이 마음이 깨끗한 이임을 드러내며, 동시에 하느님을 드러낸다. 마음이 깨끗한 이의 진복 선언은 증거의 조건이다.

이러한 배경 위에서, 당시 금욕 생활이 차지했던 중요성을 이해해야 한다. 그것은 "무지를 몰아내고 동시에 인식을 획득하

58) *De hominis opificio* 50〔129〕.

59) Cf. *Beatitudini* VI, 4〔305~307〕.

60) *De hominis opificio* 18〔86〕.

는"[61]이었다. 하나의 정화의 여정으로 여겨졌다. 영적 삶 전체는 하느님의 지혜 안에서의 성장으로 이해되어야 하며, 또는

> "세례의 연장으로서 이해되어야 한다. 곧, 옛 인간의 그 죄스러운 욕정들을 끊임없이 벗어 버리고, 신비적 삶의 수동적 정화들을 통해, 동시에 그리스도로 옷을 입고, 그리스도 안에서 변화되어 가는 것이다."[62]

그러므로 우리는 "쟁기질하여 갈아엎듯 죄의 악한 뿌리들을 뽑아내야 하며", 악덕과 "그와 같은 성질과 생각의 질서에 속한 모든 것들"에 대한 '정반대의 것', 즉 '대조되는 행위'를 해야 한다.[63] 또한 우리는 덕을 실천함으로써 이루어지는 자유의 선함을 다시 발견해야 한다. 덕은 '주인이 없는 것'(누구에게도 종속되지 않는 것)이기 때문이다.

> "〔하느님께서는〕 인간의 본성이 모든 선에 참여하도록 하셨고, 신성은 모든 선함의 충만함입니다. 인간이 하느님의 모상이라는 사실은, 원형을 닮은 모상도 모든 선함의 충만함 안에 있다는 것을 의미합니다. 따라서 우리 안에는 모든 선함의 형상이 있으며, 모든 덕, 모든 지혜, 그리고 인간이 생각할 수 있는 가장 최선의 것들이 담겨 있습니다. 그 가운데 하나가 바로 자유, 곧

61) Syméon le Nouveau Théologien, *Traités théologiques*(신학 논문) I, 305~306, SC 122(1966), p.119.

62) J. Daniélou, *Platonisme et théologie mystique. Essai sur la doctrine spirituelle de saint Grégoire de Nysse*, Paris, 1954, p.325.

63) *Beatitudini* VI, 6〔317〕.

> 필연성으로부터의 자유, 어떠한 물리적 권력에도 종속되지 않는 것, 그리고 스스로 독립된 판단 능력을 가지는 것입니다. 실제로 덕이란 주인이 없는 것, 곧 자발적인 것입니다. 필연이나 강제로 이루어지는 것은 결코 덕이라 할 수 없습니다."[64]

그러므로 구원 안에는, 하느님께서 사랑으로 감수하신 하나의 위험이 내포되어 있다. 창조 때 인간에게 주어진 영의 자유, 그리고 여전히 그에게 남아 있는 이 자유는 "하나의 완덕과 하나의 여정"을 불러일으키기 때문이다.[65] '완덕'은 모상이 신적 본성에 참여한다는 것을 뜻하며, 그 '여정'은 그 모상이 죄로 인해 상처 입은 피조물 안에 놓여 있다는 사실을 의미한다. 그러므로 정화를 향한 자유의 진보는 이 복됨을 현재화하기 위하여 필수적인 것이며, 사랑의 본성과 하느님의 모상으로 창조된 존재에도 본질적인 것이다.[66]

정화는 인간의 의지만으로 수행되는 활동이 아니라, 은총과의 '공동 협력 작용'(sinergia)이며 하느님과의 친밀함에서 비롯된 끌림이다.

> "진정한 완덕이란 바로 이것입니다. 죄악의 삶에서 벗어나는 것이 더 이상 형벌에 대한 노예적인 두려움 때문이 아니며, 선행을 실천하는 것도 상급을 기대하는 것에서 온 것도 아니고, 덕행의 삶을 이익과 거래하듯이 따지는 계산적 태도에서 비롯된 것

64) *De hominis opificio* 16[77].

65) J. Laplace, "Introduction"(서문), in *Grégoire de Nysse, La création de l'homme*(니사의 그레고리우스, 인간 창조에 대하여), SC 6(1943), p.46.

66) Cf. B. Salmona, in *De hominis opificio*, nota 58, 53.

도 아닙니다. 우리가 약속에 따라 얻게 될 모든 좋은 것들마저도 뒤로하고, 하느님과의 우정에서 멀어지는 것만을 유일한 두려움으로 여기며, 하느님의 벗이 되는 것만을 우리에게 가장 큰 영예로움이자 바람으로 여기는 것, 이것이 완덕입니다."[67]

새로운 신학자[68] 시메온[69]은 하느님께 간청하며 이렇게 기도했다.

"주님, 이 기쁨, 하느님과 함께 사는 기쁨을 지금도, 그리고 앞으로 올 세상의 삶 안에서도 결코 제게서 거두지 마소서, 저의 임금이시여. 이 기쁨은 당신의 얼굴을 관상하는 것이며, 당신만이, 저의 하느님이시며, 모든 선의 전부이십니다. 당신을 관상하는 이들에게 당신은 모든 선을 허락하시며, 당신과 결합시키시고 당신을 받아들이게 하여 그들을 충만하게 채워 주십니다. 그것은 다가올 세상에서만이 아니라(그렇게 말하는 자들은 저주받을지어다!), 지

---

67) Gregorio di Nissa, *Vita di Mosé*(모세의 생애) II, 320.

68) 〔옮긴이 주〕 여기서의 새로운 신학자(ὁ Νέος Θεολόγος)는 20세기 가톨릭 신학 쇄신 운동을 이끌었던 이른바 '신신학'(Nouvelle Théologie)과는 무관한 개념으로, 동방 전통 안에서 하느님 체험을 통해 신학을 증언한 인물을 지칭한다. 동방에서 '신학자'는 사변적 교의 연구자라기보다 하느님을 관상하고 그 신적 체험을 교회적으로 증언한 인물을 의미한다. 그러므로 '새로운'(νέος)이라는 의미는 사상적 혁신을 뜻하는 것이 아니라, 교부적 체험 신학이 후대에 다시 현현했다는 연속성과 재현의 의미를 담고 있다.

69) 〔옮긴이 주〕 시메온(949~1022)은 동방정교회의 수도자이자 신비가로서, 콘스탄티노폴리스의 스투디오스 수도원에서 수도 생활을 시작하여 이후 성 마마스 수도원 원장이 되었다. 그는 개인적인 신비 체험을 통해 하느님에 대한 관상과 영적 체험의 실재를 증명하고자 했으나, 이로 인해 교회 내에서 큰 갈등을 겪었고 오해와 추방을 경험하기도 했다. 그러나 훗날 콘스탄티노폴리스 총대주교 세르기우스 2세에 의해 복권되었고, 교황 베네딕도 16세는 수요 일반 알현 때 그를 언급하며 그의 가르침과 신비 체험을 다음과 같이 요약하며 재평가하였다. "신 신학자 시메온은 끊임없이 하느님을 탐구하며 마주했던 어려움과 비난 속에서도, 마침내 그분의 사랑의 인도하심을 따른 신앙인이었습니다"(2009.09.16.).

금 이 순간에도, 당신께 합당한 이들, 곧 참회를 통해 정화된 이들의 몸 안에서부터 이루어집니다. 당신은 그들을 바라보시고, 그들에게 당신을 뚜렷이 뵈올 수 있는 능력을 주십니다. 그것은 다른 이들이 생각하는 상상이나 지성의 작용, 단순한 기억 속에서 이루어지는 것이 아니라, 참으로 신적인 실재와 두려움을 불러일으키는 활동의 진리 안에서 이루어집니다. 이 모든 것은 구원의 하느님 계획이 온전히, 진리 안에서 성취되기 위하여 이루어집니다."[70]

진복팔단은 헌신을 향한 선물로부터 읽혀진다[71]

우리는 이제 진복팔단의 두 번째 부분을 먼저 읽어나갈 수 있다. 그것은 이미 선취하는 하느님 나라의 행복을 의미한다. 그렇게 본다면 첫 번째 부분은 하느님 나라를 위한 조건이 아니라, 이미 임한 하느님 나라의 표징을 검증하는 기준이 된다. 하느님 나라는 하나의 보물과 같아서, 그것을 발견한 이는, 하느님 안에서 부유해지기 위해 모든 것을 가난하게 만든다. 초대 그리스도교 공동체는 각 진복팔단의 약속을 이미 살아가며, 그 복됨을 미리 맛보았고, 그 후에는 그 복됨이 실현되었음을 삶으로 증거하였다.

---

70) Syméon le Nouveau Théologien, *Hymne*(찬미가) 55, 12~25, SC 196(1973), p.255.

71) 〔옮긴이 주〕 이 책 '진복팔단과 8가지 주요 악덕 이론' 표 참조! p.288.

행복하여라, **하늘 나라**를 소유한 이들! 그 밖의 모든 것에는 가난함이 따를 것이다.

행복하여라, **땅**을 상속받은 이들! 그들은 온유하니, 정복할 것이 없다.

행복하여라, **위로자**(성령)를 얻은 이들! 그로 인해 그들은 죄 때문에 애통해할 수 있다.

행복하여라, **흡족한** 이들! 그들은 영원한 생명을 주는 양식을 받았다.

행복하여라, **하느님의 자비**를 받은 이들! 그들은 하느님을 닮아 자비로워졌다.

행복하여라, **하느님을 보는** 이들! 그들은 하느님의 모상적 존재로서의 아름다움을 자신의 깨끗한 마음 안에서 본다.

행복하여라, **하느님의 자녀**인 이들! 그들은 평화 안에서 자녀답게 살아간다.

행복하여라, **하느님 나라**를 받은 이들! 그들은 박해 속에서도 그 나라를 드러내도록 한다.

그 약속들은 참된 것이며 이미 실현되고 있다. 왜냐하면 하느님 나라는 그리스도와 성령을 통해 우리 가운데에 있기 때문이다. 그리스도께서는 부활하셨고 더 이상 죽지 않으시며, 성령께서는 우리를 모든 진리로 인도하신다. 하느님 나라, 하느님을 뵈옵는 것, 하느님의 자녀 됨, 신적인 위로, 신적인 자비 등 진복팔단은 모두 성부를 가리키며, 그분의 활동과, 성자와 성령을 통한 인간에 대한 그분의 개입을 드러낸다. 그리스도인에게 있어서, 그리스도인이 됨으로써 받은 선물, 곧 은총은 현재 이행되고 있는 약속의 복됨이다. 하느님의 자녀는 평화를 가져온다. 평화를 가져온다는 것은 '그분의 자녀'라는 존재의 결과이며, 그 자녀 됨의 나타남이다. 따라서 평화는 자녀 됨에 뒤따르는 두 번째 차원의 현실이다. 이것은 곧, 가치에 기초한 율법과 성령 안에서의 삶에서 나오는 윤리 사이에서의 차이, 또는 추상적 교리에 대한 단순한 동의와 세례에 합당한 삶의 방식에 대한 일관된 헌신 사이의 차이이다. "진복팔단은 특정한 시간, 곧 세례를 통해 하느님의 자녀가 되는 순간을 가리킨다. 이 시간은 임박해 있으며, 그리스도의 제자가 되기로 먼저 선택한 모든 사람, 다시 말해 자신의 삶에 그분의 윤리적 가르침의 형태를 부여하기로 결단한 모든 인간에게 열려 있다."[72] 그런데 진복팔단은 그동안 윤리적 방식의 해석에 치우친 나머지, 이러한 선행적인 토대를 잊어버리게 만들었다. 즉, 참행복은 세례 안에서 하느님의 자녀가 된 이들의 윤리적인 삶을 전제하고 있다는 사실이다.

이 점에서 진복팔단이 예수님의 공생활의 시작과 함께 선포된 이유 또한 이해할 수 있다. 왜냐하면 진복팔단은 바로 "예수 그리스도의 얼굴을 그려 내며, 그분의 사랑을 묘사하고 있기 때문"이다.[73] 그리고 그렇게 함으로써, 그리스도인의 얼굴 또한 그려내며, "그 사랑이 이끄는 높은 지점은 이루 말로 다할 수 없을 정도"임이 드러난다.[74]

---

72) C. Somenzi, "Introduzione", in *Beatitudini*, pp.117~118.

73) *Catechismo della Chiesa Cattolica*(가톨릭 교회 교리서) 1717.

74) Ignazio di Antiochia, *Lettera ai Corinzi*(코린토인들에게 보낸 편지) 49,4.

그리스도인인 사람은 행복하다

그리스도인이기 때문에 행복하다는 자의식, 그리스도 안에서 존재하는 존엄성에 대한 확신, 그리고 "그리스도인이어서 참 다행이다"라는 감탄은 세기를 넘어 진복팔단을 위한 가장 아름다운 증언으로 울려 퍼진다.

니콜라에 스타인하르트(Nicolae Steinhardt, 1912~1989)는 유대인 출신의 루마니아 지식인으로, 차우셰스쿠(Ceaușescu) 정권하에서 그리스도교로 개종하였다. 그는 작가이자 철학자인 콘스탄틴 노이카(Constantin Noica)에게 불리한 증언을 거부한 이유로 수감되었고, 감옥 안에서 세례를 받았다. 문학 평론가였던 그는 이후 정교회 수도자가 되었다. 그의 삶의 증언은 진복팔단의 정신, 그리고 세례를 통해 상속받은 부활의 기쁨으로 가득 차 있다. 『행복의 일기』에서, 그는 감옥에서의 세례 체험을 이야기하며, 자신이 그리스도인이 된 것이 얼마나 복된 운명인지, 감사하는 마음으로 회상한다.

> "그리스도인이어서 참 다행이다! 〔…〕 그리스도교는 내게 어떤 젊음과 기쁨, 흡족함과 호의적임, 평온함을 지켜준다. 언제나 살아 계신 그리스도의 현존 덕분에, 나는 타인이나 나 자신을 향해 분노로 끓어오르지 않을 수 있다. 이것은 이례적이고, 의도된 것이 아닌 나의 행운이며, 내가 하느님과 그리스도를 믿게 된 행운이다. 〔…〕 오직 내가 그리스도인이기 때문에, 〔…〕 행복이라는 기이한 당첨이 나를 찾아온 것이다. 오직 그리스도교 덕분에, 나는 도시 거리의 밤낮을 더 이상 침울하고, 상처받은 채로 걷지

않게 되었다."[75)]

"그리스도교는 실체 변화(transustanziazione)이다. 이는 화학적 요소들의 변화가 아니라, 인간의 변화이다. 전환(metanoia), 이것이야말로 하느님이신 그리스도의 가장 큰 기적이다. 빵과 포도주, 물고기의 증식이 아니고, 중풍 병자나 마귀 들린 자, 나병환자들의 치유도 아니다. 회당장 야이로의 딸, 나인 고을 과부의 아들, 라자로의 부활조차도 아니다(이 모든 것은 믿음이 약한 자들을 위한 좋은 표징이거나, 예언을 성취하기 위해, 하느님의 영광이나 자비를 드러내기 위해 이루어진 것일 뿐이다). 이 모든 것은 하느님의 허락된 표징들이지만, 진정한 기적은 인간의 변화, 곧 '인격의 변모'이다. 그 변화는 어디까지 이를 수 있는가? 그것은 바로 그리스도를 부인했던 베드로가 자신을 거꾸로 매달아 십자가에 못 박아 달라고 요청하는 데까지 이른다."[76)]

"나는 이렇게 믿는다. 감옥에서 풀려났을 때, 그동안 겪은 고통에도 불구하고 복수심과 원한만이 남아 있다면, 그 감옥 생활과 고통도 헛된 것이었다. 반대로, 그 결과가 평화와 이해, 그리고 모든 폭력과 교활함에 대한 반감이라면, 그 고통과 감옥은 유익했던 것이며, 주님께서 즐겨 걸어가시는 신비한 여정에 속한 것이 된다. 감옥에서 나올 때에는, 사랑할 수 있는 힘이 측정할

---

75) N. Steinhardt, *Diario della felicità*(행복의 일기), tr. it. (or. romeno Dacia, Cluj-Napoca 1992), Il Mulino, Bologna, p.504.

76) N. Steinhardt, in Zaharia Sângeorzan, *Nicolae Steinhardt. Monah de la Rohia răspunde la 365 de întrebări*(로히아의 수도사 니콜라에 슈타인하르트, 365개의 질문에 답하다), Editura Humanitas, Bucureşti, 1992, p.45.

수 없을 정도로 커져 있어야 한다."[77]

77) N. Steinhardt, *Diario della felicità*, cit., p.333.

제 5 장

성령이 충만한 피조물은 하느님의 아들을 낳는다

초세기 세 번의 공의회(니케아, 콘스탄티노폴리스, 에페소)는 하나의 주제로 서로 연결되어 있다. 그리스도에 대해 표현된 신앙 고백을 함께 읽을 때에만, 각각의 고백이 갖는 의미와 무게를 이해할 수 있다. 이 고백들은 모두 육화의 신비에 다가서려는 시도이지만, 그 어떤 신학적 정식으로도 결코 이 신비를 완전히 설명할 수는 없다.

테오토코스(*Theotokos*, 하느님의 어머니) 용어를 둘러싼 논쟁

니케아 공의회의 신앙 고백, 곧 성자는 "창조되지 않고 나시어 성부와 본질이 같으시며"라는 선언은, 콘스탄티노폴리스 공의회에서 추가된 표현, 즉 "또한 성령으로 인하여 동정 마리아에게서 육신을 취하시어 사람이 되셨음"(*incarnatus de Spiritu sancto ex Maria virgine*)이라는 표현으로 더욱 풍부해진다. 에페소 공의회는 신앙의 일관성에 따라, 육화하신 분이 참으로 하느님이시라면,

마리아는 '하느님의 어머니'임을 재확인하였다. 그러므로, "누구든지 임마누엘이 말씀의 참된 의미에서 하느님이심을 고백하지 않거나, 그리하여 거룩한 동정녀가 하느님의 어머니이심을 고백하지 않는다면, 다시 말하면 그녀가 하느님에게서 오신 하느님의 말씀을 육신으로 낳았다는 것을 믿지 않는다면 그는 파문될 것이다."[1] 즉, 올바른 신앙 안에 있지 않기 때문에, 그는 교회로부터 분리된다.

공의회들을 이끈 성찰의 중심에는 바로 구원자의 정체성에 대한 문제였다. 다양한 신학 학파들, 그리고 그에 못지않게 이단적 입장들 또한, 이 결정적인 질문에 어떻게 대답하느냐에 따라 자신들의 입장을 정하게 되었다. 곧, "어떻게 신적 본성과 인간적 본성이 육화한 말씀의 한 위격(*hypostasis*) 안에서 결합될 수 있는가?"라는 물음에 대한 것이다.

> "삼위일체의 세 위격이 하나이고 동일한 신적 본성을 지닌다는 교의는 381년 콘스탄티노폴리스 공의회를 기점으로 승리를 거두었다. 이제 신학자들의 관심을 끄는 새로운 물음이 등장하였다. 즉, 어떻게 삼위일체의 제2 위격이 인간적 본성과 결합되었다는 것을 이해할 것인가?"[2]

이에 대해 가능한 여러 가지 응답들이 존재했다. 예를 들어, 예수가 실제 인간의 몸(corpo)을 지닌 것이 아니라, 단지 육신이

1) 본 파문 조항들은 알렉산드리아 시노드의 서한 "우리의 구원자로부터, 네스토리우스에게"(*Tou Soteros hemon a Nestorio* = 네스토리우스에게 보낸 키릴루스의 세 번째 서한)에 첨부되어 있다. = DH 252.

2) Dvornik, p.31.

보이는 외양만을 지녔다는 것이다. 또는 몸을 지녔다고 하더라도 그 몸은 인간과는 다른, 더 우월하고 하늘에 속한 본성을 지닌 것으로, 따라서 그분의 인성은 단지 인간들과 함께 머무는 하나의 방식일 뿐, 우리와 같은 본성에 실제로 참여하는 것은 아니라고 보는 견해이다. 이러한 입장은 가현설 추종자들(Docetisti), 마르키온주의자들(Marcioniti), 영지주의자들(Gnostici) 등의 사상에서 나타난다.

또 다른 가능한 응답은 예수가 평범한 인간, 곧 단순한 사람에 지나지 않았으며, 그의 생애의 어느 한 시점에 성령이 내려왔을 뿐이고, 이는 옛 예언자들이나 거룩한 인물들에게서 일어났던 것과 동일한 방식이라는 주장이다. 이러한 입장은 유다주의적 경향들(teoria dei giudaizzanti)과 에비온주의자들(ebioniti)에게서 나타났다.

또 다른 흐름은 로고스가 하느님의 아들이긴 하지만 엄밀한 의미에서 하느님은 아니며 단지 아버지의 뜻에 참여함으로써만 그렇게 불릴 뿐이라는 것이다. 즉, 그분의 신성은 은총에 의한 신화를 통해 모든 신자가 도달할 수 있는 동일한 수준에 불과한 것이다. 이러한 주장은 아리우스주의자들의 이론에서 나타났다.

이런 논의들은 초세기 공의회들의 사유 아래 놓여 있었지만, 에페소 공의회에서 비로소 근본적으로 다루어지게 된 질문은 이것이었다. “어떻게 하느님의 아들이 모든 인간과 똑같은 인간적 육신을 가졌다고 말할 수 있는가?” 그 대답은 바로 그분이 “여인에게서 태어나셨다”는 사실을 통해 모든 인간과 같다는 것에서 찾아진다. 이렇게 해서 마리아에 대한 언급은 그리스도의 참된 인성을 보증하는 근거가 되었고, 육화의 방식도 정의하게 되었다.

이미 아타나시우스는 그의 저작 『육화에 관하여』에서, 하느님의 로고스의 육화 방식이 단순한 '신현'(神顯, *theophania*)이나 외형적 출현, 혹은 하나의 방식으로 육체 안에 현존하는 것이 아님을 명확히 했다. 로고스는 자신을 위해 "우리와 다르지 않은 몸"[3]을 취하셨다는 것이다. 만일 로고스께서 단지 '신현'을 이루고자 하셨다면, 우리보다 더 뛰어난 육체로 나타나실 수도 있었을 것이다. 하지만 그분은 우리의 몸, 곧 "죽을 수 있는 육신"[4]을 취하셨다. 이것이야말로 "하느님 선의의 위대한 업적"[5]이다. 곧, 인성을 취한다는 것은 죽음을 포함하는 것이며, 바로 이 죽음을 통해 그분은 죽음을 이기는 결과를 만드신 것이다. "죽음이 인간들의 죄로 인해 인간 위에 군림하게 되었으나, 죽음의 파멸과 생명의 부활은 사람이 되신 하느님의 말씀을 통해 이루어졌다."[6]

그런데 우리의 논의가 예수님의 육체를 중심으로 옮겨가기 시작하면, 그 신비가 축소될 위험이 있다. 심지어 이러한 흐름은 예수가 다른 모든 사람과 같이 하나의 인간일 뿐이라고 주장하는 데까지 이를 수 있다. 그러나 사실은 그렇지 않다. 예수가 인간(여인에게서 태어난 분)이라는 사실은 반드시 유지하면서도, 동시에 단순한 인간만은 아니라는 점도 함께 지켜져야 한다. 그렇다면 이를 어떻게 표현할 수 있을까? 그 해답은, 낳아지심(generazione)의 형식 안에서 그분의 '신성'을 드러내는 것이다. 왜냐하면 그 낳아지심은 그 어떤 누구와도 닮아 있지 않기 때문이다. 그리스도교

3) *Incarnazione del Verbo* 8[52].
4) *Incarnazione del Verbo* 9[53].
5) *Incarnazione del Verbo* 10[54].
6) *Incarnazione del Verbo* 10[55].

교의는 예수님께서 동정녀에게서 나셨다고 말한다. 곧, 그분께서 한 여인에게서 육신을 받으셨다는 점에서는 다른 모든 인간과 같지만, 동정녀에게서 육신을 받으셨다는 점에서 그분은 단순한 인간이 아니라는 것을 뜻한다. 그분의 육신은 단지 인간의 몸이 아니라 "하느님의 몸"[7]인 것이다. 결과적으로 예수는 단순한 인간이 아니라, 몸 안에 현존하시는 하느님이시다.

이 점을 어떻게 논증할 수 있는가? 우리는 바로 신앙 안에서 주님의 '신성을 입증할 표지'를 이루는 것이 바로 그분 육신의 부활이라는 사실로부터 시작할 수 있다. 실제로,

> "주님의 몸이 홀로 무덤에 안치된 것은, 만일 그분이 부활하신다면, 그것이 틀림없이 그분 자신의 부활임을 분명히 확인하여, 그분이 하느님이라는 것을 알게 하기 위함이었습니다. 이와 마찬가지로, 그분의 육신이 오직 마리아로부터 오신 것은, 오직 그분만이 동정녀에게서 나온 유일한 분임을 드러내고, 따라서 그 육신이 바로 하느님의 몸임을 믿게 하기 위함이었습니다."[8]

부활한 몸(corpo risorto)이라는 주제가 왜 그토록 중요한가? 그 이유는 바로 마리아에게서 태어나신 분과 부활하신 분이 동일한 주체라는 것을 분명히 하기 위해서이다. 이는 예수의 신성과 마

---

7) 이 표현은 아타나시우스의 『동정녀들에게 보낸 편지』(*Lettera alle vergini*) 85~86(CSCO 151, Script. Copt. 20, 59)에 나오며, 『아델피우스에게 보낸 편지』(*Ep. ad Adelphium*) 3(PG 26, 1076A)과 『막시무스에게 보낸 편지』(*Ep. ad Maxim.*) 2(PG 26, 1088B)에서도 다시 나타난다. Cf. E. Cattaneo, "Maria in Atanasio d'Alessandria"(알렉산드리아의 아타나시우스 안에서 마리아), *Theotokos* 10(2002), 180, n.46.

8) Atanasio, *Lettera alle vergini* 85-86 CSCO 151, Script. Coptici. 20, pp.58~59.

리아에게서 받은 바로 그 육신 안에서 하나로 통합된 위격의 일치를 확증하기 위함이다.

> "이러한 이유로, 이제 마리아에게서 태어난 그분이 곧 그리스도, 주님, 하느님이 아니라고 주장하는 자들은 더 이상 설 자리는 잃게 됩니다. 실제로 마리아에게서 태어난 그분이 본래부터 몸 안에 계신 하느님이 아니었다면, 어떻게 그분이 '임마누엘', 즉 "하느님께서 우리와 함께 계시다"라는 뜻의 이름으로 불릴 수 있었겠습니까?"[9]

여기서 말하는 유일한 주체는 바로 로고스-하느님이며, 그분은 마리아에게서 인간의 육신을 취하시어 자신의 몸으로 삼으셨다. 이 때문에 아타나시우스는 마리아에게서 태어난 육신이 곧 하느님의 몸이라고 감히 말할 수 있었던 것이다. 아타나시우스에게 있어, 하느님은 예수 안에서 몸을 지니신다. 실제로 그는 마리아를 테오토코스, 곧 하느님의 어머니라고 부르는 데 전혀 어려움이 없었는데, 이는 그가 "유서 깊고 확고한 마리아 전통을 자랑했던 알렉산드리아의 그리스도교 공동체 문화"[10] 속에서 자라났기 때문이다. 그러므로 마리아를 하느님의 어머니라고 부르는 칭호도, 하느님의 어머니에 대한 신심도 에페소 공의회(431년)

9) *Atanasio, Lettera a Epitteto*(에픽테투스에게 보낸 편지) 10, PG 26, 1065C. 이 편지(371년 작)를 해설하며 카타네오는 다음과 같이 말한다: "이러한 '귀속'(appropriazione)의 결과 중 하나는, 예수의 육신이 비록 창조된 것이지만, 로고스에 속하기 때문에 흠숭의 대상이 될 수 있다는 것이다." in "Maria in Atanasio d'Alessandria", *Theotokos* 10(2002), 181, n.50.

10) L. Gambero, *Maria nel pensiero dei Padri della Chiesa*(교부들의 사상 안에서 마리아), Alma Mater 5, Paoline, Milano, 1991, p.153.

에서 비롯된 것이 아니라, 오히려 에페소 공의회에 이르러 정식으로 표현된 것이라고 말할 수 있다. 공의회는 이미 존재하던 신자들의 신앙을 표현한 것일 뿐, 그것을 새롭게 도입한 것은 아니었다.[11] 실제로 우리는 마리아, 하느님의 어머니 축일이 431년 이전부터 콘스탄티노폴리스와 예루살렘에서 이미 기념되고 있었음을 알고 있다.[12]

그럼에도 불구하고, 이 문제는 그리 단순하지 않았다. 바로 이 '마리아, 하느님의 어머니'라는 칭호를 둘러싸고 많은 혼란이 있었다. 그 갈등은 너무나도 커져서 결국 공의회를 소집해야 할 정도로 확대되었고, 이에 따라 제3차 보편 공의회인 에페소 공의회(431년 6월 22일부터 7월 31일까지)가 열리게 되었다. 이러한 대립은 알렉산드리아, 안티오키아, 콘스탄티노폴리스 세 교회 간의 주교좌 경쟁도 한몫하며 더욱 격화되었다. 이 공의회는 황제 테오도시우스 2세에 의해 소집되었고, 콘스탄티노폴리스의 주교였던 네스토리우스의 요청도 반영된 것이었다. 그는 이미 430년 8월 11일 로마 시노드에서 단죄된 바 있었다. 실제로 네스토리우스가 정확히 무엇을 말했는지는 수십 년 동안 학자들의 연구 대상이 되어 왔다. 사실 그가 '테오토코스' 용어를 비판한 것은 교부들에 대한 그의 부족한 이해 때문이었다. 그는 다른 교부들이 이 용어를 사용하지 않았다고 주장했지만, 만약 그가 교부들을

11) "에페소 시기는 마리아론에 있어서 출발점이라기보다, 오히려 오랜 시간에 걸쳐 느리고도 먼 과정을 통해 형성된 성찰이 성숙에 이른 순간, 곧 하나의 도착점을 의미한다." D.M. Montagna, "La liturgia mariana primitiva. Saggio di orientamento"(초기 마리아 전례: 개론적 고찰), *Marianum* 24(1962), pp.87~88.

12) Cf. M. Starowieyski, "Le titre Theotokos avant le concile d'Ephèse"(에페소 공의회 이전의 '테오토코스' 칭호), *Studia Patristica* 19(1989), pp.236~242.

잘 알았다면 그렇게 주장할 수는 없었을 것이다. 이러한 그의 주장은 신앙과 설교의 핵심을 부당하게 거부한 것으로 받아들여졌고, 그 결과 깊은 불안감을 확산시키게 되었다.

> "이러한 분위기 속에서, 과거의 이단들 특히 양자설(adozionismo)과 유다주의와 연결될 가능성이 생겨났으며, 그렇게 하여 객관적이고 비위격적인 이단의 이미지가 형성되었고, 그것은 마치 네스토리우스가 그 이단의 창시자인 것처럼 귀속되게 만들었다."[13]

하지만 우리의 과제는 네스토리우스의 정통성 문제를 해결하는 것에 있지 않다. 오히려 그에게 귀속된 사상이 그리스도론적 전통의 발전에 어떻게 기여했는지, 그리고 그것이 인간학에 어떤 함의를 가졌는지를 파악하는 데에 있다. 네스토리우스에 대한 비판은 알렉산드리아의 주교인 키릴루스에게서 비롯되었다. 콘스탄티노폴리스와 알렉산드리아의 두 주교좌 사이의 경쟁 관계나 논쟁에 영향을 준 키릴루스의 고집스러운 성격은 제쳐 두더라도,

13) Grillmeier 1/2, p.825. 역사가 소크라테스는 에페소에서 벌어진 당파 간의 충돌을 '야간 전투'로 묘사한다: *Hist, eccl.* 7, 32, PG 67, 809B. 유명한 비잔티움의 연구자인 밀턴 V. 아나스토스(Milton V. Anastos)는 자신의 유명한 논문에서 다음과 같이 기록했다. "만일 네스토리우스와 키릴루스가 차분하게 자신들의 차이를 논의하고, 사용한 용어들을 정확히 규정하도록 강요받았으며, 그들이 명확히 설명할 때까지 엄격하고 공정한 중재자의 감독 아래 놓여 있었다면, 그들은 신학적으로 실질적인 합의에 도달했을 것이라는 점에는 의심의 여지가 없다. 비록 그들 각자의 주교좌가 지닌 권위와 위상에 대해서 서로 전혀 양보할 수 없는 간극(*tota caelo*)이 있었더라도 말이다. "Nestorius Was Orthodox"(네스토리우스도 정통 신앙인이었다), *Dumbarton Oaks Papers* 16(1962), pp.119~140(인용은 p.120).

네스토리우스와 키릴루스 사이의 논쟁은 본질적으로 신학적인 것이었으며, '테오토코스'라는 용어에는 단순히 성모 마리아에 대한 신심이 아니라 그리스도의 정체성에 관한 핵심적인 사안을 다루었다. 이 점은 키릴루스와 네스토리우스 모두가 라오디케이아의 아폴리나리스에게 답변하려 했다는 사실에서 드러난다. 아폴리나리스는 이미 381년 콘스탄티노폴리스 공의회에서 단죄된 교의를 다시 주장했는데, 육화 안에서 하느님의 아들이 인간의 육신은 취했지만 인간의 영혼은 취하지 않았다고 주장했고, 이로 인해 인간 존재 전체를 구성하는 육화의 구속적 효력이 훼손되는 결과를 낳았다.[14)]

키릴루스는 네스토리우스가 "그리스도는 하느님이시므로 인간 어머니를 가질 수 없다"고 주장하면서, 성모 마리아에게 '테오토코스'라는 명칭을 사용하지 않으려는 데서, 성자의 참된 인성이 부정되는 위험을 보았다. 반대로 네스토리우스는 키릴루스가 "하느님의 아드님께서 인간인 어머니를 가지신다"고 주장하는 입장 속에서, 성자의 참된 신성이 의심되는 위험을 보았다.

네스토리우스와 키릴루스는 누구도 완전히 규명할 수 없는 신비, 즉 '위격적 결합'(*Unio hypostatica*), 신적 위격 안에 어떻게 두 본성이 함께 존재할 수 있는가 하는 문제에서 충돌한다. 양측은 서로를 반박하기 위해 니케아 신경의 신앙을 인용하지만, 니케아 공의회는 두 본성의 결합 방식을 교의적으로 정리하지 않았다. 단지, 하느님 아버지와 동일한 본질을 지닌 외아들, 아드님께서 육화하셨다고만 선언했을 뿐이다. 따라서 명확히 해야 할

14) Cf. Grillmeier 1/1, p.625.

것은, 신성이 육화된다고 해서 그가 취한 인성으로부터 분리되는 것도 아니고, 그리고 인성이 신성을 흡수하지도 않는다는 점이다. 다시 말해, 육화의 전 과정에 걸쳐 두 본성은 서로 결합된 채로 남아 있다는 것이다.

이 어려운 그리스도론적 문제는 당시 여러 지역의 학파들에 의해 서로 다른 방식으로 심화되었다. 안티오키아 학파에 따르면, 각각의 본성은 고유한 속성을 지닌다. 고난과 죽음이 인간적 본성의 특징이라면, 십자가에서 고난받고 죽은 이는 인간 예수이며, 신적 본성은 고통받을 수도 죽을 수도 없기 때문에, 이 사건에 어떠한 방식으로도 관여하지 않는다. 따라서 그들은 마리아를 하느님의 어머니가 아니라, '안트로포토코스'(*Anthropotokos*) 곧 '인간의 어머니'라고 불려야 한다고 주장하였다. 네스토리우스는 안티오키아 학파의 스승들인 타르수스의 디오도루스와 몹수에스티아의 테오도루스에게서 교육을 받았으며, 이들은 성경을 더 문자주의적으로 해석하는 경향이 있었다. 네스토리우스는 성경을 인용하며 그리스도의 탄생이 하느님과 연결되어 묘사된 적이 없으며, 마리아도 언제나 '아이의 어머니'로 불릴 뿐, '하느님의 어머니'라고는 불리지 않는다고 주장했다.

> "성경은 신적인 구원 경륜에 관해 말할 때, 그리스도의 탄생과 수난을 신성이 아니라 인성에 귀속시킵니다. 따라서 정확하게 표현하자면, 거룩한 동정 마리아는 '하느님의 어머니'가 아니라 '그리스도의 어머니'라고 불려야 합니다."[15]

[15] Nestorio, *Seconda lettera a Cirillo*(키릴루스에게 보낸 두 번째 편지), 15 giugno 430 = DH 251d. 네스토리우스가 키릴루스에게 보낸 이 서한은 431년

이러한 이유로 네스토리우스는 어떤 방식으로든 마리아에게 '하느님의 어머니'라는 칭호를 부여하는 것을 받아들일 수 없었다.

"그렇다면 하느님에게 어머니가 있을 수 있는가? [···] 아닙니다. 벗이여 [···] 마리아는 신성을 낳지 않았습니다! 아니, 피조물이 창조되지 않은 분을 낳을 수는 없습니다. 성부께서 동정녀로부터 하느님의 말씀을 낳으신 것이 아니며, 그분이 그때부터 존재하게 된 것도 아닙니다. 피조물은 창조주를 낳은 것이 아니라, 오히려 신성을 위한 도구인 인간을 낳은 것입니다. 성령께서는 하느님의 말씀을 창조하신 것이 아니라, 동정녀에게서 그분이 거처하실 성전을 지으신 것입니다. 그리고 육화하신 하느님께서 죽으신 것이 아니라, 오히려 그분 안에 육화하신 이가 부활하신 것입니다."[16]

네스토리우스의 교의는 "한 분이신 그리스도 안에서 두 '실체'를 나누고, 그것들의 본성의 결합이 아니라 단지 존엄성, 즉 권위나 능력의 단순한 관계로 결합시켰다"는 이유로 단죄되었다."[17] 이로 인해, 한 세기가 지난 후에도 비잔티움의 레온티우스는 네스토리우스파에 대해 다음과 같이 비판했다. 그들은 두 본성에서 두 위격을 만듦으로서, 결국 삼위일체 안에 네 번째 위

에페소 공의회 동안 낭독되었으며, 니케아 신앙에 부합하지 않기에 거부되었다.

16) In F. Loofs, *Nestoriana. Die Fragmente des Nestorius*(네스토리우스의 단편들), Halle, 1905, pp.251~253, tr. it. di L. Scipioni, *Nestorio e il concilio di Efeso: storia, dogma e critica*(네스토리우스와 에페소 공의회: 역사, 교의, 비판), Vita e Pensiero, Milano, 1974, p.71.

17) Cirillo, *Anatematismi*(파문문) 3 = DH 254

격을 도입한 셈이 되었다고 보았다. 레온티우스는 『네스토리우스파 반박』이라는 저서에서 다음과 같이 기록한다.

> "몹수에스티아의 테오도루스는 하느님 아버지와 외아들이신 성자와 성령에 대한 신앙을 고백한 후에, 주 예수 그리스도에 대한 믿음도 별도로 추가하여, 결국 거룩한 삼위일체 안에 네 번째 위격을 도입하였습니다. 그리하여 유일하신 우리 주 그리스도 하느님을 두 위격으로 나누었으며, 참된 성자에게는 위로부터의 탄생과 같은 신적 속성들을 귀속시키고, 그리스도에게는 동정녀로부터의 탄생과 같은 인간적 속성들을 부여하였습니다."[18]

네스토리우스에게 귀속된 이단적 가르침은 다음의 세 가지 명제로 요약될 수 있다.

1) 그리스도 안에 '두 명의 아들', 즉 신적 로고스와 인간 예수가 존재한다.
2) 양자설적 관점: 예수는 단지 평범한 인간이며, 신성이 머무는 성전에 불과하다.
3) 로고스와 인간 예수의 결합은 순전히 외적이고 도덕적이며 은총에 의한 것이다.

---

18) Leonzio di Bisanzio, *Adversus incorruptícolas*(부패 부정론자들 반박), III, 7, PG 86/A, 1368. 레온티우스는 이 글을 네스토리우스의 스승인 몹수에스티아의 테오도루스를 언급하며 기록하고 있다.

키릴루스의 입장

마리아에 관하여 네스토리우스는 자신이 모호한 용어라고 여겼던 테오토코스 대신에 '크리스토토코스'(*Christotokos*), 즉 그리스도의 어머니라는 용어를 제안하였다. 따라서 테오토코스라는 용어를 둘러싼 논쟁은 육화를 어떻게 이해할 것인가, 나아가 참하느님이시며 참인간이신 그리스도의 유일한 위격 안에서 두 본성의 결합을 어떻게 설명할 것인가에 관한 문제였다.

325년 니케아 공의회는 '참하느님'이란 무엇인지 분명히 규정하였다. 즉, 성자는 성부와 동일한 본질을 가지신 분이라는 것이다. 키릴루스에게 있어서, 육화하신 아드님이신 그리스도는 언제나 하느님이시다. 왜냐하면 그분의 위격은 오직 하나이기 때문이다. 이제, 신적 본성과 인간적 본성의 결합은 동정 마리아의 태중에서 이루어졌지만, 그 결합의 주체는 아드님의 위격이기 때문에, 마리아를 '하느님의 어머니'라고 부른다는 것은 본질적으로 매우 심오한 신학적 실재를 가리킨다. 마리아는 하나의 본성(인성)의 어머니가 아니라, 한 위격의 어머니, 자신의 인간 본성을 취하신 신적 위격의 어머니이다. 따라서 마리아는 하느님의 어머니이시다.

이 문제는 점점 더 복잡해지며 이제 '위격'(persona), 그리스어로는 휘포스타시스(*hypostasis*, 실체)의 의미로 초점이 옮겨간다. '휘포스타시스'라는 용어는 시간이 흐르면서 하느님 존재의 신비를 표현하는 '퓌시스'(*physis*, 본성)나 '우시아'(*ousia*, 본질)와 같은 다른 용어들과 명확히 구별되어 사용되었다. 위격은 본성으로 환원되지 않기 때문에, 그리스도는 인간적 본성과 신적 본성의 고유한 특징들을 혼합하거나 뒤섞는 것이 아니라, 오히려 자신의 '실체'(*hypostasis*) 안에서 두 본성을 살아 내며 완성으로 이끈다. 그 결과, "두 본성 사이의 속성 교환에 대해 말하는 것이 가능해지고, 육화하신 말씀께서 여인에게서 태어나셨고, 고통을 겪으시고, 돌아가셨으며, 부활하시고, 하늘로 오르셨다고 말하는 것도 정당해진다."[19] "'위격적 결합'(*Unio hypostatica*)은 '속성 교환'(*communicatio idiomatum*)을 통해 인간성의 고유한 특성들마저도 말씀에게 귀속시킨다."[20] 키릴루스는 『네스토리우스에게 보낸 두 번째 서한』에서 이렇게 주장한다.

> "결합되는 본성들은 서로 다르지만, 그 결과들로 존재하는 이는 오직 한분 그리스도이시며 아들이십니다. 그 본성들의 차이는 이 결합으로 말미암아 소멸되는 것이 아니라, 오히려 신성과 인성이 신비롭고 형언할 수 없는 일치 안에서의 만남을 통해 우리를 위한 하나의 주님이시며, 그리스도요, 아들을 형성합니다."[21]

키릴루스와 동시대 인물인 카시아누스(360~435)는 『네스토리우스 반박』으로도 알려진 저서, 곧 『말씀의 육화에 관하여』에서 다음과 같은 신앙 고백을 기록한다.

---

19) S. Meo, "Madre di Dio"(하느님의 어머니), in *Nuovo Dizionario di Mariologia*, Paolino, Cinisello Balsamo, 1985, p.817.

20) P. Rosa, "Aspetti della mariologia di Cirillo di Alessandria e di Nestorio"(알렉산드리아의 키릴루스와 네스토리우스의 마리아론의 몇 가지 측면), *Theotokos* 12(2004), p.265.

21) Cirillo, *Seconda lettera a Nestorio*(네스토리우스에게 보낸 두 번째 서간) = DH 251. 이 편지는 430년 1월 26일에서 2월 24일 사이에 작성되었으며, 이후 에페소 공의회에서 승인되었다.

"그분〔예수 그리스도〕은 인성으로부터 태어났기에 사람의 아들이며, 신성의 작용으로 잉태되었기에 하느님의 아들이십니다. 〔…〕 그러므로 그리스도 안에는 은총이 온전히 있었고, 덕도 온전히 있었으며, 능력도 온전히 있었고, 신성도 온전히 있었습니다. 결국, 언제나 그분 안에, 그분과 함께, 신성의 충만함과 위엄이 완전하게 존재해 있습니다. 하늘에서도, 땅에서도, 어머니의 태중에서도, 낳아지실 때에도, 결코 하느님이신 그분에게서, 하느님에게 속한 어떤 것도 결여된 적이 없었습니다. 하느님이신 그분과 함께 언제나 신성이 있었으며, 그것은 장소에 따라, 혹은 시간에 따라 결코 그분에게서 분리된 적이 없었습니다. 그분은 어디서나 온전히 하느님이시며, 어디서나 완전하시며, 결코 나뉘지 않고, 결코 변하지 않으며, 결코 줄어들지 않으십니다. 왜냐하면 하느님에게는 어떤 부분도 덧붙이거나 덜어 낼 수 없기 때문입니다. 실로 그렇습니다. 신성은 감소를 허용하지 않으며, 마찬가지로 어떤 형태의 증가도 받아들이지 않습니다. 그러므로 그분은 하늘에서 그러하셨던 것처럼 땅에서도 같으셨으며, 하늘의 높은 곳에서 그러하셨던 것처럼 인성의 낮은 겸손에서도 동일하셨으며, 하느님의 위엄 속에서 그러하셨던 것처럼 인간의 비천함 속에서도 그대로이셨습니다."[22]

네스토리우스 사건은 당시에도 많은 논쟁을 불러일으켰으며 오늘날까지도 여전히 계속 논의되고 있다. "많은 이들은 네스토리우스의 가르침이 처음에는 정통적이었으나, 자신의 입장을 설

22) Cassiano, *Sull'incarnazione* II, 6~7.

명하는 과정에서 이단적으로 해석되기 쉬운 용어들을 사용하게 되었다고 평가한다."[23] 그러나 네스토리우스에 대해 제기된 반박은 신성을 너무 강조한 나머지 인성을 망각하는 듯하여, 신앙의 근거인 '육화' 자체를 위태롭게 만드는 듯 보였다. 다시 말해, 마리아에게 하느님의 어머니라는 칭호를 적용하고 그에 따른 설명을 덧붙이는 방식은, 참된 인간이라는 예수의 정체성을 의심케 할 수 있었다. 이러한 해석이 페르시아 제국 내에 위치한 동방 교회가 에페소 공의회를 거부하게 된 결정적 이유였으며, 그로 인해 그들은 '네스토리우스파 교회'라 불리게 되었다. 이는 그들이 그리스도가 참하느님이자 참인간이라는 '신-인성'을 부정했기 때문이 아니라, 네스토리우스처럼 육화의 진리를 인성의 관점에서 주장했기 때문이었다. 반면 네스토리우스의 반대자들은 그들에게 있어 신성을 설명하려다 보니 이해하기 어려운 설명과 복잡한 용어들에 사로잡혀 있는 것처럼 보였다.[24]

---

23) Dvornik, p.35.

24) 마치 동일한 신앙이 존재함을 보여 주기 위해, 1994년 11월 11일, 가톨릭교회와 동방 교회 사이에 공동 그리스도론 선언문이 체결되었다. 이 선언에서는 네스토리우스에게, 그리고 그에 따라 이른바 '네스토리우스파 교회'에 귀속되어 왔던 그리스도론적 불일치들이 해소된다. 그 선언의 내용은 다음과 같다. "우리 주 예수 그리스도께서는 참하느님이시며 참인간이시다. 그분은 당신 신성 안에서 완전하시며, 당신의 인성 안에서도 완전하시다. 아버지와 동일본질이시며, 죄 외에 모든 면에서 우리와도 동일본질이시다. 그분의 신성과 인성은 섞임 없이, 바뀜 없이, 나뉨 없이, 갈라짐 없이 한 위격 안에서 결합되어 있다. 그분 안에서는 신성과 인성이라는 두 본성의 차이가, 그 고유한 모든 속성과 능력, 작용들과 함께 온전히 보존되어 있다. 그러나 신성과 인성은 '이것과 저것', 곧 '다른 하나와 또 다른 하나'를 이루는 것이 아니라, 동일하고 유일한 하느님의 아들이시며 주님이신 예수 그리스도의 위격 안에서 하나로 결합되어 있으며, 그분은 오직 한 분의 흠숭 대상이시다. 그러므로 그리스도는, 의인들이나 예언자들의 경우처럼 하느님께서 그 안에 머물며 영감을 주시기 위해 선택하신 다른 사람들과 같은 인간이 아니다. 오히려 그분은 하느님의 동일하신 말씀이시며, 창조 이전에 성부로부터 나시어, 당신의 신성에 관해서는 시작이 없으시고, 인

그리스도의 신성을 주장하기 위해 성령에 호소하는 방식으로 논증하지 않는다는 점은 주목할 가치가 있다. 이는 충분히 이해할 수 있는 일이다. 그리스도께서 하느님이심을 설명하는 데에 성령을 끌어들이는 것은 적절하지 않기 때문이다. 마치 그분이 어떤 특별한 은총을 받아 하느님이 되신 것처럼 오해될 소지가 있기 때문이다. 아버지의 영원한 아드님, 즉 하느님이신 아드님께서 사람이 되기 위하여 파견되신 분이다. 그분의 위격은 신적이며, 성부와의 '동일본질성'은 그분을 성령과도 더불어 공존하는 영원을 구성한다. 이에 대하여 키릴루스는 다음과 같이 고백한다.

"〔…〕 거룩한 동정녀에게서 먼저 어떤 한 인간이 낳아지고, 그 위에 말씀이 내려오신 것이 아니라, 오히려 말씀께서 어머니의 태중에서부터 육(carne)과 결합하시고, 자신의 육적인 출생을 받아들이심으로써 육에 따라 태어나신 것입니다. 〔…〕 그러므로 거룩한 교부들은 거룩한 동정녀를 '하느님의 어머니'라 부르는 것을 주저하지 않았습니다. 이는 결코 말씀의 본성 또는 말씀의 신성이 거룩한 동정녀로부터 기원하였기 때문이 아니라, 이성적 영혼(anima razionale)을 지닌 거룩한 육신(santo corpo)이 그녀에게서 태어났고, 그 육에 말씀이 실체적으로 결합되었기 때문입니다. 그

성에 관해서는 때가 찼을 때 아버지 없이 어머니에게서 태어나셨다. 복되신 동정 마리아가 낳으신 그분 인성은 언제나 동일한 하느님의 아들의 인성이셨다. 이런 이유로, 동방-시리아 교회는 동정 마리아께 '우리 하느님이시며 구원자이신 그리스도의 어머니'로 기도한다. 동일한 신앙의 빛 안에서 가톨릭교회 전통은 동정 마리아를 '하느님의 어머니'이시며 동시에 '그리스도의 어머니'라고 부르고 있다. 우리는 이러한 동일한 신앙의 표현들이 정당하며 정확하다는 것을 인정하며, 각 교회가 그 전례 생활과 신심 안에서 어느 표현을 선호하든 그것을 존중한다." EV 14/1823~1824.

리하여 말씀이 육에 따라 태어났다고 말하는 것입니다."[25]

휘어진 줄 위에 써진 찬란한 교의

비록 마리아의 신적인 모성(하느님의 어머니)에 관한 교의가 그리스도교에 있어 더없이 귀중한 보석과 같은 것임에도 불구하고, 에페소 공의회가 실제로 어떻게 진행되었는지는 여전히 불투명하고 어두운 면이 있다. 429년 부활절부터 431년 성탄절까지 이어진 몇 개월간의 논쟁 속에서, 키릴루스의 능수능란한 활동과 처신은 부당하고 공정하지 못한 것으로 보인다. 키릴루스가 주도한 이른바 '불법적인 회기들'[26]의 역사는 잘 알려져 있다. 그는 다른 이들보다, 특히 안티오키아의 요한과 교황 특사들보다 먼저 에페소에 도착했고, 6월 22일에 사실상 홀로 공의회를 개회하고 같은 날 폐회하였다. 네스토리우스는 에페소에 있었음에도 불구하고 공의회 회기에 참석하지 않았다. 키릴루스는 네스토리우스의 입장을 제시하고, 그에 대한 단죄를 이끌어 냈다. 그 단죄가 내려지고 나흘 뒤, 안티오키아의 요한과 다른 주교들은 맞대응으로 대립 공의회(contro-sinodo)를 소집하고 키릴루스를 파문하고 면

25) Cirillo, *Seconda lettera a Nestorio* = DH 251. 키릴루스가 네스토리우스에게 보낸 이 두 번째 서간은 그 내용의 밀도와 깊이로 인해 공의회에서 니케아 신앙에 부합하는 것으로 인정되었다는 사실로부터, 우리는 왜 이 문서가 전통 안에서 '교의 서간'(Epistula dogmatica)이라 불리게 되었는지를 이해할 수 있다. Cf. la *Quarta lettera a Nestorio di Cirillo*(키릴루스가 네스토리우스에게 보낸 네 번째 서간), PG 77, 44~49.

26) Cf. H. von Campenhausen, *I Padri greci*(그리스 교부들), Paideia, Brescia, 1967, p.203.

직시켰다. 며칠 후인 7월 11일, 상당히 늦게 교황 사절단들이 도착하는데, 그들은 키릴루스의 편에 섰으며. 이 그룹의 회기에서는 안티오키아의 요한과 그의 추종자들을 파문하였다.

현장에 도착한 황제 테오도시우스 2세는 주요 논쟁 당사자인 키릴루스와 네스토리우스 모두 투옥시켰다. 그리고 431년 10월 말, 키릴루스는 석방되어 알렉산드리아로 돌아가고, 네스토리우스는 파문되어 은둔하며 공적 무대에서 퇴장한다. 그는 이집트 상류 지방으로 유배되어, 몇 년 후 그곳에서 생을 마감하게 된다.

공의회의 교령들은 432년 7월 31일 교황 식스토 3세에 의해 승인되었으나, 그 논쟁이 가라앉기까지는 433년에 이르러서야 가능했다. 그해 안티오키아의 요한은 네스토리우스의 단죄를 받아들이고, 마리아를 테오토코스라 부르는 일치 공식에 서명하였으며, 키릴루스는 안티오키아 측이 제안한 '신경'(il simbolo della fede)을 수용하였다.

433년의 '일치 정식'은 양측이 주장했던 입장을 종합한 신학적 타협으로 여겨진다. 이 정식은 우선 니케아 신경만으로도 신앙에 대한 이해가 충분하다는 것을 재확인하고, 인간을 초월하는 신비에 대해 말로 완전히 설명하는 것은 불가능하다고 인정한 뒤, 다음과 같이 선언한다.

> "그러므로 우리는 주 예수 그리스도께서 하느님의 외아드님이시며, 완전한 하느님이시며 이성적 영혼과 육신으로 구성된 완전한 인간이라고 고백합니다. 그분은 신성에 따라서는 창조 이전에 성부에게서 나셨으며, 때가 차자 우리와 우리의 구원을 위하여 인성에 따라 동정 마리아에게서 태어나셨습니다. 그분은 신성

에 따라서는 성부와 동일본질이시며, 인성에 따라서는 우리와 동일본질이십니다. 실제로 두 본성의 결합이 일어났기에, 우리는 한 분 그리스도, 한 분 아드님, 한 분 주님을 고백합니다. 이러한 혼합되지 않은 결합의 이해에 따라, 우리는 하느님의 말씀이 육화되어 사람이 되셨고, 바로 잉태의 순간부터 마리아에게서 취하신 성전을 자신과 결합시키셨기에, 동정이신 성모님을 하느님의 어머니로 고백합니다. 주님에 관하여 전해지는 복음서와 사도들의 진술들에 대해서, 우리는 신학자들이 그 가운데 일부는 한 위격에 공통된 것으로, 다른 일부는 두 본성에 따라 구분된 것으로 이해해 왔음을 알고 있습니다. 하느님께 합당한 것들은 그리스도의 신성에 귀속시키고, 보다 비천한 것은 그분의 인성에 귀속시킨 것입니다."[27]

반세기 전에, 나지안주스의 그레고리우스는 다음과 같이 고백하며 에페소 공의회의 선언을 미리 예고하였다.

"누구든지 거룩한 마리아가 하느님의 어머니임을 믿지 않는다면, 그는 신성과 단절된 것입니다. 누구든지 마치 운하를 통과하는 것처럼 그리스도가 동정녀를 지나가기만 하셨을 뿐이며, 동시에 신적이면서도 인간적인 방식으로 그분 안에서 형성된 것이 아니라고 주장한다면(신적인 것은 인간의 개입 없이 이루어진 것이고, 인간적인 것은 통상적인 수태 과정을 따른 것이기에) 그는 마찬가지로 무신론

27) *Formula d'unione tra Cirillo d'Alessandria e i vescovi della Chiesa di Antiochia, primavera del 433*(알렉산드리아의 키릴루스와 안티오키아 교회 주교들의 일치 정식, 433년 봄) = DH 272~273.

자입니다. 누구든지 먼저 인간이 형성되었고, 그다음에야 신성을 입었다고 말한다면, 그는 단죄를 받아 마땅합니다. 이는 곧 하느님의 낳아지심을 부정하는 것이며, 참된 낳음 자체를 부인하는 것이기 때문입니다. 누구든지 한 분이며 동일한 아드님임을 부정하며, 하느님 아버지에게서 태어난 아드님과 어머니에게서 태어난 아드님을 구분하여 두 아들의 개념을 도입한다면, 올바른 신앙을 지닌 이들에게 약속된 양자 됨의 권리를 박탈당해야 합니다(에페 1,5 참조)."[28]

그리스도의 정체성과 인간 구원의 신비를 표현하려 할 때, 교의적 충돌과 갈등 속에 나타난 폭력성이 지나치다고 여겨질 수 있다. 그러나 이러한 평가는 갈등의 격렬함에 충격을 받아서라기보다는, 오히려 각 진영이 표명하던 입장들에 무관심하기 때문에 내려지는 판단일 가능성이 크다. 그렇게 된다면, 어느 한 해법이나 다른 해법이 각각 어떠한 신학적 귀결을 동반하는지를 이해하지 못하게 될 것이다.

그 이후로 에페소 공의회는 성모 마리아에 관한 모든 신학이 참조해야 할 규범적 기준으로 남게 되었다. 이러한 기준은 키릴루스의 입장과 육화된 말씀의 위격 안에서 두 본성의 결합을 고백하는 그리스도론을 자신의 출발점으로 삼고 있다.

교부들의 교의적 일관성 안에는 그들 자신조차도 인식하지 못했던 요소가 있었다. 그것은 오직 후대의 공의회들과 역사 자체, 그리고 교회의 신앙을 통하여 성령의 표지로 드러나게 된다.

---

28) Gregorio Nazianzeno, *Ep.* 101, 16~18 *Ad Cledonium*, SC 208(1974), pp.40~44.

공의회 안에서 '교의적 합의'(consenso dottrinale)에 이르는 교부들의 이러한 일관성 안에는 하나의 '신학적 예언'(profezia teologica)이 담겨 있으며, 이는 수 세기가 지난 오늘날에도 여전히 새롭게 발견되어야 할 과제로 남아 있다. 그러므로 교부들을 알고 연구하는 일은 필수적이다. 따라서 초세기 그리스도교에 대한 연구는 단순한 신학적 고고학이나 신학사의 서술이 아니라, 신학적 쇄신을 위한 필연적인 여정이라 할 수 있다.[29)]

에페소에서 오늘날까지: 결론을 위한 성찰

우리는 에페소 공의회가 어떤 의미에서 니케아 공의회의 '성자 아드님'에 대한 교의와 관련되어 있는지를 살펴보았다. 그렇다면 에페소 공의회는 콘스탄티노폴리스 공의회의 성령에 대한 교의와는 어떠한 관련을 가지는가? 콘스탄티노폴리스 공의회에서 핵심 쟁점은 성령의 신성이었다. 우리는 성 바실리우스의 『성령론』에서, 성령의 신성을 옹호하는 논거가 세례 안에서 이루어지는 피조물의 신화와, 하느님의 거룩함에 참여함으로써 이해되는 구원 개념에 근거하고 있음을 확인하였다. 따라서 콘스탄티노폴리스 공의회는 성령으로 충만한 피조물인 동정녀 마리아가 하느님의 어머니라 불릴 수 있음을 뒷받침하는 신학적 틀을 이미 제시하였다고 해석할 수 있다.

29) Cf. Ch. Kannengiesser, "Un avenir pour l'herméneutique biblique des Pères" in Ch. Badilita / Ch. Kannengiesser (edd.), *Les Pères de l'Église dans le monde d'aujourd'hui*, Beauchesne, Paris, 2006, p.41.

우리는 마리아에 대해 말할 때, 공동 협력 작용(sinergia)에 대해 말하게 된다. 즉, 창조된 인간이 성령과 완전한 공동 협력 속에서 행동할 수 있도록 부여받은 능력에 대해 말하는 것이다. 이처럼 피조물과 성령의 결합된 행위 속에서 "성령과 동정 마리아의 협력으로 말미암아" 말씀이 사람이 되실 수 있었던 것이다.

성령께서는 "동정녀의 내밀함(intimità)을 거룩하게 하셨고", 하느님의 말씀이 인간이 되실 수 있도록(umanizzazione) 가능하게 하셨다. 그러므로 성령은 성자의 신성을 설명하기 위한 기준이 아니라, 마리아의 거룩한 인성을 이해하기 위한 필수적인 준거이다.

> "오, 복된 모태여 〔…〕 사실 다른 모든 사람에게 있어서, 정결한 영혼이 성령의 현존을 받아들일 수 있다면 그것만으로도 충분히 놀라운 일입니다. 그러나 마리아의 경우에는 그 육신 자체가 성령의 거처가 되었습니다."[30]

여기서 우리가 다시금 주목해야 할 핵심 주제에 도달하게 된다. 그것은 성령론적 인간학을 내포한 그리스도론을 마주하게 되는 일이다. 실제로 성령께서 인간을 신화하신다는 사실을 인정한다는 것은, 그 성령을 받아들이는 피조물의 존엄성을 인정한다는 것을 의미한다. 그리고 피조물의 존엄성은 자유와 연결되어 있다. 따라서 마리아는 하느님께 "예"라고 응답한 데 있어서 자유로운 존재로 인정되어야 한다. 이것이 마리아의 특별한 공헌이다. 그녀의 자유는 은총을 받아들였고, 그 은총이 그녀의 동정성

30) Gregorio di Nissa, *Omelia sulla Natività dei Signore*(주님의 탄생에 대한 강론), PG 46, 1141A.

을 열매 맺게 한 것이다.

> "그러므로 사악함의 어둠이 눈을 가린 모든 이들에게, 당신 자비와 진리의 빛을 비추어 주소서. 그리하여 마침내 정화되고 열린 눈으로 당신 육화의 위대함과 구원의 신비를 알아보고, 당신께서 지극히 거룩하고 티 없으신 태중에서〔*ex sacrosancto illo inmaculatae virginis utero*〕 참된 인간으로 세상에 탄생하셨음을 깨닫게 하소서. 그와 더불어, 당신께서 영원토록 참된 하느님으로 존재하심도 알아보게 하소서."[31]

그리스도론, 마리아론, 인간학은 에페소 공의회의 신학 안에서 다른 어떤 교의보다도 더 밀도 있게 응축되어 있다. 아타나시우스, 바실리우스, 니사의 그레고리우스, 나지안주스의 그레고리우스, 그리고 카시아누스는 그리스도의 '신-인성'을 기반으로 자신들의 영성신학, 즉 '수도 생활'(오늘날의 표현으로는 '축성 생활') 신학을 고안해 냈다.

> "그리스도께서 한 위격 안에서 참인간이자 참하느님이 아니시라면, 수도자의 모든 노력, 곧 마음의 깨끗함을 추구하고, 자신을 포기하는 그 모든 수고는 헛된 일이다. 만일 그리스도께서 참인간이시며 참하느님이 아니시라면, 그리스도를 본받아 구원에 이른다는 것은 환상에 불과하다. 그렇게 되면 수도 생활은 물론이고, 나아가 그리스도인의 삶 전체가 그 존재 이유와 근거를 상

31) Cassiano, *Sull'incarnazione* VII, 1〔250〕.

실하게 된다."[32]

나지안주스의 그레고리우스는 '신현, 또는 탄생'(*Theophania, o Nativitá*)에 관한 『연설』에서 다음과 같이 말한다. "그리스도께서 동정녀에게서 태어나셨으니, 여인들이여, 동정을 실천하여 그리스도의 어머니가 되십시오."[33] 여기서 '여인들' 대신에 '모든 믿는 피조물'로 바꾸고, '동정'을 '마음의 깨끗함'으로 이해한다면, 이는 그리스도인의 완벽한 정의가 된다. 곧, 그리스도인이란 하느님께서 창조하신 인간 본성에 따라 '잉태'할 수 있는 존재이며, 신적 본성에의 참여, 즉 성령의 선물에 따라 자녀로서의 '풍요로움'을 지닌 존재이다. 그리스도인은 성령 안에서 어머니이자 아버지이며, 하느님의 자녀들을 낳는 사람이다.

---

32) L. Cristiani, *Jean Cassien: la spiritualité du desert*(요한 카시아누스. 사막의 영성), Figures monastiques 2, Abbaye de Saint-Wandrille, 1946, p.33.

33) Gregorio Nazianzeno, *Orazione* 38, 1[881].

제 6 장

마리아, 피조물의 광채

마리아에게 '하느님의 어머니'라는 칭호를 적용할 때, 우리는 에페소 공의회의 정의에서 도출되는 인간학을 더 깊이 이해하기 위하여, 어떠한 신앙의 내용을 추가로 명시할 수 있는가?

르네 로랑탱(René Laurentin)은 다음과 같이 주장한다. "엄밀히 말해 마리아에 관한 독자적인 교의는 존재하지 않는다. 존재하는 것은 그리스도 교의이며, 그 안에 그리스도의 어머니가 본질적으로 포함되어 있다."[1] 그리스도 교의란 곧 삼위일체와, 그리스도의 '신-인성', 즉 한 위격 안의 두 본성을 말한다. 육화하신 분은, 아버지와 동일한 본질을 지닌 참하느님이시며, 어머니와 동일한 본질을 지닌 참인간이시다. 에페소 공의회에서 마리아에게 부여된 테오토코스라는 칭호는 바로 이러한 삼위일체와의 관계를 고려한다. 창조되지 않고 나시어, 아버지와 동일본질이신 아

* 이 장의 일부 내용은 M. Tenace, "Il riflesso delle relazioni trinitarie in Maria"(마리아 안에 반영된 삼위일체적 관계), *Theotokos* 18(2010), pp.11~27에서 미리 소개된 바 있다.

1) R. Laurentin, "Marie, 1. Etude doctrinale"(마리아, 1. 교의학적 연구), *Catholicsime* 8(1979), pp.525~527.

드님이 "성령으로 인하여 동정 마리아의 태중에서 육화되신다."

이로써 마리아는 세 신적 위격과 명시적으로 연결되어 있으며, 그녀의 구원 역사에 대한 참여는 단순히 인간 본성을 만들어내기 위한 도구적 원인으로 국한되지 않는다. 오히려 그것은 하느님의 업적에 대한 인간적 위격의 참여를 포함하는데, 이는 마리아가 "예"라고 응답하며 받아들인 데에서 드러난다. "**어떻게 그런 일이 있을 수 있겠습니까?**(루카 1,34)라는 마리아의 질문은 새로운 계약 안에서 제기될 모든 '어떻게?'라는 물음들의 서곡으로서, 이에 대한 해답은 '탄생 예고'(Annunciazione)의 순간에 이루어지는 성령의 '첫 번째 강림'(prima pentecoste) 안에서 찾게 된다."[2] 마르티니 추기경은 다음과 같이 기록했다. "마리아를 관상하면서, 나는 삼위일체를 관상하는 법을 배운다. 〔…〕 그녀는 우리 모두보다 더 깊이 삼위일체의 신비를 관상하며, 자신의 얼굴에 삼위일체의 광채를 비추어 낸다."[3]

삼위일체를 향하여: 마리아의 경험 안에서 드러나는 다른 여정

마리아를 삼위일체의 각 위격과 결합시키는 관계는 독특하고 유일무이하다. 마리아의 신앙 여정은 그 어떤 피조물의 여정과도 다르다. 모든 그리스도인에게 '믿음의 문'(사도 14,27)과 구원은 예수의 부활이다. 예수가 주님임을 입으로 고백하는 것이 구원이

2) Corbon, p.33.

3) C.M. Martini, *Ripartire da Dio*(하느님으로부터 다시 시작하기), Centro Ambrosiano-Dehoniane, Milano-Bologna, 1995, pp.137~138.

며, 하느님께서 그분을 죽은 이들 가운데서 다시 살리셨음을 고백하는 것이 구원이다(로마 10,9 참조). 우리가 삼위일체에 이르는 길은 바로 죽음을 겪으시고 부활하신 예수에 대한 믿음이다. 우리는 구원 업적과 관련하여 신적 위격을 고백하며, 비록 우리가 죄인이지만 하느님과 친밀한 자녀 됨의 관계 안에 있음을 고백한다. 왜냐하면 이는 그리스도께서 죽음을 통해 죽음을 이기셨고, 그분 위에 덧씌워졌지만 결코 그분을 지배하지 못한 죄를 패배시켰기 때문이다.

마리아는 죽음을 이긴 승리라는 희망의 문을 통하여 삼위일체의 관계 안으로 들어가는 것이 아니라, 생명의 능력에 대한 믿음의 문을 통하여 들어간다. "천사의 기쁜 소식을 받아들이는" 순간, 마리아는 생명의 믿음을 통해 삼위일체로 향하는 입구를 연다. 그녀는 하느님의 생명을 받아들임으로써 어떤 의구심보다도, 거부의 자유보다도, 죄가 가진 어떠한 영향보다도 더 강력한 계약 안으로 들어간다. 마리아는 "인류의 역사에 각인된 그 적개심"[4]에 동조하지 않는다. 그녀는 하느님의 뜻에 즉각적으로 일치하며, 전령의 말씀을 받아들임으로써 하느님과 관계를 맺는다. 하느님의 뜻에 자신의 뜻을 맞추기 위해 마리아는 순명하고 '환대'한다. 여기서 놀라운 것은, 마리아가 천사의 말을 받아들인 순간 죄에 대한 언급이 없다는 점이다. 하느님과 피조물로서의 마리아 사이의 이 관계는 죄의 현실에 '앞서거나', 그것을 넘어선다. 이 관계는 참된 관계, 다시 말하면 상호 무상성(reciproca gratuità)의 관계, 공감(simpatia)의 관계, 공동 협력(sinergia)의 관계이다.

---

4) Giovanni Paolo II, *Redemptoris Mater*(구세주의 어머니) 11, AAS 4, LXXIX, 2.IV. 1987, 373.

이러한 절대적인 은총의 상황에서, 우리는 마리아가 '우리를 위하여' 사람이 되셨다는 육화의 신비를 체험했다고 말할 수 있다. 하느님께서 사람이 되신 것은 우리를 위하여, 사랑 때문에, 태초부터 당신의 모상대로 창조된 사람과 만나기를 간절히 원하셨던 깊은 갈망 때문이다. 마리아는 이러한 기쁨을 '탄생 예고'의 은밀한 순간 속에서 직감할 수 있었을 것이다. 그러나 "우리를 위하여 그리고 우리의 구원을 위하여" 이루어진 사건으로서의 육화는, 동정 출산(참하느님)만이 아니라 수난(인류의 죄), 죽음(참인간), 부활(아버지로부터 영광스러워진 아드님)까지 모두 포함한다. 그 신적 기원을 확실히 알고 있었던 아들은, 죽음 안에서 '위격적 일치'의 진리를 드러낼 것이다. 이는 그분이 인간 본성과 실제로 결합되어 계시기 때문에, 모든 인간과 같이 죄의 결과를 지니시고, 육신 안에서 죽음을 겪으신다는 사실을 의미한다. 성화(聖畫, 이콘)들은 예수 탄생의 신비를 표현하기 위해 구유를 석관처럼 묘사한다. 이는 죄의 용서와 죽음을 통한 죽음으로부터의 구속을 위한 탄생임을 상기시키기 위함이다.

마리아는 파스카 때에, 죄와 죽음의 세력이 신성한 아드님 위에 내려오는 것을 보게 될 것이다. 그리고 그때야말로 "우리를 위하여, 우리의 구원을 위하여"라는 말의 대가가 무엇인지 알게 될 것이다. 그 순간 그녀 역시, 자신이 태중에 품었던 그 몸 안에서 아드님과 함께 고통을 겪게 될 것이다.

하느님의 어머니는 하느님의 아드님이 고통을 받으실 때, 함께 고통을 겪는다. 왜냐하면 그녀가 아들에게 준 육신은 고통을 느끼는 인간적 육신이고, 그 육신은 죽을 운명도 지니고 있기 때문이다. 아들 안에서 인간적 본성과 신적 본성이 결합되었다는 그 진리 때문에, 하느님의 권능은 동정녀를 출산의 고통에서 보호했던 것과 달리, 죽음의 고통에서는 보호하지 않는다. 예수가 십자가에 못 박히던 순간에 "성전의 휘장이 찢어진다." 다마스쿠스의 성 요한은 이 신비에 대해 다음과 같이 애절하게 표현한다. 마리아는

> "복되시며, 본성을 넘어서는 은총의 선물들을 받기에 합당하다고 여기신 분입니다. 출산의 때에는 겪지 않았던 그 고통들을, 오히려 수난의 때에 겪으셨습니다. 모성적 연민으로 말미암아 온몸이 찢어지는 고통을 겪으셨습니다. 당신이 낳으실 때 하느님으로 알아보았던 그분이, 마치 죄인처럼 처형당하시는 것을 보면서, 마치 칼에 찔리듯 생각 속에서 갈기갈기 찢어지셨습니다. 이는 바로 "당신의 영혼이 칼에 꿰찔리는 가운데〔…〕"(루카 2,35)라는 구절을 의미합니다. 그러나 그 고통은 마침내 부활의 기쁨으로 변모됩니다."[5]

여기에서 또 하나 중요한 점이 발견된다. 마리아에게 있어 예수의 부활은 그분을 하느님의 아드님으로 믿게 하는 신앙의 근거가 아니다. 마리아는 그 아드님의 신적 기원을 확실히 알고 있다. 부활은 구원에 대한 인식이며, 하느님의 사랑을 취하는 형식, 즉 파스카이다. 마리아는 구원을 사랑의 완성으로, 인류와 하느님 사이에 만들어 놓은 죄의 심연을 극복하는 것으로 인지한다. 그런데 그 죄는 그녀 안에서는 아무런 힘도 발휘하지 못한다.

---

[5] Giovanni Damasceno, *La fede ortodossa*(정통 신앙) XIV, a cura di V. Pazzo, Città Nuova, Roma, 1998, pp.273~278.

부활을 통해 마리아는, 자신이 단지 성자의 탄생에만 '예'라고 응답한 것이 아니라, 파스카라는 구원의 역사에 참여하게 되었다는 사실을 알게 된다. 왜냐하면 그녀가 이미 성자의 탄생 순간부터 하느님의 케노시스(자기 비움)에 참여하고 있었기 때문이다. 에프렘(Efrem)은 심지어, 부활이야말로 아드님의 동정 탄생의 신비를 어머니에게 계시해 준다고까지 말한다. 동정을 통한 풍요로운 출산의 신비와 부활의 신비 사이에는 '유비'(analogia)가 존재한다.

> "당신의 부활로 당신은 그들에게 당신의 탄생이 참됨을 확증하셨습니다. 모태(fossa)는 봉인(sigillata)되어 있었고, 무덤(sepolcro)은 봉합(suggellato)되어 있었기 때문입니다. 태중에 계신 분은 순결하신 분이었고, 무덤 안에 계신 분은 살아 계신 분이셨습니다. 봉인된 모태와 무덤이 바로 당신의 증거가 되었습니다. 모태(utero)와 저승(*sheol*)이 당신의 부활로 기쁨의 환호를 질렀습니다. 봉인된 모태가 당신을 잉태하였고, 봉합된 저승이 당신을 낳았습니다. 자연 질서를 거슬러, 모태는 잉태하였고, 저승은 다시 돌려주었습니다. 죽은 이를 맡아 지키도록 되어 있던 무덤은 봉인되어 있었고, 어떤 남자도 알지 못했던 모태는 순결하였습니다. 동정 모태와 봉인된 무덤은 마치 나팔처럼 귀먹은 백성들의 귀에 외쳤습니다. 봉인된 모태와 봉해진 돌은 모함자들 가운데 놓여 있었습니다. 그들은 잉태를 비방하며 말하였습니다. '남자의 씨앗이다!' 또한 부활을 두고는 말하였습니다. '사람들이 훔쳐 갔다!' 그러나 봉인과 봉합은 이러한 비방을 반박하고, 당신이 하늘에 속한 분이심을 확증하였습니다."[6]

요약하자면, 마리아가 생명의 문을 통해 삼위일체 안으로 들어간다는 것은, 그녀가 이미 살아 계신 분의 어머니임을 미리 드러내는 것이다.

마리아와 성령

어머니로서의 마리아는 하느님 아버지의 인간적 형상이며, 딸로서의 마리아는 영원한 아드님의 창조된 형상이다. 그렇다면 마리아와 성령 사이의 결합을 표현하기 위해 우리는 어떤 말을 사용할 수 있는가? 어떤 의미에서 마리아는 성령의 '형상'이라고 말할 수 있는가? 바로 마리아를 관상함으로써, 우리는 바오로 6세가 새롭게 요청하였던 성령에 대한 그 주의 깊은 관심의 필요성을 깨닫게 된다. 그것은 성령에 대한 쇄신된 연구와 새로운 공경(culto)에 대한 요청이었다.[7] 연구와 공경은 함께 나아가야 하며, 그래야만 공경 안에서 신비를 존중하는 '신학'이 탄생할 수 있기 때문이다.

탄생 예고 때 천사는 마리아에게, 그녀에게서 태어날 이는 거룩하신 분이며 하느님의 아드님이시고, 그분은 성령으로 인하여 그녀에게서 태어날 것이라고 말했다. 성령께서는 아드님의 신적

6) Efrem il Siro, *Inni sulla Natività*(성탄 찬미가) X, 6~9, tr. it. in Id., *Inni sulla Natività e sull'Epifania*(성탄 찬미가와 공현 찬미가), a cura di I. de Francesco, Paoline, Milano, 2003, pp.259~261.

7) 수요 일반 알현(1973.6.6.). 이 발언은 교황 요한 바오로 2세가 성령에 관한 회칙 「생명을 주시는 주님」(*Dominum et vivificantem*) 제2항에서 언급하고 있다. AAS 9, LXXVIII, 2.IX. 1986, 819.

본성을 낳으신 것이 아니라, 인간적 본성이 그분을 받아들일 수 있도록 개입하신 것이다. 성령의 활동으로 말미암아, 하느님께서 동정 마리아를 통하여 사람이 되실 수 있었던 것이다. 그러므로 성령의 작용으로 비로소 신적 본성을 받아들이는 것이 가능해진다. 바로 이것이 우리가 마리아 안에서 관상하게 되는 바이다.

> "그 어떤 언어로도 말할 수 없고, 그 어떤 인간의 지성으로도 헤아릴 수 없는 위대하고도 신적인 일입니다. 우리의 본성은 〔마리아 안에서〕 신화되었고, 그분〔성령〕을 통하여 더 높은 운명으로 오를 수 있게 되었습니다. 〔…〕 이 일은 거룩한 천사들과 인간들에게 본질적으로 알려지지 않은 신비로 남아 있습니다. 〔…〕 이는 알려야 할 신비가 아니라 믿어야 할 신비이며, 탐구해야 할 신비가 아니라 경배해야 할 신비입니다. 그리고 오직 성령을 통해서만 믿을 수 있는 신비입니다. 성령 안에서가 아니면 아무도 '주님'이라 고백할 수 없으며, 우리는 오직 성령 안에서만 경배하고 기도할 수 있습니다."[8]

연구와 신심(devozione) 사이에 반드시 존재해야 할 연관성에 대하여 바오로 6세가 말한 바를 다시 상기한다면, 마리아와 성령 사이의 결합의 신비는 고백되는 신앙에 더 합당한 언어로 표현되어야 한다. 예를 들어, 신심 행위 중에 흔히 사용되는 표현인 '성령의 배필 마리아'(Maria sposa dello Spirito Santo)는 그리스도론

---

8) Gregorio Palamas, *Omelia*(강론) 14, 1, *Annunciazione a Maria*(탄생 예고), tr. it. in Id., *Abbassò i cieli e discese*(하늘을 낮추시고 내려오심), Qiqajon, Bose, 1999, pp.86~87.

적 관점에서 완전히 적절한 표현이라고 볼 수 없다. 왜냐하면, 성령과 성자는 신성 안에서 동일한 신적 위격이며, 두 분 모두의 유일한 근원은 성부이시며, 성부로부터 아들은 '낳음'(*generatio*)으로, 성령은 '발출'(*processio*)로 기원되기 때문이다. 그렇다면 육화의 신비 안에서 성자와 성령은 어떤 관계를 맺고 있는가? 마리아를 '성령의 배필'이라 부를 때, 성령이 예수님의 아버지인 것처럼, 또는 성자의 신성이 성령으로부터 비롯된다는 이해를 피해야 한다. 왜냐하면 예수의 세례 때 있었던 '기름부음'은 그분의 메시아성과 관련된 것이지, 그분의 신성과 관련된 것이 아니기 때문이다.[9)]

사실상 마리아와 성령 사이의 관계에서 파생되는 모든 함의가 아직 충분히 도출되지 못하였다. 이는 성령론의 결핍 때문이며, 이 결핍은 인간학에도 중대한 결과를 초래하고 있다. 신심과 신앙을 결합할 때, 우리는 마리아 안에서 찬란히 빛나는 '혼인 예복'의 아름다움과, 천상 잔치에 들어가신 그분의 대관식을 노래할 수 있다. 이와 관련하여 이집트의 마카리우스(Macarius Aegyptius)는 다음과 같이 말한다.

> "그리스도께서 말씀하신 거룩한 비유(마태 22,11 참조) 속의 혼인 예복은 성령의 은총이며, 이 예복을 입기에 합당한 자는 천상

---

9) "요르단 강에서 세례를 받은 예수(루카 3,22)는 자신의 메시아적 사명을 수행하기 위해 '기름부음'을 받았으며(사도 10,38; 루카 4,18), 하늘에서 들려온 한 음성은 그분을 아버지께서 사랑하는 아들이라고 선언하였다(마르 1,10)." Commissione Teologica Intemazionale, "Alcune questioni riguardanti la cristologia"(그리스도론과 관련된 몇 가지 문제들), *Documenti 1969-2004*, Studio Domenicano, Bologna, 2006, p.190.

혼인 잔치와 그 영적인 만찬에 참여하게 될 것입니다."[10]

성령에 대한 보다 진정한 영화로움(신학적 의미에서도)은 하느님의 어머니에 대한 더욱 깊은 공경심을 불러일으킬 수 있으며, 그녀에게 바쳐진 교의들에 대해 보다 삼위일체적인 이해로 나아갈 수 있게 한다. 제2차 바티칸 공의회는 마리아를 '중개자'(mediatrice)로 언급하며, "그녀가 하늘에 올라간 후에도 이 구원적 역할을 중단하지 않았다"[11]고 제시한다. 그리고 다음과 같이 분명히 선언한다.

> "그러나 이는 그리스도 곧, 유일 중개자의 존엄성과 효력을 훼손하거나 보태는 방식으로 이해되어서는 안 된다. 실제로 어떤 피조물도 육화하신 말씀과 구원자이신 분과 견줄 수 없다. 하지만 그리스도의 사제직이 거룩한 직무자들과 신실한 백성 안에서 다양한 방식으로 참여되듯이, 하느님의 유일한 선하심이 다양한 방식으로 피조물 안에 실제로 나눠진다, 그렇게 구원자의 유일한 중개는 피조물 안에 다양한 협력을 배제하지 않고 오히려 불러일으킨다. 이는 하나의 근원에서 비롯된 참여적 협력이다."[12]

구원에 대한 협력 또는 참여는 '공동 협력 작용'(sinergia)이라는 말로 표현할 수 있다.

---

10) Macario l'Egiziano, *Parafrasi di Simeone Metafraste*(시메온 메타프라스테스 주해) 98, in *Filocalia* III, 318.

11) *Lumen Gentium* 62.

12) *Lumen Gentium* 62.

> "이 용어는 교부 신학의 고전적 개념으로, 문자 그대로는 '함께하는 작용' '결합된 에너지'를 의미한다. 이 표현은 신앙의 관점에서 볼 때, 인과성(병렬적 또는 종속적)이라는 이성적 범주를 넘어, 그리스도 안에서 그리고 그리스도인의 삶 안에서 이루어지는 하느님과 인간 사이의 결합이 지니는 전대미문의 새로움을 설명하고자 한다. 성령의 모든 활동은 그리스도 안에서 인간과 함께하는 '공동 협력 작용' 안에서 이루어진다."[13]

성령의 선물로 말미암아, 거룩함을 살아가는 모든 피조물은 은총을 통해 그리스도의 구원에 실제적으로 참여한다. 모든 성인(聖人)에게 이러한 진리가 해당되는 만큼, 동정녀 마리아에게도 적용된다. 따라서 교의적 인간학의 관점에서 볼 때, 은총 안에서 구원의 공동 협력(co-operazione)에 대해서 말하는 것은 타당하다. 그러나 문제는, '교회적 합의의 성숙함'을 감안할 때, 이 측면을 보다 깊은 교의적 정밀함으로 정의하기 위한 교의적 규정(ordine dottrinale)이 필요한지, 필요하다면 그것이 어떤 것인지 묻는 데에 있다. 이를 교회 일치적 차원에서도 이해해야 하는데, 곧 하느님의 어머니에 대한 동방과 서방의 공통된 공경심을 고려하면서 말이다.[14]

---

13) Corbon, p.33, 각주 4.

14) S. Bulgakov, S. Bulgakov, *Il roveto ardente. Aspetti della venerazione ortodossa della Madre di Dio*(불타는 떨기나무. 하느님의 어머니에 대한 동방 정교회의 공경의 측면) tr. it. (or. russo Paris, 1927) San Paolo, Cinisello Balsamo, 1998. 마리아 공동구속자(Co-redemptrix)에 관한 새로운 교의의 가능성과 관련하여, 정교회 신학자 레나토 단티가(Renato D'Antiga)는 "교의적 규정의 필요성은 없다"고 기록하였으며(p.17), 가톨릭 신학자 스테파노 데 피오레스(Stefano de Fiores)는 "교회적 합의의 성숙 과정을 고려할 필요성"을 환기시켰다(p.247). 〔옮긴이 주〕 교황청 신앙교리부는 마리아의 일부 호칭에 관한 교리

그러므로 성령의 관점에서 인간학을 심화시킬 때, 마리아론과 교회론에도 추가적인 빛이 비추어진다.[15] 우리가 신적 본성에 참여하게 되는 것은 성령의 활동에 의한 것이며, 즉 교회성(ecclesialità)의 토대가 되는 그 친교에 대한 개방성 안에서 하나의 '인격화'(personalizzazione)가 성령을 통해 이루어진다. 성령을 받아들이는 이는 살아 있는 인간 안에서 하느님의 영광을 드러내며, 교회, 곧 하느님 나라를 건설한다.

마리아는 풍요로운 모성의 신비 안에서 성령과 교회와 결합되어 있다. 정교회 신학자 세르게이 불가코프는 모든 형태의 육화 안에서 성령의 모성적인 에피클레시스(*Epiclesis*, 청원) 작용이 존재한다는 점에서, 성령의 '위격적 모성'(maternità ipostatica)[16]에

공지 「충실한 백성의 어머니」(*Mater populi fidelis*, 2025.11.04.)를 통해 성모 마리아에 대한 몇 가지 호칭 사용 문제를 공식적으로 정리하였다. 이 문헌 22항에서는 "구속 사업에서 그리스도께 종속된 마리아의 역할을 설명해야 할 필요성을 고려할 때, 마리아의 협력을 정의하기 위해 '공동구속자'라는 호칭을 사용하는 것은 언제나 부적절하다(è sempre inappropriato)"고 명백히 선언한다. 문헌 19항에서는 '공동구속자' 또는 '모든 은총의 중개자'의 호칭이 지닌 의미가 충분히 명확하지 않을 뿐 아니라, 그 안에 담긴 교의 내용 역시 아직 성숙되지 않았음을 지적한다. 여기서 말하는 성숙의 결여란, 이 용어의 사용이 수많은 해석과 추가 설명을 요구함으로써 오히려 신학적 혼란을 초래하거나 잘못된 방식으로 사용될 위험이 있음을 의미한다. 정리하자면, 마리아가 구원 경륜 안에서 수행한 고유하고 실질적인 협력은 분명히 인정되어야 하지만, 이를 '공동구속자' 내지는 '모든 은총의 중개자'라는 호칭으로 규정하기에 교회적 합의가 충분히 성숙하지 않았기 때문에 그 표현들을 수용할 수 없다는 것이다. 이를 통해 우리는 올바른 성모 마리아에 관한 교의는 언제나 풍요롭고 정당하다는 사실과 함께, 교회적 합의의 성숙함에 따라 모든 표현이 반드시 교의적으로 적절하거나 필연적인 것은 아니라는 점 역시 분명히 확인할 수 있다.

15) Cf. J. Zizioulas, "Il mutamento di collocazione nella prospettiva escatologica"(종말론적 전망 안에서 위치의 변화), *Cristianesimo nella storia* 5(1984), pp.119~130.

16) S. Bulgakov, *Capitoli sulla trinitarietà*(삼위일체성에 관한 단락들), tr. it. (or. russo Praha, 1925) P. Coda, *Sergej Bulgakov*(세르게이 불가코프), Morcelliana, Brescia, 2003, p.162.

대해 말하였다.

"성령께서 동정녀 위에 내려오실 때, 우리는 그리스도의 탄생을 맞이하게 된다. 성령께서 오순절에 사도들 위에 내려오실 때, 우리는 그리스도의 몸인 교회의 탄생을 맞이하게 된다. 성령께서 빵과 포도주 위에 내려오실 때, 그것들을 우리 주님의 살과 피로 변화시키신다. 또한 성령께서는 세례받은 모든 이를 그리스도의 지체로 변화시키신다. 〔…〕 성령께서는 시간을 통해 일하시며, 역사의 몸을 하느님 나라의 몸으로, 즉 어린양으로 변화시키신다."[17]

마리아는 풍요로운 동정성이라는 관점에서도 성령과 교회와 결합되어 있다. 실제로 성령은 사랑이자 동정의 풍요로움으로 찬미될 수 있다. 원죄 없으신 동정녀 위에 티 없으신 성령께서 내려오셨다. 마리아는 은총으로 가득한 이, 지극히 거룩한 이(*Panaghia*)로서 "하느님의 본성에 참여한 이"(2베드 1,4), "세상 창조 이전에 사랑 안에서 당신 앞에 거룩하고 흠 없는 존재가 되도록 선택된 이"(에페 1,4 참조), "그리스도 안에서 하늘에서 온갖 영적인 축복으로 복 받은 이"(에페 1,3 참조)이다. 이러한 선택과 뽑힘은 모든 피조물에게 해당되지만, 죄 이후의 역사 안에서 마리아는 아드님에 의해 구원된 인류를 예표한다. 마리아가 살아 낸 순종은 하느님의 계획에 합당하다. 하와가 불순종함으로써 자신과 온 인류에게 죽음의 원인이 되었듯이, 마리아는 순종함으로써 자신과

17) P. Evdokimov, *La donna e la salvezza del mondo*(여성과 세상의 구원), tr. it. (or. fr. Tournai-Paris, 1958) Milano, 1989, pp.223~224.

온 인류에게 구원의 원인이 되었으며,[18] 피조물에 대한 하느님의 본래 계획을 드러냈다.

마리아는 하느님의 완전한 모상으로 창조된 피조물이며, 신적 위격들과의 친교 안에서 그 모상을 완전히 실현한 존재이다.[19] 마리아는 하느님께서 인간 피조물을 위해 바라셨던 바를 온전히 실현한 충만한 모상의 전형이다.[20] 따라서 거룩한 동정녀이신 마리아는 종말에 부활하게 될 인류의 예표이다. 이러한 이유로, 마리아는 단지 자기 자신만을 대신하여 "예"라고 응답한 것이 아니라, 전 인류를 대표하여 응답한 것이다.[21] 또한 마리아는 구원받은 인격으로서, 창조를 통해 교회적 존재가 되도록 부름 받은 소명을 어떻게 실현하는지 보여 준다. 마리아는 "인격으로서의"[22] 교회이며, 이미 온전히 교회적 인격(persona ecclesiale)이다. 이 때문에 우리는 기도와 신심 안에서 마리아의 "예" 안에 포함되고, 그 안에서 "예표"(prefigurati)되어 있다고 믿는다. 또한 우리는 그녀의 거룩함의 열매를 함께 누릴 수 있다고 믿는다. 성 베르나르두스는 마리아의 '예'로부터, 곧 그분의 "말씀에 모든 아담의 자녀들의 위로와 〔…〕 구원이 달려 있습니다"[23]라고 서술했

18) Cf. AH III, 22,4〔I. 331〕.

19) "창조 교의는 〔…〕 인간 인격들이 본질적으로 공동체 안에서, 곧 신적 위격들의 공동체를 반영하는 존재로 창조되었음을 우리에게 알려 준다." J. Galot, *La Personne du Christ*(그리스도의 위격), Duculot-Lethielleux, Paris, 1969, pp. 51~52.

20) Cf. C.M. Martini, *Per una Chiesa che serve. Lettere, discorsi e interventi. 1993*(봉사하는 교회를 위하여. 편지, 담화, 발언들. 1993), EDB, Bologna, 1994, p.541.

21) Cf. H. Mühlen, *Una mystica Persona*(신비적 위격), tr. it. (or. tedesco Schöning, Paderbom, ^{2}1967) Città Nuova, Roma, 1968, p.225.

22) Cf. J. Ratzinger / H.U. von Balthasar, *Marie Mère de l'Eglise*(마리아, 교회의 어머니), Médiaspaul et Paulines, Paris, 1987, p.20.

다. 왜냐하면 이것이 바로 구원 경륜이기 때문이다. 즉, 위로자이신 성령의 능력으로 마리아를 아드님의 업적에 결합시키는 것이며, 이 업적은 "때가 차자"(갈라 4,4) 실현되었다. 그러므로 천사는 탄생 예고의 순간에

"장차 일어날 일을 예고한 것이 아니라, 보이지 않게 이루어지고 있는 것을 본 것입니다. 그리고 마리아가 신적 은총과 인간적 은총의 거처이며, 성령의 모든 은사로 장식되어 있음을 깨닫고, 참된 의미에서 그녀를 참으로 복되다고 선포하였습니다."[24]

끝으로, 교황 요한 바오로 2세의 말씀을 상기해 보자.

"마리아와 삼위일체가 맺고 있는 특권적인 관계는, 다른 모든 피조물을 훨씬 능가하는 존엄성을 그녀에게 부여한다. 〔…〕 이로부터 마리아의 특권들과 삼위일체와의 그 예외적인 관계가 지닌 참된 의미가 드러난다. 그것들은 마리아가 인류의 구원에 협력할 수 있도록 합당하게 만들어 주기 위한 목적을 가진다."[25]

---

23) "당신의 짧은 응답 하나로 우리를 치유하시고 다시 생명으로 이끌 수 있습니다. 자비로우신 동정녀여, 낙원에서 추방되어 눈물짓는 아담이 당신께 간청드립니다. 〔…〕. 온 세상이 당신 발치에 엎드려 그것을 기다리고 있습니다." Bernardo di Chiaravalle, *Lode alla Vergine Madre*(동정 마리아 찬가) 8, Città Nuova, Roma, 2003, p.67.

24) Gregorio Palamas, *Omelia* 14, 5 tr. it. in Id., *Abbassò i cieli e discese*, Qiqajon, Bose, 1999, p.91.

25) Giovanni Paolo II, *Maria in prospettiva trinitaria*(삼위일체적 관점에서 본 마리아), Catechesi 10.I.1996, in *Insegnamenti di Giovanni Paolo II*(요한 바오로 2세의 가르침), XIX, 1, 1996, LEV, Città del Vaticano, 1998, p.48.

성부를 계시하시는 성자의 모습이 비친 마리아

"사랑스럽고 신비로운 삼위일체, 곧 성부와 성자와 성령과 이토록 깊은 관계를 맺은 이는 과거에도 없었고 앞으로도 없을 것이라는 점은 부인할 수 없다. 이 형언할 수 없는 이 세 실재 각각은 저마다 다른 방식으로 마리아 안에 당신과 닮음의 흔적을 새겨 놓았다. 삼위의 이러한 친밀함 덕분에, 마리아는 모든 피조물 가운데에서 유일무이한 존재가 되었고, 영원히 그러하다."[26)]

마리아는 아드님의 어머니로서 아버지를 반영하는 분이다. '아드님의 어머니'로서 마리아는 '성부의 특별히 사랑받는 딸'이며, 이는 전적으로 유일한 방식이다. "그녀의 모성과 신적인 부성 사이에는 아주 특별한 닮음(somiglianza)이 허락되었다."[27)] 모성은 생명을 낳고 기르는 인간적 방식이며, 부성은 '모성적으로' 존재하는 신적인 방식이다. 따라서 마리아는 성부로부터 나신 아드님의 선재성 덕분에 어머니가 된다. 다시 말해, 마리아가 예수를 아드님으로 만드는 것이 아니라, 성자이신 그분이 마리아를 어머니가 되게 하신 것이다. 아드님께서는 하느님이시기 때문에, 당신의 현존으로 그녀를 정화하시며, 그녀를 성부와 닮게 만드시어 어머니가 되게 하신 것이다. 교부들은 이 신비를 다음과 같이 분명하게 이야기한다. "주님의 어머니가 될 수 있도록 아버지의 뜻을 이루어 주십시오."[28)] 이는 예수의 말씀 그대로, 하늘에 계

---

26) J. Guitton, *La Vergine Maria*(동정녀 마리아), Boria, Torino, 1964, p.195.

27) Giovanni Paolo II, *Maria in prospettiva trinitaria*(삼위일체적 전망 안에서 마리아), cit., p.48.

28) Ambrogio da Milano, *Commento ai Vangelo di Luca*(루카 복음 해설), X,

신 내 아버지의 뜻을 실행하는 사람이 내 형제요 누이요 어머니이기 때문이다. 피조물의 생명 생산력(fecondità)은 그녀의 동정성, 곧 하느님의 뜻을 실현하려는 능력에서 비롯된다. 이는 자녀로 살아갈 때, 곧 자녀로서 낳아지기 때문이다. 아드님은 십자가 위에서 우리에게 마리아를 주심으로써, 우리를 어머니의 자녀로 삼으신다. 그분이야말로 우리를 아버지의 자녀로 낳으신다. 아드님은 어머니를 통하여 사람이 되셨고, 인간 본성을 신화하시어 '자녀적' 본성으로 만드셨다. 피조물을 생명의 신비에 결합시키는 것은 아버지이시며, 창조주이신 하느님의 신비에 합당하다. 그러므로 마리아는 무엇보다 먼저 아버지의 "딸"이었기에 어머니가 되었고, 딸로서 아드님을 낳을 수 있었다. 반대로, 그녀가 시간 안에서 태중에 잉태한 아드님의 영원한 출생은, 그녀를 어머니이기 이전에 딸이 되게 한다.

우리 신앙의 위대한 신비가 여기에 있다. 자녀로 살아가면서 생명을 낳는다는 것이다. 마리아는 창조된 존재이자 딸로서의 소명에 충실함으로써 어머니가 되었다. 따라서 하느님의 모상으로 창조된 마리아는 성부의 완전한 '모성적 이콘'[29]이다. 마리아는 신적 위격이 아니라, 은총이 가득한 피조물이며, 그 때문에 '하느님의 광채'[30]라 불린다. 신화란 하느님의 주도권과 활동, 하느님의 선물, 하느님과의 공동 협력을 강조하는것이다. 그렇기에 신화는 관계의 완성이며, 은총의 찬란함이다. 반면에 신적 위격이 된

24.

29) Cf. B. Forte, *Maria, la donna icona del Mistero*(마리아, 신비의 이콘인 여성), San Paolo, Cinisello Balsamo, ^{3}1996, pp.200~212.

30) Gregorio Palamas, *Centocinquanta capitoli*(150장 논문) 92, in *Filocalia* IV, p.112.

다는 것은 오직 성부·성자·성령만이 그러하듯, 신적 관계의 '근원'이 되는 것을 의미한다. 하느님의 어머니이신 마리아는 하느님이 아니라, 은총으로 신화에 이른 피조물이다. 따라서 우리는 마리아가 하느님의 구원 역사에 참여한 '행위 차원의 공동 협력'을 성령과 존재론적 차원의 일치 또는 위격적 일치로 치부해서는 안 된다.[31] 이것이 바로 네스토리우스가 겪은 어려움이었다. 그는 신화된 피조물과 신적인 위격을 구별하지 못했고, 테오토코스라는 칭호의 지지자들을 향해 다음과 같이 비판했다. "그들은 동정녀이며 그리스도의 어머니(*Christotokos*)인 마리아를 마치 하느님과 동일시하려 하며, 거의 신적인 존재로 만들어 버린다."[32]

마리아는 '창조하는 말씀의 신비'를 다시 드러낸다. 그녀가 "예"라고 말하자,

> "그 말씀에 따라 그 일이 이뤄졌습니다. 그리고 말씀이 사람이 되셨습니다〔…〕. 그리고 하느님께 응답을 드린 뒤에, 그녀는 거기서 바로 하느님 자신의 육신을 창조하는 성령을 받아들였습니다. 다윗이 말했듯이, 그 목소리는 능력의 음성이었습니다. 어머니의 언어로 말씀이 빚어졌고, 피조물의 음성으로 창조주가 만들어졌습니다. 하느님께서 '빛이 생겨라' 하시자, 바로 빛이 생긴 것처럼, 동정녀의 목소리에 참된 빛이 솟아 올랐습니다. 그리고

---

31) Cf S. De Fiores, "Maria persona relazionale a Dio secondo Bérulle e Montfort"(베륄과 몽포르에 따른 하느님께 관계적 인격으로서의 마리아), in *Theotokos* 2(2007), p.382.

32) Nestorio, *Lettera a papa Celestino*(켈레스티누스 교황에게 보낸 서한), dell'anno 439, in F. Loofs, *Nestoriana. Die Fralmente des Nestorius*(네스토리우스. 네스토리우스의 단편들), Halle, 1905, p.167.

그분은 육신과 결합하셨고, **세상에 오는 모든 사람을 비추시는** 분으로 낳아졌습니다. 오, 거룩한 음성이여! 오, 능력 있는 말씀의 위대함이여! 오, 온 세상을 불러 모으는 복된 혀여! 오, 몇 마디 말로 우리를 위하여 선의 풍요로움을 부어주는 마음의 보화여! 이 말씀들은 땅을 하늘로 만들었고, 저승에서 죄수들을 비워냈으며, 사람들로 하늘을 가득 채웠고, 천사들을 인간과 결합시켰으며, 천상과 지상의 종족이 함께 춤추게 하였습니다. 그 중심에는 이들과 함께 존재하시는 동시에 되신 분이 계십니다. 이 모든 일들에 대하여, 우리가 당신께 어떤 감사로 보답할 수 있겠습니까? 그러나 우리 가운데 그 누구도 당신을 합당하게 부를 수 없다면, 우리는 당신을 어떻게 불러야 하겠습니까? 우리의 말은 보이는 현실에서 비롯되지만, 당신은 온 우주의 크기를 넘어 무한히 초월해 계시기 때문입니다. 만일 말이 필요하다면, 그것은 천사들의 일, 케루빔의 지성, 불의 혀들의 몫일 것입니다. 그러므로 우리의 능력이 허락하는 한에서, 가능한 만큼 당신의 위대함과 우리를 위한 구원을 기억하고 찬미한 뒤에, 우리는 천사의 음성을 찾을 것입니다. 그리고 가브리엘의 인사로 마무리합니다. 은총이 가득한 이여, 기뻐하여라. 주님께서 너와 함께 계시다. 그리고 당신께 청합니다. 주님께서 우리 안에 머무실 수 있도록 우리도 준비시켜 주십시오. 그리하여 우리가 단지 말만 하는 것이 아니라, 당신께서 낳으신 그분과 당신의 영광을 찬미드릴 수 있는 삶을 살아갈 수 있도록 해 주십시오. 그분께는 영광이 세세에 이르기까지 합당하나이다. 아멘!"[33]

---

33) Nicola Cabasilas, "Omelia sull'Annunciazione della Santissima Madre di Dio"(지극히 거룩하신 하느님의 어머니의 탄생 예고에 관한 강론) II, 10, in

시리아의 에프렘이 제안하듯이, 마리아는 우리에게 세례가 무엇을 의미하는지 보여 준다.

> "당신을 잉태한 그녀의 태중에 불과 성령이 있었고,
> 당신이 세례를 받으신 강물 안에 불과 성령이 있었으며,
> 우리의 세례 안에도 불과 성령이 있습니다."[34)]

우리가 받은 세례란 무엇인가? 그것은 마리아가 충만하게 살아 낸 그 현실로 우리를 초대하는 성사가 아니고 무엇이겠는가? 세례를 받은 이의 하느님께 대한 봉헌은 "세례의 삼위일체에서 직관의 삼위일체로"[35)] 나아가는 여정 안에서 전개된다. 이는 세례받은 이를 하느님과의 친밀한 관계 안으로 들어가게 한다. 시리아의 에프렘은 "구원받고 세례받은" 마리아가 아들을 향해 고백하는 모습을 이렇게 묘사한다.

> "다윗 가문의 사람으로서 나는 당신에게 누이입니다.
> 다윗은 우리에게 두 번째 아버지와도 같으신 분입니다.
> 당신을 잉태한 이유로 나는 어머니입니다.
> 당신의 정결함으로 인해 나는 당신의 신부입니다.
> 당신께서 값을 치른 피와 세례받은 물로 인해 나는 당신의

Id., *La Madre di Dio. Tre omelie mariane*(하느님의 어머니. 마리아에 관한 세 편의 강론), Abbazia di Fraglia, Fraglia, 1997, pp.118~120.

34) Efrem il Siro, *Inni sulla fede*(신앙 찬가) X, 17, tr. it. di S. Brock in Id., *L'occhio luminoso. La visione spirituale di sant'Efrem*(빛나는 눈, 성 에프렘의 영적 비전), Lipa, Roma, 1999, pp.106~107.

35) M. Philippon, *La Très Sainte Trinité et l'Eglise*(지극히 거룩하신 삼위일체와 교회), Cerf, Paris, 1966, p.291.

딸이자 종입니다."[36]

마리아의 경험 안에서 창조의 질서와 구원의 질서는 일치한다.

"〔…〕 동정 마리아, 오직 그녀만이 창조된 본성과 창조되지 않은 본성 사이의 경계선입니다. 그리고 하느님을 아는 이들은 그녀를 어떤 공간도 담아낼 수 없는 분이 머무신 장소로 알아보게 될 것입니다. 또한 하느님을 찬미하는 이들은, 하느님 다음으로 그녀에게 찬미의 노래를 드릴 것입니다〔…〕. 〔마리아〕는 자신보다 앞선 모든 것들의 원인이며, 자신 이후에 올 모든 이들의 주권자이십니다. 그녀는 우리에게 영원을 가져다주시는 분이십니다. 〔…〕 그녀는 땅 위에 있는 모든 것들의 영광이며, 하늘에 있는 모든 것의 기쁨이고 모든 피조물의 장식입니다. 그녀는 하늘에서 우리를 위해 존재하는 희망의 시작이며 근원이요 뿌리입니다. 우리는 그녀의 전구로 그 희망에 이를 수 있기를 청합니다. 그 희망은 세상이 시작되기 이전에 성부로부터 나신 분이자, 마지막 때에 그녀에게서 육신을 취하신 우리 주 예수 그리스도의 영광을 위한 것입니다."[37]

---

36) Efrem il Siro, *Inni sulla Natività* XVI, 10, tr. it. in Id., *Inni sulla Natività e sull'Epifania*, a cura di I. de Francesco, cit., pp.259~261.

37) Gregorio Palamas, *Omelia* 14, 8(*Annunciazione a Maria*), tr. it. in Id., *Abbassò i cieli e discese*, Qiqajon, Bose, 1999, pp.95~96.

제 7 장

교의와 경험 사이의 종합적 인간학

인간학을 위한 새로운 맥락

지금까지의 여정에서 우리가 마지막으로 다루게 될 인물은 카시아누스이다. 그는 4~5세기까지 교부들과 신학자들에게서 발견되는 공의회 교의 문헌과 그리스도인 삶을 위한 실천적 저술 사이의 결속을 특별한 방식으로 종합한다. 그는 장차 교황이 될 당시의 레오 부제의 요청에 따라, 네스토리우스주의 이단을 반박하기 위한 목적으로 육화에 관한 논문을 집필했으며, 이 작품은 여러 제목 중 하나로 『네스토리우스 반박』(*Contro Nestorio*)이라는 이름을 갖는다. 그러나 카시아누스는 영적인 삶의 실천적인 측면에 대해 수도자들을 대상으로 한 훨씬 더 잘 알려진 두 저작 『규정집』과 『담화집』을 집필하였다. 이후 수도원이 사회 안에서 차지하게 될 중요성을 고려할 때, 이 두 작품은 결과적으로 유럽 내 그리스도교 의식 형성에 간접적인 영향을 미쳤다.

카시아누스는 자신의 시대에 벌어진 교의 논쟁에 적극적으로 관여했으며, 네스토리우스주의 논쟁과 그에 못지않게 복잡한 펠라기우스주의 논쟁에도 즉각적으로 입장을 취했다. 이 두 논쟁은 그리스도론적이면서 동시에 인간학적인 문제였다. 네스토리우스는 한 피조물(동정 마리아)이 '하느님의 어머니'라고 불릴 수 없다고 주장했다. 반면 펠라기우스는 피조물의 존엄성, 즉 인간이 죄에 의해 미리 규정되지 않았으며, 하느님을 받아들일 수 있는 능력을 지니고 있다고 주장하였다. 하느님께서 한 피조물 안에 육화하신다는 교의적 선언은, 그 육화를 가능하게 한 마리아의 내부적 조건들에 대한 질문을 불러일으키게 된다. 결국 교회는 결국 마리아가 원죄 없이 잉태되었으며, 죄가 없다고 선언하였다. 다시 말하면, 그녀의 인격 안에서 죄가 단 한 번도 발현되지 않았다는 것이다. 하지만 펠라기우스주의자들이 피조물의 '무죄성'(*impeccantia*), 즉 인간이 오직 자신의 힘만으로 죄를 피할 수 있다고 주장할 때, 그 주장은 즉시 이단으로 단죄되었다.[1)] 그렇다면 어떤 인간관을 기반으로 하여, 마리아가 하느님께서 창조하신 인간 존재와 전혀 무관하지 않은 진리임을 말할 수 있을까? 곧, 어떻게 인간이 하느님을 받아들이고 사랑할 수 있는 존재라는 사실을 말할 수 있을까? 이 질문은 명백히 인간학적이다. 즉, 이 질문은 어떤 은총과 어떤 인간 본성 개념에 비추어, 인간 피조물로서의 마리아가 어떻게 하느님의 아드님을 동정으로 낳은 어머니가 될 수 있었는지를 묻는 것이다.

카시아누스가 살았던 시대에는 펠라기우스주의의 주장에 맞서 은총에 대한 아우구스티누스의 입장이 확고히 자리 잡아 가던 시기였다. 인간학의 관점에서 볼 때 "아우구스티누스는 결정

1) Cf. Ladaria, *Antropologia*, pp.258~264.

적인 전환을 이룬 인물인데, 이는 언어적 차원에서도 드러난다. 그는 인간의 원초적인 타락의 상태를 설명함에 있어 '죄'라는 개념을 사용하기 시작하면서 새로운 국면을 열었다."[2]

아우구스티누스의 유산을 계승한 라틴 전통의 인간학은 원죄와 자유 의지를 둘러싸고 제기된 문제들에 몰두하게 되었던 반면, 그리스 전통은 하느님의 모상으로서의 인간학에 뿌리를 두고 있었다. 이는 성령의 선물을 통해 신적 생명으로 부름받은 인간에 대한 이해이며, 신화로서의 구원이라는 주제를 선호하는 인간학이다.[3] 하느님의 선물의 속성은 그분 자신을 내어 주는 사랑이다. 즉, 하느님은 사랑이시다. 그리고

> "그 사랑은 단지 하느님 안에만 존재하는 것이 아니라, 우리 안에도 존재한다. 은총은 하느님의 창조적인 사랑이 인간 존재 안에 현존하는 것이며, 그 존재의 가장 깊은 곳에서부터 인간을 새롭게 한다."[4]

여러 전통을 자신 안에 통합한 수도자

카시아누스는 스키티아 출신으로(*natione Scytha*) 그리스 문화

---

2) A. Scola, "Lo stato originario e il peccato originale"(태초의 상태와 원죄), in A. Scola / G. Marengo / J. Prades López, *La persona umana, antropologia teologica*(인간 인격, 신학적 인간학), Jaca Book, Milano, 2000, p.226.

3) Cf. M. Tenace, *Dire l'uomo*. Vol. II: *Dall'immagine alla somiglianza di Dio, la salvezza come divinizzazione*, Lipa, Roma, 2005.

4) Ladaria, *Antropologia*, p.343.

권에서 교육을 받았지만, 라틴어 사용자들을 위해 라틴어로 글을 남겼다. 그는 예루살렘의 키릴루스(†387), 시리아의 에프렘(†373), 카이사리아의 바실리우스(†379경), 나지안주스의 그레고리우스(†389/390), 니사의 그레고리우스(†395경), 요한 크리소스토무스(†407)와 같은 위대한 교부들의 동시대 인물이었다. 그는 이집트 사막에서 수도 생활을 하며, 대(大) 마카리우스(†390)와 에바그리우스(†399)가 활동하던 환경 안에서도 생활하며 그 문화와 접촉할 수 있었는데, 이는 그의 저작에서도 확인된다.[5] "그는 두 세기, 두 세계, 곧 서방과 동방의 아들이다."[6] 뿐만 아니라 그는 다양한 삶의 양식을 아우르는 인물이기도 하다. 이집트 사막에서의 경험으로 풍요로워진 그는, 공동체 생활을 하는 수도자들에게 사막의 은수자들의 삶을 소개해 준다. 그는 문자 그대로 유럽이라는 개념이 생기기 이전, 유럽의 상징적 인물이라 할 수 있으며, 그리스어, 라틴어, 시리아어를 구사할 수 있었다. 그 모습이 더 매력적인 이유는, 신중함과 균형 감각 덕분에 펠라기우스주의의 주장들에 동의하지 않으면서도, 아우구스티누스의 은총과 자유 의지에 대한 모든 주장에 동의하지 않았기 때문이다.[7] 그로 인해, 아우구스티누스의 제자들로 구성된 그룹은 그에게 펠라기우스주의

---

5) Cf. S. Marsili, *Giovanni Cassiano ed Evagrio Pontico: dottrina sulla carità e contemplazione*(요한 카시아누스와 폰투스의 에바그리우스. 애덕과 관상 교의), *Studia Anselmiana* 5, Roma, 1936.

6) P. Ernetti, "Introduzione"(서론), in Giovanni Cassiano, *Istituzioni dei cenobiti e rimedi contro gli otto vizi capitali*(공주 수도승들의 규정과 여덟 가지 주요 악덕의 치유), Padova, 1956, p.XIV.

7) Cf. S. Taranto, "Giovanni Cassiano e Agostino: la dottrina della grazia"(요한 카시아누스와 아우구스티누스. 은총론), in C. Badilita - A. Jakab(edd.), *Jean Cassien entre l'Orient et l'Occident*(동방과 서방 사이의 요한 카시아누스), Beauchesne, Paris, 2003, pp.65~132.

혐의를 제기하였고, 이러한 비난은 그의 이름 위에 끝내 지워지지 않는 그림자처럼 남게 되었다.

그가 제기한 논의의 쟁점은 매우 섬세했다. 그것은 바로 '예정'(predestinazione)과 '믿음의 시작'(*initium fidei*)이라는 표현이다. 카시아누스는 은총을 다루는 제13담화에서 이 표현을 언급하며, 구원을 향한 방향 설정과 관련하여, 인간과 그의 자유에 귀속되는 내적 움직임이나 행위를 가리키는 데 사용한다.

극단적인 아우구스티누스주의는, 인간에게 은총을 베푸시는 하느님의 절대적인 자유 안에서 구원과 저주라는 이중의 예정이 존재한다고 주장하는 듯 보였다. 이에 대한 수도자들과 카시아누스의 반응은 충분히 이해할 만하다. 왜냐하면 만일 예정이 그렇게 이해된다면, 인간은 자신의 구원에 자신이 참여하고 있다는 감각을 상실하게 되어, 한편으로는 낙담하거나 다른 한편으로 자기 삶의 의지에 아무런 의미를 두지 않게 될 수 있기 때문이다. 따라서 우리는 동시에 다음과 같은 두 가지 사실을 말해야만 한다. 하느님께서는 사랑으로 모든 이의 구원을 자유롭게 원하신다(보편 구원의 의지). 반면에 인간은 자유롭게 자신의 구원을 받아들이거나 거부할 수 있으며, 그러므로 구원은 결코 강요되거나 기계적으로 이루어지는 것이 아니다.[8] 이 두 신앙의 진리를 함께 유지함으로써, 우리는 다음과 같이 말할 수 있다. 구원받지 않도록 예정된 사람

8) 콜차니(Colzani)는 다음과 같이 쓴다. "만일 사람을 차별하지 않으시고 편애하지 않으시는 정의로운 하느님을 말하고자 하며, 단지 몇몇 선택된 이들만을 사랑하시는 것이 아니라고 한다면, 동시에 인간의 자유를 현실적으로 고려하고자 한다면, 아우구스티누스의 예정 개념 대신에 단순한 '신적 예지'(prescienza divina) 개념으로 대체하여야 할 것이다." G. Colzani, *L'uomo nuovo. Saggio di antropologia soprannaturale*(새로운 인간: 초본성적 인간학을 위한 시론), Leumann, Torino, 1977, p.72.

은 없지만, 구원에 이르도록 예정된 이들은 있다. 하느님께서는 우리를 사랑 안에서 당신의 자녀가 되도록 예정하셨기 때문에, 죄를 택한 자유는 인간을 '은총이 결여된'(dis-graziato) 존재로 만들어 버린다.

마르세유와 레렝스의 수도자들(massilienses 또는 galli)은 은총의 필요성도, 아담의 죄로 말미암아 "세상에 들어온"(로마 5,12) 죄의 결과가 지닌 심각성도 부정하지 않았다. 그러나 그들은 은총과 죄 모두를, 다음과 같은 인간학적 관점에서 설명한다. 즉, 죄인인 인간이라 하더라도 하느님의 모상으로 창조될 때 받은 은총을 상실하지 않았으며, 그로 인해 인간은 하느님의 선물인 '자유'를 긍정적으로 사용할 수 있는 능력을 지닌 은총을 여전히 소유하고 있다는 것이다. 죄인인 인간 안에 여전히 남아 있는 자유는, 은총에서 비롯된 '선의 불꽃'(scintilla di bene)을 일으킨다. 이 선의 불꽃은 전적으로 하느님의 공로이지만, 구원에 있어 필수적인 인간의 공로는 그 선의 불꽃을 하느님을 향해 자유롭게 사용하는 데에 있다.

> "하느님께서 인간을 죽음에 이르도록 창조하신 것이 아니라, 영원한 생명을 살도록 창조하셨다는 그분의 계획은 변함이 없습니다. 그분의 인자하심(benignità)은, 우리 안에서 선한 의지의 불꽃이 아주 작게라도 나타나는 것을 보시거나, 아니면 우리 마음의 딱딱한 돌에서 그분 자신이 그 불꽃을 일으키실 때, 그 불꽃을 지탱해 주시고, 굳세게 하시며, 그분의 영감으로 격려해 주십니다."[9]

그러므로 인간 안에는 선의 씨앗이 존재한다.

> "그러므로 같은 창조주께서 베푸신 은혜로운 선물로 말미암아, 모든 영혼(anima) 안에는 본성적으로 덕의 씨앗들이 존재할 수 없다는 의심은 배제됩니다. 그러나 이 씨앗들이 하느님의 도우심으로 자라나지 않는다면, 그 씨앗들은 결코 완덕에 이르기까지 성장할 수 없습니다. 왜냐하면 복된 사도의 말씀에 따르면, '심는 이나 물을 주는 이는 아무것도 아니고, 오로지 자라게 하시는 분은 하느님'이시기 때문입니다."[10]

이러한 입장으로 인해 이 수도자들은 구원의 주도권을 하느님께 돌리지 않는다는 비판을 받게 된다.[11] 르네상스 시대에 이르러, 루터에 의해 재조명된 아우구스티누스주의 이후, 이들은 '반(半)-펠라기우스주의자'(semi-pelagiani)라 불리게 된다.

수많은 이단적 경향이 교차하는 갈림길에 놓인 복잡한 상황

수많은 이단적 경향이 교차하는 지점에 위치한 카시아누스의 복합적인 입장을 평가하기 위해서는, 그의 영적인 인간학을 기준

---

9) *Conferenza* XIII, 7〔74〕.

10) *Conferenza* XIII, 12〔86〕.

11) Cf. J. Chené, "Que signifiaient 'initium fidei' et 'affectus credulitatis' pour les semi-pélagiens?"〔반(半)-펠라기우스주의자들에게 있어 '믿음의 시작'과 '믿으려는 경향'은 무엇을 의미했는가?〕, *Revue de Science Religieuse* 42(1948), pp.566~588.

으로 그의 신학이 지니는 정통성을 검토하는 것이 유익하다.

카시아누스의 삶은 당시 아주 미묘한 사건들과 갈등 속에 얽혀 있었다. 마니교는 여전히 많은 지식인에게 매력적인 사상으로 남아 있었고, 그들에게 있어 악은 선만큼이나 강력하고 강한 실체였다. 인간은 악에 의해 짓눌려 있는 존재로 여겨졌다. 카시아누스는 이러한 인간학적 비관주의로부터 거리를 두었으며, 동시에 펠라기우스주의자들의 낙관적인 인본주의로부터도 자신을 분리시켰다. 그러나 마니교도들과 펠라기우스주의자들로부터의 이러한 거리 두기가 그를 전적으로 아우구스티누스의 입장에 서게 하지는 않았다. 카시아누스는 인간이 하느님의 은총에 협력하도록 부름을 받았으며, 인간의 갈망이 하느님을 향할 때 그 협력이 이루어진다고 믿었다.

> "은총은 신학의 특정 주제가 아니며, 엄밀히 말해 어떤 '대상'도 아니다. 오히려 은총은 모든 신학적 대상을 특징지어지도록 하는 기풍이며, 신학의 여러 대상을 바라보는 관점, 더 정확히 말하자면 최종적이고 결정적인 전망이다. 그러나 지금 은총 교의에 부여된 고전적 맥락 안에서 '은총'은 하나의 '대상', 특정한 주제로 취급하게 되었다."[12)]

카시아누스는 자신의 저술 안에서 그리스 교부들의 그리스도론적이고 인간학적 종합을 담아냈다. 이들 교부들에 따르면 인간은 하느님의 '모상'을 결코 상실한 적은 없지만, 죄로 인해 그 모

12) O.H. Pesch, *Liberi per grazia*(은총으로 자유롭게 됨), Queriniana, Brescia, 1988, p.83.

상은 덮이고 망각되었으며, 그 결과 '닮음'은 상실되었다. 그러나 그 닮음은 성부의 참된 모상이자 닮음이신 그리스도 안에서 다시 발견된다. 육화의 은총, 곧 두 본성의 진리를 통해, 참하느님이시며 참인간이신 예수 그리스도 안에서 은총과 인간 본성의 존엄이 드러난다. 인간은 자신의 소명에 따라 단순히 원래 상태로 되돌아가는 것에 그치지 않고, 하느님의 자녀라는 지위에 이르러 외아들 예수 그리스도의 형상 안에서 점점 더 성장하도록 부름을 받는다. 인간의 행위와 선택은 구원을 가져다주지 않는다. 왜냐하면 오직 그리스도만이 구원하시기 때문이다. 그러나 그것들은 구원의 '신현'(*epifania*), 곧 구원이 드러나는 방식이다.

카시아누스는 당시 교의 논쟁의 격렬함에 맞서 싸운 자기 시대의 증언자이다. 그는 동방에서 성인으로 공경받는 교부이며, 생애의 마지막을 자신이 처음 선택한 삶의 방식에 더 부합하는 은둔 속에서 마무리하게 된다. 곧 '내적 침묵'(*ἡσυχία*)과 '정욕으로부터 정화'(*απάθεια*)된 삶이다. 그에게 있어 '가장 높은 완덕'은 이집트의 수도자들이 살아간 은둔의 삶이었으며, 그는 그러한 삶을 5세기 초 갈리아 남부에서 실현시키고 전파하는 데 성공하였다. 그는 수도 성소 고유의 내적 평화의 길을 보존했으며, 이로 인해 "전통의 공인된 대표자이자 전체 동방 그리스도교 사상까지 대표하는 인물"[13)]로 간주된다.

13) E. Pichery, "Introduction"(서문), in Jean Cassien, *Conférences* I-VII, SC 42(1955), p.21.

카시아누스, 두 세계를 잇는 다리이자 하나의 입구

카시아누스의 생애에 대해서는 여전히 그의 삶의 정확한 연대기(약 360년경~430년 이후)와 출신 지역에 관해 여전히 논의가 진행 중이다. 겐나디우스(Gennadius Massiliensis)가 남긴 표현(*Cassianus, natione Scytha*)[14]에 대한 해석을 바탕으로 여러 가설이 제기되어 왔다. 일반적으로 그의 출신지은 현재 루마니아의 도브루자(Dobrudja) 지역에 해당하는 소(小) 스키티아(Scythia Minor)였다고 여겨진다. 그러나 다른 학자들에 따르면 스키티아는 단지 이집트 사막 지역인 스케테(Scete), 곧 '수도자들의 땅'을 가리키는 말일 수도 있다고 본다. 이에 대해서는 카시아누스의 제1담화의 시작 부분에 담긴 문장이 뒷받침하고 있다. "나는 스케테의 은수처(eremo di Scete)에 있었습니다. 그곳은 가장 경험 많은 교부들과 수도자들의 모든 완덕이 깃든 곳입니다[…]."[15] 또 다른 학자들은 카시아누스가 갈리아 지역 프로방스 출신이라고 주장한다. 그들은 그가 동방에서 여러 차례 여행과 체류를 마친 후, 친구들의 초청을 받았거나 혹은 스스로 이집트 사막에서 깊이 감명받았던 그 삶의 형태를 자신의 고향에 세우고자 돌아온 것이라고 해석했다.[16]

젊은 시절 카시아누스는 친구 게르마누스와 함께 팔레스티나로 떠났다.[17] 두 사람은 베들레헴의 예수 탄생 동굴 인근의

14) Gennadio di Marsiglia, *Gli scrittori ecclesiastici*(교회 저술가들) 61, cit. in A. De Vogüé, "Introduzione"(서문), in *Istituzioni* 5.

15) *Conferenza* I, 1[61].

16) Cf. A.M. Vannier, "Introduction"(서문), in Jean Cassien, *Traité de l'Incarnation*(육화에 관하여), Cerf, Paris, 1999, pp.23~24.

한 수도원에 정착하였고, 이는 성 히에로니무스가 그곳에 수도원을 세우기 이전인 386년 이전의 일이었다. 이후 카시아누스와 게르마누스는 이집트로 가서, 안토니우스의 모범을 따른 은수 생활을 경험하였다. 그러다 약 404년경, 카시아누스는 콘스탄티노폴리스 교회의 부제가 되어 다시 나타나는데, 이는 요한 크리소스토무스가 막 그 도시의 주교가 되었을 무렵이었다. 크리소스토무스는 게르마누스를 사제로, 카시아누스를 부제로 서품하였으며, 카시아누스는 이에 대한 감사의 표시로 '요한'이라는 이름을 받게 된다. 그러나 콘스탄티노폴리스에서의 시기는 길지 않았는데, 그 이유는 403년에 열린 '참나무(또는 오크) 시노드'(*Synodus ad Quercum*)에서 크리소스토무스가 파면되었기 때문이다. 당시 주교 크리소스토무스는 윤리 개혁을 추진하며 황실의 사치와 부도덕함을 지적해 갈등을 일으켰고, 알렉산드리아의 총대주교 테오필루스가 그를 고발하는 사건이 벌어졌다. 테오필루스는 자신이 주도하여 오리게네스주의를 단죄하였는데, 그에 반발한 이집트의 수도자들이 콘스탄티노폴리스로 도피하였고, 크리소스토무스는 이들을 받아들였다. 이에 불만을 품은 테오필루스는 공식적으로 문제를 제기했고, 이러한 이유들이 겹쳐 결국 크리스도토무스는 파면되었다.

카시아누스와 게르마누스는 요한 크리소스토무스를 변호할 목적으로, 콘스탄티노폴리스 성직자들의 서한을 가지고 교황 인노첸시우스 1세(재위 401~417)에게 전달하기 위해 로마로 파견되었다. 로마에서 카시아누스는 사제로 서품되었고, 당시 대부

17) 카시아누스와 게르마누스는 "두 몸 안에 존재하는 하나의 정신(mente)과 하나의 영혼(anima) 같았다." *Conferenza* I, 1〔61〕.

제(arcidiacono)였던 훗날의 교황 레오와 접촉하게 된다. 그때부터 그는 최종적으로 서방에 정착한 것으로 보인다.

약 419년경, 친구 게르마누스가 세상을 떠난 뒤, 카시아누스는 마르세유 근처로 물러나 두 개의 수도원을 세운다. 하나는 여성들을 위한 성 소베르(Saint Sauveur) 수도원이고, 다른 하나는 남성들을 위한 성 빅토르(Saint Victor) 수도원이다. 그는 성 빅토르 수도원에서, 이집트에서의 기억과 경험을 바탕으로 공주 수도 생활 규칙들을 저술한다.

이곳에서 몇몇 형제 주교들은 카시아누스에게 수도자들을 위한 글을 써 달라고 요청한다. 이는 그가 동방에서 쌓은 경험을 바탕으로, 당시 라틴 세계의 현실에 맞게 수도 생활을 조명해달라는 것이었다. 압트(Apt)의 주교 카스토르(Castor, 350년 이후~423년)가 이러한 요청을 한 첫 번째 인물로, 이는 『규정집』의 서문에서 확인할 수 있다.[18] 카스토르 사후에도 이와 같은 요청들은 이어졌는데, 그중에는 훗날 아를의 주교가 된 레렝스 수도원의 아빠스 호노라투스(Honoratus, 약 350년경~429년)의 요청도 있었다. 그의 친구들 가운데는 리옹의 주교였던 에우케리우스(Eucherius, 약 380년경~약 450년경)도 포함되어 있었다. 저술에 있어 중요한 점은, 카시아누스가 몇몇 주교들의 명시적인 요청에 응답하고자 했던 것이며, 수도자라는 분명한 독자층을 염두에 두고 글을 썼다는 사실이다. 또한 그는 명확한 저술 목적을 가지고 있었는데, 이는 서방 수도 생활을 이집트와 팔레스타인의 수도원 모델에 맞게 조정하는 것이었다.

18) Cf. *Istituzioni*, pref. 2〔27〕.

『규정집』에는 펠라기우스 논쟁에 대한 어떠한 언급도 찾아볼 수 없다. 이런 점으로 보아, 이 저작의 집필 시기를 417년에서 418년 사이로 추정해 볼 수 있다. 원제는 『공주 수도승들의 규정과 여덟 가지 주요 악덕의 치유에 관한 열두 권의 책』(*De institutis coenobiorum et de octo principalium vitiorum remediis libri XII*)이다. 특히 가장 주목을 받은 부분은 '악덕'에 관한 내용으로, 5장에서 12장까지 할애되어 있다. 이 부분에서는 각 장마다 여덟 가지 악덕 중 하나씩 주제를 다루고 있다. 여기서 한 가지 사실을 강조할 필요가 있다. 그동안 이 악덕들에 관한 장들이 카시아누스의 삶과 경험이라는 전체 여정에서 분리된 채로 따로 읽히게 되면서, 악덕 관련 주제들은 윤리 교본이나 실천적인 영성 지침서로 받아들여지게 되었고, 그 결과 원래 저작이 의도한 전체적인 통찰과는 다른 의미로 해석되었다는 것이다.

카시아누스는 『규정집』을 마무리하면서, 『담화집』의 집필을 시작하였다. 이 새로운 저작을 쓰도록 권유한 인물은 앞서 『규정집』의 청탁자이자 헌정 대상이었던 주교 카스토르였다. 그는 첫 번째 저작을 매우 높이 평가하며, 카시아누스에게 동방의 수도생활을 묘사하는 또 다른 저작을 써 달라고 요청하였다. 그러나 카스토르는 419년에 세상을 떠났고, 이에 따라 이 새로운 저작은 세 개의 독립된 책으로 집필되었고, 각 책마다 두 명의 서로 다른 수신자들에게 헌정되었다.

첫 번째 책은 카스토르의 형제이며 프레쥐스의 주교가 된 레온티우스(Leontius, ???~432)와, 수도자이자 은수자로 살다가 아를의 주교가 된 헬라디우스(Helladius, 약 380년경~426년)에게 헌정되었다.

두 번째 책 역시 수도 생활 세계에서 존경받던 두 인물, 곧 레렝스 수도원의 아빠스 호노라투스와 리옹의 에우케리우스에게 바쳐졌다. 이 두 인물은 훗날 갈리아 지방의 명망 있는 주교가 되었으나, 이 책에서는 단지 수도자로 언급된다는 사실로 보아, 이 부분은 427년 이전에 집필된 것으로 추정할 수 있다. 이 두 번째 책에서는 은총과 자유 의지를 다루는 논쟁적 주제 곧, 제13담화가 포함되어 있다. 세 번째 책은 제18담화에서 제24담화까지로 구성되어 있으며, 요비니아누스(Iovinianus), 미네르비우스(Minervius), 레온티우스(Leontius), 테오도루스(Teodorus) 네 명의 수도자에게 헌정되었다. 각 권은 고유한 서문을 지니고 있으며 독립된 저작처럼 보인다. 그러나 각 권에 담화가 각각 10편, 7편, 7편으로 배열된 것은 단순한 우연이 아니다. 실제로 카시아누스는 『담화집』의 마지막 제24담화에서, 이 숫자가 요한 묵시록에 등장하는 24명의 원로를 상기시키도록 의도되었음을 밝히고 있다.[19)]

카시아누스가 생전에 누렸던 명성은, 네스토리우스의 주장을 반박하기 위해 그리스도의 육화에 관한 라틴어 논문을 집필해달라는 요청을 받았다는 사실에서 입증된다. 이 요청은 당시 로마 교회의 대부제였으며, 훗날 교황이자 성인이며 교회 학자로 선포된 대(大) 레오 교황(Leo Magnus, 재위 340~461)에게서 온 것이다.[20)]

---

19) "나는 그 스물네 명의 원로의 신비로운 숫자에 맞추어, 내가 약속한 모든 빚을 다 갚았다고 믿을 것이다〔…〕." *Conferenza* XXIV, 1 〔417〕.

20) 카시아누스가 죽은 지 5년이 지난 후 교황이 된 레오(391~461)는 430년에 수석 부제였다. 당시 그는 갈리아 지역의 평화를 위해 파견되었다. 교황이 된 뒤, 452년에는 훈족의 왕 아틸라(Attila, 재위 434~453)가 이탈리아를 침략했을 때 그와의 회담을 위해 로마 대표단을 이끌었고 이후 그가 이탈리아를 떠나게 했다. 또한 3년 후 455년에는 반달족의 왕 게이세리쿠스(Geisericus, 재위 428~ 477)가 로마를 약탈할 때 그는 그와 중재하여 약탈을 축소하였다. 재임 중 칼케돈 공의회가 소집되었으며, 최초로 "위대한"(Magno)이라는 칭

비록 『주님의 육화에 관하여』(*De Incarnatione Domini*)라는 저술은 널리 알려져 있지도, 자주 인용되지도 않지만, 레오 교황을 통해 칼케돈 공의회에서 중요한 역할을 했다. 공의회가 열리기 전 논쟁 과정에서, 교황 레오는 449년 6월 13일 『콘스탄티노폴리스의 주교 플라비아누스에게 보내는 서한』(*Tomus ad Flavianum*)을 작성하였다. 이 서한에는 교부들의 발췌문 선집과 그의 서간 69~71번이 수록되어 있었다. 이 문서는 공의회에서 논의된 그리스도론 문제에 대한 레오의 자신의 신학적인 공헌이었다. 몇몇 학자들은 이 문서에서, 카시아누스의 텍스트에 등장하는 한 위격 안에서의 두 본성의 결합이라는 공식을 레오가 정리하는 과정에서 발전시킨 흔적을 찾아내기도 했다.[21] 잘 알려져 있듯이, 레오의 이 서한(*Tomus*)은 칼케돈 공의회를 앞두고 그리스도론에 결정적인 논거를 제공했다. 이 문헌은 그리스도 안에서의 통일성과 이중성이 어떤 수준에서 이해되어야 하는지를 보여 주는 분명한 공식을 제시하였다. 즉, 위격의 일치 안에서 본성의 이중성이 존재함을 말하는 것으로, 이는 상호 침투와 상호 내주의 가능성을 열어 준다. 이는 카시아누스의 저술 안에서도 확인할 수 있다.[22]

“이 두 실재가 구분 없이 지닌 존엄성 때문에, 하느님께서 인

호를 받은 교황으로, 1754년에는 교회 학자로 선포되었다.

21) Cf. A. Michel은 “Idiomes (communication des)”의 항목에서, 카시아누스의 저서 『주님의 육화에 관하여』(*L'incarnazione del Signore*) V,7의 ‘속성 교환’(*communicatio idiomatum*)을 바로 이 교의의 적용으로 이해한다. (참조: *Dictionnaire de Théologie Catholique* VII〔1921〕, p.597).

22) Cf. M.A. Vannier, “Le *De Incarnatione* de Jean Cassien”(요한 카시아누스의 육화에 관하여), in C. Badilita / A. Jakab (edd.), *Jean Cassien entre l'Orient et l'Occident*, Beauchesne, Paris, 2003, p.61.

간과 결합되어 계시므로, 인간에게 속한 것이든 하느님께 속한 것이든 모두, 그리고 모든 것 안에서 하느님의 이름으로 불립니다."[23]

『규정집』과 『담화집』은 서방 수도원 전통에서 핵심적인 역할을 한 저작들이다. 이 두 저작은 성숙한 인간이 된 카시아누스가 짧은 시간 안에, 일정한 문체와 내용 면에서도 일정한 통일성을 갖추어 자신의 경험과 사상을 종합하여 표현한 결과물이다. 『안토니우스의 생애』와 더불어, 이 두 저작은 초기 그리스도교 수도 생활을 보여 주는 가장 중요한 문헌들이다.[24] 이 작품들은 5세기의 삶을 내부로부터 이해하게 해 주며, 역사와 신학 양면에서 매우 소중한 증언을 제공한다.

그러나 사실, 카시아누스는 주로 신학자라기보다는 존경받는 영성 작품의 저자로 알려져 있다. 이러한 측면에서, 반(半)-펠라기우스주의와 관련된 비판은 많은 학자들이 그에게 접근하는 것을 가로막았다.

그의 죽음은 430년 이후로 추정된다. 비잔틴 교회는 그를 성인으로 공경하며, 윤년에는 2월 29일에 기념한다. 반면 서방 교회에서는 공식적으로 시성되지 않았으나, 마르세유 교구에서만 7월 23일을 그의 축일로 지낸다.

---

23) Cassiano, *Sull'incarnazione* IV, 5〔169〕.

24) Olphe-Galliard, pp.214~276.

카시아누스의 독창성

• 전통에 비추어 볼 때

전통에 비추어 볼 때, 카시아누스는 늘 자신이 새로운 것을 만들어 낸 것이 전혀 없으며, 오직 사막의 전통에 대한 충실한 증인일 뿐이라고 주장하였다. 그의 영성의 주요 원천은 성경이며, 주로 성 히에로니무스의 불가타(*Vulgata*) 성경이다. 그는 이 번역본을 다른 번역들보다 선호한다고 명시적으로 밝힌다.[25] 교부들 가운데 카시아누스가 인용하는 인물들은 바실리우스, 히에로니무스, 크리소스토무스와 같은 그 시대의 위대한 인물들이었다. 그러나 그는 결코 자신의 진정한 스승들이었던 오리게네스와 에바그리우스를 직접 언급하지 않았다. 이는 당시 벌어지고 있던 논쟁 속에서도, 이 위대한 인물들이 남긴 유산의 아름다움이 가려지는 것을 피하기 위함이었다. 카시아누스의 재능은 단순히 이 교부들의 사상을 모방하는 데 그치지 않고, 그것을 라틴 세계의 정신에 맞게 창의적으로 적용할 줄 아는 데 있다. 이러한 점에서 그는 "영적 치유로 이끄는 탁월한 스승이자, 참된 전통의 보증자"로 드러난다.[26]

• 살아 내고 전달된 개인적인 체험에 비추어 볼 때

카시아누스는 자신이 직접 살아 낸 체험과, 그가 수집한 증언

25) Cf. *Conferenza* XXIII, 8[394].

26) Olphe-Galliard, p.271.

들에 바탕을 두고 글을 쓴다. 이러한 증언들 역시 담화 안에서 활용된 또 다른 체험들이다. 이 때문에 그의 저작은 매우 개인적이며 동시에 독창적이다. 다시 말해 이야기, 인물 묘사, 일화들을 통해 자신의 체험을 전달하는 데에 깊은 관심을 기울이며, 이러한 방식은 독자를 강하게 사로잡는다. "그는 단순히 수도적 차원을 넘어서는, 순수하게 인간적 가치만으로도 의미를 지니는 수많은 체험들을 모을 줄 알았다"[27] 따라서 비록 그의 저술이 수도자들을 위해 쓰인 것이라 하더라도, 그 안에 담긴 서술과 묘사는 영성의 길을 걷고자 하는 모든 이들에게 소중한 영적 가르침이 된다. 그리하여 그의 글 속에 등장하는 많은 이미지와 표현들은 이후 영성 전통에서 거듭 인용될 수 있었다. 왜냐하면 그것은 모든 이가 공감할 수 있는 보편적인 체험에서 길어올려진 것이었기 때문이다.

• 지혜와 절제 감각에 비추어 볼 때

카시아누스의 독창성이 드러내는 또 다른 특징은 그의 영성이 표현하는 절제의 감각과 삶의 지혜이다. "로마의 실제적인 지혜(sapienza positiva)는 그 안에서 그리스 철학의 지성주의와 잘 조화를 이루며, 결국에는 실천적인 삶을 지향하는 경향을 더 선호하게 만든다."[28] 건전한 판단력과 확고한 체험을 지닌 인물로서, "카시아누스는 전통을 잇는 하나의 고리이며, 신중하고 보편적인 스승이다."[29]

---

27) Olphe-Galliard, p.274.

28) Olphe-Galliard, p.222.

카시아누스와 그의 영성

카시아누스는 오로지 수도자들을 위해 글을 쓴다. 그렇게 한 것은 수도자들이 요청했기 때문이다. 하지만 수도자들을 위해 글을 쓰면서, 동시에 세례받은 이들, 특히 하느님을 알고자 하며, 그분에 대한 인식에 부합하는 삶을 살고자 하는 이들을 위해 쓰고 있는 셈이다. 하느님을 위한 삶은 "구체적이고 살아 있는 체험"이기 때문에, 그 삶을 가능하게 하고, 촉진시키고, 지켜 주는 조건들을 받아들여야 한다. 그리고 이러한 조건들은 수도자들의 삶의 방식, 곧 고독, 금욕, 침묵 안에서 훨씬 더 잘 찾아볼 수 있다. 반면 수도원 밖에 사는 사람들은 이러한 조건을 제대로 보장하기 어렵다.[30]

카시아누스는 매우 분명한 하나의 지침에서 출발한다. 즉, 신적인 삶을 향해 나아가고자 하는 사람은, 다른 모든 방향성으로부터 '떠나는 것'으로 시작해야 하며, 이는 곧 세상에 대한 '포기'를 의미한다. 따라서 수도자들은 '포기하는 이들'이라 불릴 수 있다. 카시아누스는 수도 생활에서 요구되는 다양한 포기의 단계를 설명한다.

> "이제 우리는 세 가지 포기에 대해 이야기해야 합니다. 교부들의 전통과 성경의 권위는 바로 이 포기가 세 가지임을, 우리 각자는 이 세 가지를 온 마음을 다해 실천해야 함을 말합니다. 첫 번째 포기는, 모든 부과 세속적인 재화를 실제로, 참되게 경

29) Olphe-Galliard, p.266.

30) Cf. Olphe-Galliard, p.229.

멸하는 것입니다. 두 번째 포기는, 악습과 이전의 정욕적 성향, 곧 영혼과 육체가 지니고 있던 집착을 끊는 것입니다. 세 번째 포기는, 현재의 눈에 보이는 모든 것들로부터 정신(mente)을 떼어내어, 오로지 장차 올 것의 실재를 관상하고, 보이지 않는 선에 대한 열망에 마음을 고정시키는 것입니다."[31)]

매우 의미심장한 사실은, 카시아누스가 '포기'의 각 항목에 대해 성경 한 권씩을 대응시킨다는 점이다. 첫 번째 포기에는 「잠언」이 대응된다. 왜냐하면 이 책은 지상적인 욕망과 정욕의 뿌리를 뽑는 데 도움을 주기 때문이다. 두 번째 포기에는 「코헬렛」이 대응된다. 모든 것이 헛됨을 자각하게 하여 마음을 비우도록 돕기 때문이다. 그러나

"세 번째 포기에는 「아가서」가 잘 들어맞습니다. 왜냐하면 정신(mente)은 모든 가시적인 것을 초월하여, 이미 지금 이 순간부터 하늘의 실재를 관상함으로써 하느님의 말씀과 결합되기 때문입니다."[32)]

수도 생활의 선택과 점진적인 포기의 목적은 '사랑하는 분', 곧 하느님의 말씀과의 일치이다.

그러므로, 포기가 수도 생활의 기초라고 말하는 것이 옳다면, 그 목적이 말씀과의 일치와 관상에 있으며, 그것을 가능하게 하는 모든 것을 통해 그 목적에 이른다고 말하는 것 또한 옳은 것

31) *Conferenza* III, 6〔146〕, 제3담화, 6장의 제목은 '세 가지 포기'이다.

32) *Conferenza* III, 6〔147〕.

이다.

포기는 가시적이고 구체적인 형태로 '가난' 안에서 표현된다. 이는 물질적인 것들을 포기하는 것, 즉 물질적 가난을 의미하며, 이 가난은 수도자가 자신을 공동체에 의탁할 수 있도록 만든다. 그러나 수도자가 악의 뿌리를 확실히 뽑아낼 수 있다는 확신은, 자신의 의지에 대한 가난, 곧 순명을 통해 보장되는 가난을 통해서 얻을 수 있다.[33] 왜냐하면 자기 의지를 따르려는 사랑(*filautia*), 즉 자기 자신에 대한 집착은 아담의 후손에게 있어 가장 큰 재산으로 여겨지기 때문이다. 이것이야말로 수도자가 삶의 모든 단계에서 마주하는 가장 어려운 싸움이다. 이 싸움 안에서 수도자는 겸손을 통해 성장하고, 겸손하게 십자가에 못 박힌 그리스도를 닮고자 하는 열망도 커질 때 도움을 받는다. 카시아누스는 이렇게 서술한다.

> "공주 수도 생활의 〔…〕 목적은, 자기 자신의 모든 의지를 죽이고 십자가에 못 박는 데 있으며, 복음적 완덕의 유익한 권고에 따라 내일 일을 전혀 염려하지 않는 것에 있습니다. 〔…〕 은수자의 완덕은, 인간의 연약함이 허락하는 한도 내에서, 자기 영혼(anima)을 지상의 모든 것들로부터 완전히 자유롭게 하여, 그리스도와 결합시키는 데 있습니다."[34]

이는 곧 '그리스도와 함께' 존재하기 위해 자기 자신에게 '죽

33) 〔옮긴이 주〕 여기서 '의지에 대한 가난'은 '자기 의지를 포기하는 일'이며, '순명을 통해 보장되는 가난'은 곧 '순명을 통해 자기 의지가 포기되는 일'을 말한다.

34) *Conferenza* XIX, 8〔271〕.

는 것'을 의미하며, 포기를 통해 순교와 수도 생활 사이에 형성되는 결합을 의미한다.

> "이와 같이, 수도자는 순교자와 가까워진다. 실제로 수도자는 그리스도를 위해 죽으며, 그로써 그리스도의 가장 친밀한 벗이자, 형제들을 위한 중개자가 된다. 수도자는 교회에 있어 순교자만큼이나 필요한 존재이며, 특히 외적인 평화의 시기에는 더욱 그러하다. 왜냐하면 바로 그때에, 수도자는 자신의 포기를 통해 그리스도를 공개적으로 고백하는 자이기 때문이다."[35]

따라서 카시아누스 영성의 중심은 단순히 '금욕 수행'을 그 자체로 높이 평가하는 데 있는 것이 아니라, 신화의 원천이신 '그리스도를 따름'(conformità a Cristo)에 있다. 신화란 그리스도와 함께 사는 삶이며, 수도 생활은 이 삶을 지키고 성장시키는 수단들을 제공한다. 그 수단들은 금욕 수행(실천적인 학문)과 관상(영성적인 학문)의 두 축을 중심으로 요약된다. 카시아누스는 제14담화 서두에서, 이러한 비전을 통해 자신의 영성적 교의에 대한 통찰을 제시하는데, 여기에서 금욕 수행은 신화를 지향하는 방법적 노력으로 설명되며, 이는 오리게네스 전통에서 유래한 전형적인 표현 방식에 따른 것이다.

> "이 세상에는 수많은 종류의 학문이 있으며, 그 수는 예술과 직업의 다양성만큼이나 많습니다. 그리고 〔…〕 이를 배우고자 열

35) P. Ernetti, "Introduzione", in Giovanni Cassiano, *Istituzioni dei cenobiti e rimedi contro gli otto vizi capitali*, Padova, 1956, p.XXI.

망하는 이들이 습득할 수 있도록, 고유한 교의 내용에 상응하는 질서와 절차를 갖추지 않은 학문은 이 세상에 존재하지 않습니다. 그렇다면 〔…〕 우리 종교가 고백하는 이 학문은 얼마나 더 〔…〕 더 확실하고 합리적인 질서를 요구하겠습니까! 이에 따라 이 학문은 두 갈래로 나뉩니다. 첫째는 프락티케(*praktike*), 곧 실천적인 길로, 생활 습관의 교정과 악습의 정화를 통해 습득됩니다. 둘째는 테오레티케(*theoretike*)로, 신적인 것들에 대한 관상과 가장 거룩한 진리에 대한 인식을 의미합니다."[36]

투쟁이라는 능동적이고 '실천적인' 측면은, 관상적이고 '이론적인' 길로 나아가는 여정의 통로이다. 따라서, 첫 번째 담화에서부터, 두 왕국의 이론이 서술되어 있는 것을 볼 수 있다.

"우리 정신(mente)의 의도를 어디에 고정시켜야 하는지, 그리고 우리 영혼(anima)의 눈을 언제나 어떤 목표에 되돌려야 하는지를 확고히 인식하는 것이 〔…〕 필수적입니다〔…〕. 모든 것은 영혼(anima)의 깊은 내면에서부터 효력을 지닙니다. 일단 악마가 쫓겨나고, 더 이상 그 안에서 악덕이 지배하지 않게 될 때, 그 직접적인 결과로써, 우리 안에 하느님 나라가 세워집니다. 〔…〕 우리 안에는, 진리에 대한 인식 혹은 무지, 악덕에 대한 수용 혹은 덕에 대한 수용 외에는 존재하지 않게 됩니다. 바로 이러한 내면의 수용을 통해, 우리는 우리 마음 안에 악마를 위한 왕국을 준비하거나, 혹은 그리스도를 위한 왕국을 준비하는 것입니다."[37]

---

36) *Conferenza* XIV, 1〔104〕.

37) *Conferenza* I, 13〔76~77〕.

그리고 조금 더 나아가 논증을 이어 가며, 카시아누스는 이렇게 밝힌다.

"만일 하느님 나라가 우리 안에 있고, 그 나라 자체가 의로움과 평화와 기쁨이라면, 그 안에서 살아가는 사람은 틀림없이 하느님 나라 안에 거주하는 것입니다. 반대로, 불의와 불화, 그리고 죽음을 낳는 슬픔 안에 살아가는 이들은, 마귀의 나라, 곧 지옥과 죽음의 지배 안에 사는 것입니다. 실제로 하느님 나라와 마귀의 나라를 구별하는 것은 바로 이러한 표지들에 의해서입니다. 그렇다면, 하늘의 주권적인 덕들이 거하는 그 상태, 즉 진정으로 하느님 나라에 속한 그 상태를 고차원적 직관으로 성찰해 본다면, 그 나라는 영원하고 끊임없는 기쁨이 아니고 무엇이겠습니까?"[38]

이러한 사실을 통해, 외적 행위의 중요성을 이해할 수 있다. 이는 단순히 규범의 외형적 표현으로서가 아니라, 내적 지향을 드러내는 계시이며, 또한 다른 영향들을 받아들일 수 있는 준비 상태로서 중요하다. 카시아누스는 다음과 같이 설명한다. 원수는 우리의 행위를 통해 우리를 관찰하며, 우리가 누구를 향해 있는지 파악한다. 오직 하느님만이 우리를 마음 안에서, 곧 내면으로부터 관찰하시고 아신다. 반면, 마귀는 인간을 오직 그의 외적 행위를 통해서만 인식할 수 있다. 그러므로 인간은 마귀처럼 행동함으로써 그에게 틈을 내주어서는 안 된다. 자신의 외적 행실을 지키는 일은 도덕주의나 위선의 문제가 아니라, 통합적인 인

38) *Conferenza* I, 13[77].

간학적 전망의 관점 안에서 자기 마음을 지키는 일이다. 이렇게 볼 때, 우리는 이미 『안토니우스의 생애』에서도 살펴본 바와 같이, 악마의 작용을 악덕과 유혹의 활동과 동일시할 수 있다. 악덕은 인간 안에서 악한 행동을 낳고, 다른 악덕으로 유도하며, 결국 "인류 전체에 폭정을 행사한다."[39] 이를 현대적인 용어로 말하자면, 악덕들은 인간 체계 안에 침투한 '악덕-바이러스'라 부를 수 있다. 컴퓨터 시스템에 침투해 그 사용을 왜곡하고 기억을 지워버리는 컴퓨터 바이러스에 비유할 수 있다.

> "인류를 지배하고 억압하는 주요 악덕은 여덟 가지입니다. 첫째는 '탐식'(*gula*), 즉 배를 채우려는 탐욕입니다. 둘째는 '음욕'(*luxuria*)입니다. 셋째는 소유하려는 '탐욕'(*avaritia*), 곧 탐심과 금전에 대한 사랑입니다. 넷째는 '분노'(*ira*)입니다. 다섯째는 '슬픔'(*tristi- tia*)입니다. 여섯째는 '게으름'(*acedia*), 곧 마음의 불안과 쓴맛입니다. 일곱째는 '허영심'(*vanagloria*), 즉 허세와 자만입니다. 여덟째는 교만(*superbia*)입니다."[40]

수도자에게 있어 가장 두려워해야 할 악덕은 마지막에 나열된 것들인데, 이는 영적으로 더 성숙한 이들을 공격하기 때문이다. 그러나 더 원초적인 악덕들조차도 결코 완전히 사라지지 않는다. 마찬가지로, 슬픔의 악덕과 게으름의 악덕도 완전히 통제될 수 있는 것이 아니다. 요컨대 영적 투쟁은 수도자가 어느 하나의 악덕을 이겼다고 해서 끝나는 것이 아니다. 영적 투쟁은 영

[39] Cf. *Conferenza* V, 2〔203〕.
[40] Cf. *Conferenza* V, 2〔203〕.

적 인간의 정체성을 성장시키고, 성덕으로 이끄는 역동성 자체이기 때문이다. 수도자의 투쟁은 사랑의 증거이며, 신뢰에 찬 내어맡김이고, 영적인 완성을 위한 섭리적 수단이다. "왜냐하면 싸움이 존재하지 않는 곳에는 승리도 있을 수 없기 때문이다."[41] 수도자는 이 투쟁을 통해 원수에 맞설 수 있는 힘을 얻게 된다. 카시아누스는 '게으름'(*acedia*)의 유혹에 대해 이렇게 설명한다. "경험은 게으름의 공격을 피해서 도망쳐서는 안 되며, 저항의 힘으로 맞서 이겨 내야 한다는 것을 가르쳐 준다."[42] 그리고 이는 곧 마음을 정화함으로써 가능하다. "마음은 하느님의 거처요 성령의 성전이므로 〔…〕 우리는 그것을 깨끗하게 하여 하느님께 바쳐야 하며, 그래야만 그 안에 그리스도를 손님으로 맞이할 자격을 얻게 된다."[43]

영적 투쟁은 하느님께서 우리를 위해 의도하신 것이며, 해로운 평화보다 우리에게 훨씬 더 유익하다.

> "이 투쟁은 바로 그것이 유익하기 때문에 창조주의 섭리에 따라 우리 안에 주어진 것입니다. 따라서 이 투쟁은 우리를 자극하고 더 나은 상태에 이르도록 재촉합니다. 만일 이 투쟁이 사라진다면, 우리 안에는 틀림없이 더 해로운 평화가 자리 잡게 될 것입니다."[44]

---

41) *Conferenza* XVIII, 13〔246〕.
42) *Istituzioni* X, 25〔289〕.
43) *Istituzioni* V, 22〔162〕.
44) *Conferenza* IV, 7〔181〕.

이 영적 투쟁 안에서는, 분별할 수 있는 지성, 식별된 바를 원할 수 있는 의지, 그리고 의지가 원하는 바를 선택하고 실행할 수 있도록 하는 자유 의지가 분명히 필수적이다. 이 논리는 실천적 삶의 관점에서는 타당하지만, 교의적 표현의 관점에서는 문제가 될 소지가 있다. 카시아누스는 훗날 서방 교회가 인간에 대한 이해를 둘러싼 새로운 분열을 겪게 될 때, 반(半)-펠라기라기우스주의자로 불리게 된다. 16세기, 신(新) 아우구스티누스주의(neoagostinismo)는 카시아누스를, 자유 의지와 의지를 사용하여 자신의 구원을 실현할 수 있는 인간의 능력에 대해 지나치게 긍정적인 입장을 취한 사상가로 보는 경향을 보였다.

그러나 인간이 이러한 삶을 살아갈 수 있다고 믿지 않으면서, 어떻게 영적 삶과 금욕, 자유로운 선택에 대해 말할 수 있겠는가? 물론 이는 하느님의 은총으로 가능한 일이다. 즉, 하느님의 모상과 닮은 모습으로 창조된 데서 오는 은총, 그리고 성자를 통한 구원의 은총 때문이다. 인간이 자신의 구원에 있어 책임을 지닌 존재라는 사실은 실제적이고 역동적이어야 한다. "사람은 날마다, 끊임없이 우리 앞에 놓인 것을 향해 나아가든지, 그렇지 않으면 반드시 뒤로 물러나게 되어 있다."[45] 그러나 앞으로 나아가든, 뒤로 물러나든 그것은 인간의 책임을 일깨운다. 하느님을 향해 나아가는 것은, 처음의 포기를 가능하게 했던 그 지향성을 의미하며, 이는 첫 번째 죄인인 아담이 경멸했던 바로 지향이기도 하다. 영적 투쟁은 '낙원으로의 귀환'을 가능하게 해 주며, 그 자체가 이미 그 귀환의 표지이다.[46] 낙원에서 그랬던 것처럼, 인

---

45) *Conferenza* VI, 14[264].

46) Cf. Olphe-Galliard, p.243: "영적 투쟁은 회복이며 원초적 상태로의 귀환이다."

간은 하느님의 말씀에 순종할 것인지, 아니면 원수의 유혹에 응답할 것인지를 선택하도록 부름을 받는다.

사실 여기서 말하는 것은 고립된 어떤 상태로서의 완덕이 아니라, 관계 안에 있는 완덕이다. 만일 관계 안에 있다면, 하느님의 자유와 인간의 자유 모두 보호되어야 하며, 동시에 유혹과 넘어짐에도 불구하고 우리가 견딜 수 있도록 붙들어 주시는 하느님의 사랑과 자비 또한 지켜져야 한다.

> "의인들 가운데 누구도 자신의 힘만으로 의로움에 이를 수는 없습니다. 만일 그들이 불확실한 순간들과 넘어질 위험 속에 있을 때, 하느님의 자비가 당신의 손으로 붙들어 주시지 않는다면 결코 의로움에 이를 수 없습니다. 그리하여 인간이 자유 의지의 연약함으로 인해 쓰러질 때, 완전히 멸망하지 않도록 하느님께서 도와주시지 않으면 안 됩니다."[47]

카시아누스는 그리스도를 제외하고 어느 누구도 결코 '무죄성'에 이른 적이 없다고 명확히 진술한다. "오직 그리스도만이, 인간의 아들들 가운데에서 가장 아름다우신 분으로서, 인간에게 지극히 고유한 죽을 운명과 육신의 모든 연약함을 짊어지셨음에도 불구하고, 어떠한 더러움의 공격에도 결코 물들지 않으셨습니다."[48] 악덕이 인간의 삶을 악마의 지배 아래 두는 것과 마찬가지로, 덕에 따른 삶은 인간을 하느님 나라 안에 살게 한

---

47) *Conferenza* III, 12〔160〕.

48) *Conferenza* XXII, 9〔366〕. 이후 이어지는 제23담화 전체는 바로 이 주제에 헌정되어 있다.

다. 덕은 인간을 하느님과 결합시키며, 죄로 인해 파괴된 인간의 원초적 상태를 다시 맛보게 해 주며, 또한 천상에서 누릴 복된 삶을 이 땅에서 미리 맛보게 하는 참된 선이다.

> "덕들, 특히 덕의 뿌리인 사랑 그 자체는, 이 세상에서 소유될 경우, 그를 사랑하는 이로 만들고 이 삶의 끝 이후에도 아름답고 찬란하게 만듭니다. 〔…〕 영혼(anima)의 아름다움뿐만 아니라 그 추함도, 덕들의 종류에 따라 결정됩니다."[49)]

그리스도인의 모든 기도와 금욕적 노력은, 죄로 인해 상실된 그 아름다움과 그 '건강'을 회복하는 것으로서 구원을 향해 나아간다.

악덕에 대한 카시아누스의 가르침

이러한 맥락 안에서, 카시아누스의 성찰은 우리에게 하나의 희망을 제시해 준다.

> "진심으로 치유를 구하는 이들에게는, 영혼들의 참된 의사이신 분께서 반드시 필요한 처방을 마련해 주십니다. 특히, 낙심하거나 태만으로 인해 자신의 병을 업신여기지 않고, 상처의 위험을 숨기지 않으며, 마음의 완고함으로 회개라는 처방을 거부하지

49) *Conferenza* III, 8〔153〕.

않고, 오히려 무지나 실수, 혹은 불가피한 상황으로 인해 생긴 병에 대해, 겸손하면서도 깨어 있는 마음으로 천상의 치유자에게 도움을 청하는 이들에게 그러합니다."[50]

근원적인 악덕(vizi capitali)들은, 진복팔단이 하늘 나라에 들어가기 위한 본질적 조건으로 인정하는 그 덕에 대한 대립적인 부정이다. 이 악덕들은 인간을 하느님의 모상으로 닮도록 하는 그 덕목에 반대한다.

왜 이러한 악덕들은 '근원적'이라 불리는가? 그것은 다른 죄들보다 더 중요해서가 아니라, 이 악습들이 마치 합창단의 '선창자'(corifei)와 같기 때문이다. 만일 악덕들을 바이러스에 비유한다면, 일부 악덕들은 다른 악덕들을 만들어 내는 생산자와 같으며, 그로 인해 전체 체계를 작동 불능 상태로 만들거나 병들게 한다. 이러한 영적인 법칙은 오늘날 더욱 시의적절해 보인다. 왜냐하면 오늘날은 카시아누스의 시대와 비교할 수 없을 만큼, 개인성이 비약적으로 확대된 시대이기 때문이다. 실제로, 인간이 자신을 해치는 것이 무엇인지 주의를 기울이지 않을 때, 그의 상황은 "물질적 역량과 정신적 분별력 부족 사이의 불균형으로 인간 자신과 모든 피조물에게 위협이 된다."[51]

교부들은 곧 구원자 예수를 인간의 치유자, 곧 몸과 영혼, 즉 인간 전체를 위한 천상의 치유자로 고백한다.[52] 교부들에게 있어

50) *Conferenza* XIX, 12[274].

51) Benedetto XVI, *Spe salvi* 23.

52) Cf. J.C. Larchet, *Thérapeutique des maladies spirituelles*(영적인 질병의 치유), Cerf, Paris, 2000, p.9. 전체 서론은 같은 책, 7~13쪽 참조. Vedi tutta l'introduzione, *ibid.*, pp.7~13.

서 인간학적인 관점은 오늘날 우리가 흔히 생각하는 방식과는 반대로 전개된다. 그들은 인간 존재의 통일성에서 출발한다. 왜냐하면 부활의 빛 안에서 육화를 이해하려는 시도를 하기 때문이다.[53] 육화는 하느님의 영원한 사랑의 계획을 드러내며, 동시에 하느님께서 원하신 그대로의 인간 존재를 드러낸다. 그러나 육화는 또한 세상의 상태, 곧 죽음이라는 상황에 대한 심판이기도 하며, 그 죽음은 주님의 수난-죽음-부활 안에서 이미 정복된 죽음이다. 하느님의 아드님의 육화는 인간 조건의 여러 측면을 드러내고 비추어 주며, 바로 그 조건들 안에서 모든 사람의 구원이 실현되어야 한다는 것을 알려 준다. 구원은 육체(carne) 안에서 실현된다. 왜냐하면 위격적 정체성과 관계는 '구원의 중심축인 육체'(*caro cardo salutis*) 안에서 실현되기 때문이다[54] 더 나아가 구원은 하느님의 영이 육체 안에 거하신다는 역설 안에서 실현된다. 그리하여 "모든 육체가 하느님의 구원을 볼 것이다"(이사 40,5. 70인역 참조). 그러나 주님께서 모든 민족에게, 모든 사람 안에서 구원을 드러내신 방식에 따르면, 구원은 "자신의 육체를 십자가에 못 박는" 자기 증여 행위 안에서 이루어진다.

그러므로 변모된 육체의 찬란함에 대한 믿음이 없고, 완전함의 빛이 사랑임을 체험하지 않는다면, 우리는 주님을 따르는 여정을 걸을 수 없을 것이다.

"많은 이들이 하늘 나라의 길에서 뒤처지는데, 그 이유는 즉

---

53) Cf. AA.VV., *Quelle vision de l'Homme au temps des martyrs?* (순교자들의 시대에 인간에 대한 어떤 전망이 있었는가?), Connaissance des Pères de l'Église 87, Nouvelle Cité, Bruyères-le-Châtel, 2002.

54) Tertulliano, *De resurrectione carnis* (육의 부활) VIII, 6~7, PL 2, 806A.

각적인 안락함을 바라기 때문입니다. 우리는 새들도 먹이를 바라는 마음으로 덫에 가까이 다가간다는 것을 알고 있습니다. 그런데 우리는 주님을 위해 영적인 실천을 시작하고자 할 때, 얼마나 자주 이렇게 묻곤 합니까? 쉴 곳은 있는지, 몸이 편안할 수 있는지, 고통이나 수고, 육체적 괴로움은 없는지 말입니다. 그러나 당신은 하늘 나라로 올라가기를 원하는 자가 아닙니까? 당신은 영적 생명과 복됨, 천사들과의 친교를 얻고자 하는 자가 아닙니까? 그런 당신이 이 길에 고난과 어려움이 있는지를 묻고는 있는 것입니까? 참으로 이상하지 않습니까? 이 세상의 재화와 부, 권력을 탐하는 자들은, 파도를 두려워하지 않고 바다를 건너며, 험하고 무서운 길들을 지나고, 수많은 어려움과 시련이 가득한 긴 여정을 견디어 냅니다. 그들은 수고와 고통을 개의치 않습니다. 그런데 우리는, 기회가 있을 때마다 평안함만을 찾고 있다니 말입니다!"[55]

카시아누스에게 있어 악덕에 대한 성찰은 경험적이며, 지혜롭고, 보편적인 성격을 지닌다. 그는 이미 악덕에 대한 설명들이 영적인 인간학의 빛나는 면과 비참한 면을 함께 드러내는 수도적인 지혜로 자리 잡았음을 보여 준다. 예를 들어. 주님을 따르고자 수도 생활에 나선 한 그리스도인이 하느님의 은총에 힘입어 실제로 크고 값진 재화를 기꺼이 포기할 수 있지만, 한편으로는 유혹의 힘 앞에서 자신이 사용하는 아침 식사용 잔이나 경당

55) Isacco di Ninive, *Quarto discorso arabo*(아랍 설교 제4편) 123~124, in Id., *Grammatica di vita spirituale*(영적인 삶의 문법), a cura di V. Ianari, Cinisello Balsamo, 2009, p.117.

안의 자리에 집착하게 될 수도 있다. 그리고 만약 이 수도자가 교만(*superbia*)에 사로잡힌다면, 그와 함께 사는 삶은 불가능해진다. 교만은 "자신에 대한 과도한 자존감으로 인해, 자신과 타인이 주는 어떠한 자극이나 요구 앞에서도 반응하지 않고, 의도적으로 자신을 철저히 닫아 버리는 구조적인 소통 불능과 자기 폐쇄"[56]이다. 교만한 이들로 구성된 사회는 안에서도, 밖에서도 관계에 철저히 닫혀 있다. 그러나 어떤 악덕이 없다고 해서 자동적으로 그에 상응하는 진복팔단을 지녔다고는 볼 수 없다. 예를 들어, 분노를 느끼지 않는다고 해서 반드시 온유한 것은 아니며, 성적인 관계를 맺지 않는다고 해서 그 마음이 "하느님을 볼 수 있을 만큼" 깨끗하다고 말할 수는 없다.

전통 안에서 영적 투쟁은, 긍정적인 인간학을 배경으로, 인간적이고 그리스도적인 인격 형성의 핵심 요소였다. 카시아누스는 악덕에 대해 글을 쓰면서, "법적이거나 조직적인 기준으로서의 규칙을 제시하려는 것이 아니라, 영적인 규범으로서의 규칙을 제안하려 했던 것"[57]이다. 그리고 그것은 또한 주의를 귀울이고 깨어 있음에 대한 요청이기도 하다. 왜냐하면 적은 결코 완전히 패배한 존재로 여겨져서는 안 되기 때문이다.

악덕에 대한 논의에서 카시아누스는 비관적이지 않으며, 금욕 수행을 유토피아적으로 찬양하지도 않는다. 오히려 그는, 수도 생활의 목적이 바로 하느님 나라 안에서 이미 살아가는 것에 있음을

---

56) C. Militello, "Una bivalenza intrigante. Dei vizi e delle virtù"(흥미로운 이중성: 악덕과 덕에 대하여), *Vita Pastorale* 1(2009), p.44.

57) C. Leonardi, "Alle origini della cristianità medievale. Giovanni Cassiano e Salviano di Marsiglia"(중세 그리스도교의 기원에서. 요한 카시아누스와 마르세유의 살비아누스), *Studi Medievali* 18(1977), p.543.

거듭 강조한다. 어느 시대에나 사람들은 세례자 요한처럼 하느님 나라의 표징들을 요구한다. 눈먼 이들이 보고, 귀먹은 이들이 듣고, 다리 저는 이들이 걷는다. 용서받고 자유를 회복한 죄인은 사랑할 수 있는 능력을 갖게 된다. 따라서 악덕을 식별하고 극복하기 위한 조언들은, 하느님 나라의 현현을 지향한다. 이러한 표징의 의미를 더 이상 주목하지 않거나, 악덕이 가져오는 파괴적 결과에 무관심해지는 것은, 한 사회가 짐승 같은 본능의 혼란으로 되돌아가는 것을 의미하며, 일종의 '비인간화'(disumanizzazione)를 뜻한다.

여덟 가지 악한 생각에 대한 이론의 기원

이레네 오셰르(Irénée Hausherr, 1881-1978)[58]에 따르면, 수도 전통이 '악한 생각들'에 대한 이론을 어디서 찾았는지를 이해하기 위해 굳이 스토아 철학이나 다른 종교들에 호소할 필요는 없다. 복음을 읽기만 해도 충분하다. 예수는 죄의 행위가 인간의 내면에서 솟아나는 악한 생각들, 곧 악한 의도들로부터 비롯된다고 분명히 말한다. "마음에서 나쁜 생각들, 살인, 간음, 불륜, 도둑질, 거짓 증언, 중상이 나온다"(마태 15,19). 이러한 악한 의도들은 교부 전통에서 '로기스모이'(*logismoi*[59])라고 불리는데, 이는 죄는

58) Cf. I. Hausherr, "L'origine de la théorie orientale des huit péchés capitaux"(8가지 주요 악덕에 대한 동방 이론의 기원), *Orientalia Christiana* 30 (1933), pp.164~175.

59) [옮긴이 주] '로기스모이'(*λογισμοί*)는 그리스어로 '생각들'을 뜻하지만, 영성 교부들의 전통 안에서는 일반적인 '생각'이 아니라 '악한 생각'을 뜻하는 부정적

아니지만 악으로 이끄는 생각들, 이미지들, 유혹들을 가리킨다.

악덕의 수는, 주님께서 승리를 약속하신 적대국들에 비추어 설명된다. 히타이트족, 기르가스족, 아모리족, 가나안족, 프리즈족, 히위족, 여부스족, 이들은 일곱 민족이며, 여기에 이집트를 더하면 여덟이 된다.[60] 역사적 이스라엘이 실제 역사적 민족들의 위협을 받았던 것처럼, 영적인 이스라엘 역시 악한 영들의 위협을 받고 있다.

> "그러므로 우리의 삶에서 겪는 경험들과 성경에 무수히 나오는 증언들을 통해 분명히 확증해야 할 것은, 우리는 결코 이렇게 강력한 적들을 우리 힘만으로는 이겨 낼 수 없으며, 우리의 모든 승리의 최종 결과를 날마다 주님께 돌려야 한다는 사실입니다."[61]

성경의 맥락 안에 머무르면서, 카시아누스는 하느님께서 아브라함에게 열 민족의 땅을 차지하게 해 주시겠다고 약속하신 내용을 인용한다. 그는 여덟 가지 악덕에 더하여, 두 가지를 더 덧붙이는데, 우상 숭배와 신성모독의 행위이다. 이는 "하느님을 알기 이전, 즉 세례의 은총 이전의"[62] 악덕들에 해당한다.

악덕의 숫자나 분류 방식에 있어 지나치게 체계화하려고 하

인 의미로 사용된다. 비록 이 단어에 부정적인 형용사가 따로 붙지 않더라도, 죄에 사로잡힌 영혼 안에서 일어나는 왜곡된 생각들을 가리킨다. 특히 폰투스의 에바그리우스가 이 용어를 자주 사용하며 체계화했다.

60) 카시아누스는 이를 이렇게 설명한다. Cf. *Conferenza* V, 16[227].

61) *Conferenza* V, 15[225].

62) *Conferenza* V, 22[234].

다 보면, 카시아누스가 본래 의도하지 않았던 의미를 그에게 부여하게 된다. 그리하여, 단순히 원로들의 경험을 서술하려 했던 그의 의도와 달리 체계적인 틀을 발견했다고 착각할 위험이 있다. 그가 글을 쓴 동기는 신학적인 것임을 상기할 필요가 있다. 즉, 신앙의 선물을 받아들인 그리스도인이 수도 생활 안에서 어떻게 복음을 살아갈 수 있는가 하는 질문이다.

그는 악덕과 덕이 마치 공간과 땅의 문제인 것처럼 함께 공존하는 것은 불가능하다는 생각에서 출발한다.

> "덕이 마음의 모든 정욕을 몰아내는 데 성공했을 때, 그것들은 남의 영토를 침범한 것으로 여겨질 것이 아니라, 오히려 본래 자기에게 속한 지역을 되찾은 것으로 여겨져야 합니다."[63]

악덕은 생명에 대한 약속, 지성, 친교, 사랑, 행복을 위협하며, "영혼(anima)이라는 약속된 땅에 침입한 불청객들과 같다."[64] 카시아누스는 이렇게 서술했다. "실제로 땅에 얽매인 욕망으로부터 아직 해방되지 못한 사람은 누구나, 낯선 땅에서 늙어 가고 있는 사람이라고 불리는 것이 마땅합니다."[65] 이러한 이유로, 자기 땅이 아닌 곳에 침입하려는 원수의 이미지를 사용하며, 교부들은 이렇게 권고했다. "당신을 덮쳐 오는 모든 생각에게 질문하십시오. 당신은 우리 편입니까? 아니면 적에게서 온 자입니까?"[66] 그

---

63) *Conferenza* V, 23〔235〕.

64) E. Pichery, "Introduction", in Jean Cassien, *Conférences* I-VII, SC 42(1955), p.32.

65) *Conferenza* V, 12〔221〕.

66) *Detti inediti dei Padri del deserto*(미발표된 사막 교부들의 말씀), a cura di

리고 에바그리우스는 더욱 분명하게 이렇게 말한다.

> "당신 마음의 문지기가 되십시오. 그리고 어떤 생각도 먼저 심문해 보지 않고서는 들여보내지 마십시오. 떠오르는 모든 생각에게 이렇게 말하십시오. "당신은 우리 편인가?, 아니면 적의 편인가?" 만일 우리 편이라면, 당신을 평화로 가득 채워 줄 것입니다. 그러나 만약 원수의 편이라면, 당신을 분노로 혼란스럽게 하고, 욕망으로 들끓게 만들 것입니다."[67)]

덕의 땅을 되찾는 것은 진복팔단의 삶을 드러낸다. 그러므로 여기서 말하는 승리는 이미 주어진 하느님의 선물에 대한 공로가 아니라, 피조물 안에서 '주인'으로서의 자리를 다시 찾은 인간의 지혜를 나타낸다. 따라서 진복팔단에 대한 중요한 영적 지표가 제시된다. 곧, 우리가 그 땅을 되찾는다면, 행복은 가능하다는 것이다. 그런데 지금 행복 혹은 그 행복의 땅은 이미 잘 알려진 적들로 인해 위협받고 있고 억눌려 있다. 즉, 음식과의 관계에서는 '탐식'이, 육체와 성생활의 영역에서는 '음욕'이, 사물에 대해서는 '탐욕'이, 타인에 대해서는 '분노'가, 자기 자신과의 관계에 대해서는 '슬픔' '허영심' '교만'이 그 행복을 위협하고 있는 것이다.

이 항목들이 바로 고대 그리스도교 전통이 인간의 행복과 소명의 온전함을 위협할 수 있는 여덟 가지 가능한 위협으로 지목해 온 여덟 가지 악덕, 바이러스, 정욕들이다. 따라서 이러한 교

S. Chialà / L. Cremaschi, Qiqajon, Bose, 2002, p.161.

67) Evagrio Pontico, *Epistula*(서간집) 11, 3, ed. W. Frankenberg, Berlin, 1987, p.575.

의에서 도출된 영성은 '통합적 영성'이다. 이 영성은 인간, 곧 인간 전체, 그리고 모든 인간을 대상으로 하며, 인간이 맺는 관계들 안에서 자라나는 병리 현상과 죽음의 문화가 형성되는 그 뿌리까지 파고든다.

이 악덕들의 순서는 영적인 삶의 전개에 따라 배열된다. 인간의 '동물적' 삶에 가까운 가장 저속한 유혹에서부터 시작하여, 정신적 차원과, 사물과 타인에 대한 표상에 관계된 더욱 미묘한 유혹들, 그리고 마지막으로는 완덕의 삶에 가장 가까운 유혹들, 즉 '영적으로 진전된 이들'의 유혹인 허영과 교만에 이르기까지 이어진다. 그리스도교 전통은 이 교의를 체계화했지만, 악덕 자체를 '발명'한 것은 아니다. 악덕들은 인간의 병리적인 현상일 뿐이다. 모든 인간은 이러한 병리적인 영향을 피할 수 없다. 따라서 우리는 그것들을 인간의 건강을 해치는 '바이러스'라고 부를 수 있는 것이다. "이 여덟 가지 정욕은 〔…〕 인류 전체를 공격한다." 비록 "모든 정욕이 모든 사람을 똑같은 방식으로 공격하는 것은 아니라고 하더라도 말이다."[68]

우리가 영적 체험에 가장 가까운 것으로 간주하는 인간학에 따르면,[69] 곧 인간을 몸(*σῶμα, corpus*), 프시케(*ψυχή, anima*), 그리

68) *Conferenza* V, 13〔222〕.

69) 앙리 드 뤼박은 다음과 같이 말한다. "어떤 저자가 영적일수록, 그는 이 삼분법적 도식에 더 애착을 가진다. 〔…〕 이 삼분법적 도식은 역동적인 도식이다. 〔…〕 이러한 인간학은 몸과 영 사이에 중간 영역을 구분하는데, 이 중간 영역은 진정한 의미에서의 인간 영역으로서, 그 고유한 능력들과 자유를 지닌다. 이를 통해 어떤 중립 상태로부터 출발하여, 〔…〕 인간은 땅이 될 수도 있고, 신이 될 수도 있다." H. De Lubac, *L'Esprit et l'Église. Catholiques, orthodoxes et protestants de divers pays confrontent leur science, leur foi et leur tradition: l'avenir de l'Église et l'œcuménisme*(성령과 교회. 여러 국가의 가톨릭, 정교회, 개신교 신자들이 자신의 학문, 신앙, 전통을 대면하다: 교회의 미래와 교회

고 영(*πνεῦμα, spiritus*)으로 이해하는 이 관점에 따라, 악덕들을 다음과 같은 지도로 제시할 수 있다. 세 가지 악덕은 육체와 물질을 직접 겨냥하며 그에 관여한다. 식욕의 광기, 성욕의 광기, 금전욕의 광기의 이 악덕들은 더 많은 생명, 더 많은 쾌락, 더 많은 권력을 약속한다. 또 다른 세 가지 악덕은 생명을 소멸시키며, 인간의 정신적 삶을 공격한다. 이것들은 아무것도 주지 않으며 죽음을 향해 나아간다. 즉, 슬픔(자기 자신과의 관계), 분노(타인과의 관계), 게으름(모든 것, 모든 사람과의 관계)이다. 마지막으로 두 가지 악덕이 있는데, 이들은 하느님께서 주신 선물이라는 객관적 사실에 기초한 악덕이다. 즉, 허영과 교만인데, 이들은 "이미 어떠한 덕의 실천에 있어서 상당히 앞서 있는 이들을 주로 공격하는 유혹의 한 유형이다."[70)]

과거에는 유혹이 주로 육의 욕망, 즉 몸과 관련되어 이해되었고, 이로 인해 악덕이 영혼(anima) 안에서 생겨난다는 사실이 간과되었다. 악덕은 생각, 제안, 이미지 같은 어떤 유혹을 따르는 내면의 공간, 곧 영혼의 깊은 곳에서 비롯된다. 로기스모이, 즉 생각들, 이미지들, 유혹들은 영혼 안에서 태어난다. 악덕은 프시케, 즉 의지, 지성, 선택 능력이 생성되고 조장되며, 바로 이 지점에서 인간은 책임 있는 죄인이 된다. 영혼 안에서는 전적으로 심리적인 역동성이 작동하는데, 이는 원죄의 모형을 반복하면서 '제안-쾌락-동의'라는 과정을 거쳐 결국 죄의 행위로 이어진다.

사실, 유혹과 시험에 맞서는 영적인 투쟁 안에서, 우리는 사실상 구원받은 이들로 살아가는 법을 익히고, 모두를 대신하여

일치 신학), Paris, 1969, pp.327~328.

70) *Conferenza* V, 12〔221〕.

그리고 모두의 유익을 위해 주어지는 행복, 곧 하나의 참행복을 획득하게 된다. 악덕에 대한 논의 전체를 관통하는 카시아누스의 확신은 다음과 같다. 각 사람이 자신이 특히 취약하다고 자각하는 특정한 악덕을 지니고 있으며, 그에 대해 특별히 영적인 주의를 기울여야 한다는 것이다. 또 하나의 중요한 통찰은, 모든 악덕에 주의를 기울이지 않는 한 어느 하나의 악덕도 극복할 수 없다는 것이다. 악덕들은 서로 친연성과 연쇄 작용으로 연결되어 있어, 하나의 악덕이 과도해지면 또 다른 악덕이 생겨난다. 그러므로 한 악덕을 고치기 시작하되, 결국에는 다른 악덕들로도 이어질 수 있음을 염두에 두어야 한다. 카시아누스의 설명은 명확하다.

> "그 결과 〔…〕 게으름을 이기기 위해서는 먼저 슬픔을 극복해야 하고, 슬픔을 몰아내기 위해서는 우선 분노를 억제해야 하며, 분노를 잠재우기 위해서는 먼저 탐욕을 억눌러야 하고, 탐욕을 끊기 위해서는 우선 음욕을 다스려야 하며, 음욕을 죽이기 위해서는 무절제한 탐식의 악덕을 정화해야 합니다."[71)]

카시아누스가 제시하는 예시에는 참으로 많은 상식과 현실 감각이 담겨 있다.

> "자기 육체의 욕망들, 곧 은밀하기에 그만큼 더 위험한 욕망들을 결코 억제할 수 없는 이는, 맛없는 음식을 먹어야 했다는

71) *Conferenza* V, 10〔214〕.

이유만으로 불만을 품고, 겨우 한 시간도 탐식의 쾌락을 절제하지 못한 사람입니다."[72]

이 지점에서 다음과 같은 질문이 제기된다. 과연 인간이 모든 악덕을 이길 수 있는가? "사실 이 싸움에서 자신의 노력만으로는 결코 승리를 거둘 수 없다는 확신 없이는, 어떤 정욕에 대해서도 참된 승리를 이룰 수 없다."[73] 따라서 우리는 악덕들에 대해 거둔 승리들로 인해 교만해져서는 안 된다, 왜냐하면,

> "자신의 힘만으로는 그토록 사나운 적들을 결코 이겨낼 수 없으며, 우리는 날마다 승리의 최종 결과를 주님께 돌려 드려야 하기 때문입니다. 〔…〕 그러니 당신의 싸움이 성공적으로 끝났다고 해서, 그 결과를 자신의 덕행이나 지혜 덕분이라고 생각하며 자만해서는 안 됩니다. 〔…〕 당신은 그 어떤 방법으로도, 어떤 의심의 여지 없이, 주님의 도우심과 보호가 아니었다면 그러한 적들을 이겨 낼 수 없었을 것입니다."[74]

육체의 본능을 따르는 것도 악덕이며, 육체를 극복했다는 착각을 따르는 것도 악덕이다. 교만과 허영이라는 두 가지 악덕은 다른 악덕들을 극복했다는 데서 비롯되며, 그로 인해 자신이 구원을 받을 자격이 있다고 착각하게 만드는 데서 기인한다. 그러므로 덕이란 단순히 '중용에'(in mezzo) 있는 것이 아니라, 항상 '투

---

72) *Conferenza* V, 11〔217〕.

73) *Conferenza* V, 14〔222〕.

74) *Conferenza* V, 15〔225, 226〕.

쟁 속에'(in lotta) 있다. 마찬가지로 '완덕'도 정적인 상태가 아니라, 항상 움직이는 역동성이다. '영혼'(anima)은 '영'(spirito)과 '몸'(corpo) 사이의 소통을 회복하도록 부름 받고 있다. 곧, 몸이 영적인 것이 되게 하고, 영적인 것이 육화되도록 허용하는 것이다. 이 균형을 벗어날 때, 인간 존재는 마치 낯선 지역에 있는 것처럼 병들고 죽음에 이르게 된다.

이런 맥락에서 '육적인'과 '영적인'이라는 형용사는 특정한 악덕을 지칭하는 것이 아니라, 오히려 수도자를 규정하는 말이라고까지 할 수 있다. '육적인' 사람은 아직 초보 단계에 있는 수도자로서, '탐식'과 '음욕' '탐욕'의 악덕에 유혹을 받는다. 한 걸음 더 나아간 이들은 '슬픔' '분노' '게으름'에 시달리며, 이미 많은 싸움에서 승리한 자만이 '자기 충족'과 '자기만족'의 유혹에 놓이게 된다.

하지만 카시아누스에 따르면, 보다 '영적인' 악덕에 유혹받는 수도자일수록 그것을 매우 '육적인' 방식으로 드러낸다. 그들은 목소리를 높이고, 웃음을 터트리며, 판단을 내리고, 다른 사람에게는 수도 생활의 본질적인 요소들을 전혀 감내하지 못하는 사람처럼 비친다. 바로 이러한 이유 때문에, "외적인 인간의 행동을 통해 내적인 인간의 상태를 식별할 수 있다"[75]는 영적 법칙이 성립한다.

죄로 얼룩진 삶은 내면에서 바깥으로 드러난다. 교만에서 모든 악덕이 비롯된다. 이러한 점에서, 수도자의 완덕의 정도가 음식 문제에서 드러난다는 사실은 전체적인 관점에서도 일관성을 가진다! 인류의 첫 죄가 탐식이 아니라 교만이라고 말하면서도,

---

75) *Istituzioni* XII, 29〔334〕.

그 교만이 '먹는 행위' 안에서 표현되었다고 말하는 이유가 여기에 있다. 그러므로 모든 죄는 공통적으로 인간을 관계의 내면성으로부터 멀어지게 만드는 역동성을 지닌다. 곧, 육체의 양식을 채우려는 갈망(탐식), 자아를 부풀리려는 욕망(교만), 혹은 하느님 나라의 행복을 상실한 자리를 대신해 쾌락을 추구하려는 열망 등으로 나타난다. 정신적 차원의 악덕들(슬픔, 분노, 게으름)은 즐거움을 주지 않으며, 오히려 삶의 기쁨을 억누르고 자아와 타자, 생명 자체의 죽음을 초래한다. 이러한 악덕들은 '자연을 거스르는' 병리적 현상과 같다. 카시아누스는 탐욕도 이와 같이 이해한다. 탐욕스러운 자는 사물과의 관계를 극단적으로 왜곡하여, 즐기지도 못하면서 소유하려는 어리석음에 이른다. 그러므로 탐욕스러운 자는 진정으로 불행한 자이다. 그는 먼저 재산을 모으기 위해 애쓰고, 다음에는 모은 것을 지키느라 애쓰며, 마지막에는 그것을 남들에게 남겨 주기 위해 또다시 애쓴다. 그는 가장 불행한 사람이며, 가장 부조리한 악덕에 사로잡힌 자이다. 탐욕은 인간 본성에 속하지 않은 악덕이다. 오히려 그것은 인간 본성에 낯선 악덕인데, "우리의 영혼과 육체, 더 나아가 우리의 삶 자체에 유익한 어떤 물질"[76]에서도 비롯되지 않기 때문이다.

76) *Conferenza* V, 8[212].

'**진복팔단**'과 '8가지 주요 **악덕 이론**'

은총의 선물(인간의 삶 안에서 드러나는 표징)과
영적 투쟁으로서 요구되는 **헌신(노력)** 안에서
신학적·인간학적 일관성을 읽어 내는 다양한 방식들

행복한 이들	악덕 안에서 불행한 이들
영이 가난한 이들, 그들에게는 하늘 나라가 주어진다	**탐욕스러운 자**는 많은 것을 가졌지만, 그것을 누리지 못한다.
온유한 이들은 땅을 차지하게 될 것이다	**게으른 자**는 어디에 있어도 불편하다.
슬퍼하는 이들은 위로를 받을 것이다	**슬픔**은 영혼을 갉아먹고 생명을 소멸시킨다.
의로움에 주리고 목마른 이들은 흡족하게 될 것이다	**탐식**은 불의이며, 결코 만족함이 없다.
자비로운 이들은 자비를 입을 것이다	**교만**은 악마와 닮게 만든다.
마음이 깨끗한 이들은 하느님을 볼 것이다	**음욕**은 감각을 흐리게 한다.
평화를 이루는 이들은 하느님의 자녀라 불릴 것이다	**분노**: 타인은 제거해야 할 적이 된다.
정의를 위해 박해받는 이들은 복되니, 하늘 나라가 그들의 것이다.	**허영심**: 사람들을 아무 의미 없이 이용한다.

은총의 선물	표징	헌신
하느님 나라	가난	탐욕과의 싸움
약속된 땅	온유	게으름과의 싸움
위로	슬픔	슬픔과의 싸움
정의로 충만해짐	갈증	탐식과의 싸움
자비	자비	교만과의 싸움
하느님을 봄	마음의 깨끗함	성에 대한 집착과의 싸움
하느님의 자녀라 불리게 됨	평화	분노와의 싸움
하늘 나라	박해	허영심과의 싸움

/결/론/

이 글의 끝에서 우리는 다음과 같이 요약할 수 있다. 곧, 인간학의 도전은 교의와 그리스도인의 삶의 결속, 다시 말해 신학과 영성 사이의 결속에 있다는 것이다. 카시아누스의 저작들에서 여전히 발견되는 인간학은 전통에 뿌리를 두며, 하느님의 모상과 닮음으로 창조된 인간으로부터 출발한다. 이는 카파도키아 교부들의 전통이며, 더 거슬러 올라가면 리옹의 이레네우스 성인에게서 확립된 전통이다. 이레네우스는 갈리아 남부 지역의 수도자들의 저작 안에 그 흔적을 남긴 인물이다.[1] 앞서 상기하였듯이, 카시아누스는 리옹의 그리스도인들과 개인적인 교류가 있었는데, 특히 주교 에우케리우스와 친구였다. 그들에게는 이레네우스의 저작들과 신학이 여전히 매우 생생한 의미를 지니고 있었을 것이다.

은총에 관한 제13담화에서 다루어지는 어려움은, 그것이 단순히 참조 맥락이 아닌 인간학의 빛 아래 읽히고 해석될 때 충분

1) Cf. F. Vernet, "Irénée de Lyon"(리옹의 이레네우스), in *Dictionnaire de Théologie Catholique* VII, 2(1922), p.2520.

히 이해될 수 있다. 이미 말했듯이, 카시아누스의 특징은 그리스 세계에서 배운 스승들의 사상을 라틴 세계의 맥락에 맞게 조정한 데 있다. 바로 이 이행 과정에서, 특히 인간학과 관련하여 혼란이 생길 가능성이 발생한다. 즉, 인간이 "하느님의 모상대로 창조되었다"는 관점에서 출발할 때, 인간 본성은 은총의 관점에서 지워질 수 없는 '모상'으로 간주되고, 죄는 '닮음'을 상실하게 만든 것으로 여겨진다. 이 '닮음'은 오직 구원의 은총, 즉 세례를 통해서만 다시 회복될 수 있다. 반대로, 인간을 죄로부터 출발하여 이해할 경우, 창조의 은총은 지워졌다고 간주되고, 오직 구원의 은총만이 인간 본성에 본래의 광채를 되찾아줄 수 있다고 이해된다. 따라서 "구원의 실재를 공허하게 만드는 입장에 대한 근본적인 반대는 여전히 유효하지만"[2](라틴적 입장) 그와 같은 입장은 오히려 창조의 실재를 공허하게 만들 위험 또한 존재한다.[3] 그리스적 사고방식을 지닌 저자의 사고는, 동방에서는 알지 못했던 논쟁들로 격동하던 라틴 신학의 맥락 안에서 해석되고 오해될 수 있다. 실제로 아우구스티누스와 펠라기우스 사이의 갈등은 동방에서는 존재하지 않았던 논쟁으로 라틴 세계 만의 예외적인 것에 해당한다. 그러나 갈리아 남부 수도자들이 취한 입장은 그들이 라틴어 문화권에 속해 있었음에도 불구하고, 그리스 전통에

2) I. Sanna, *Chiamati per nome*(이름으로 부르심을 받은 이들), San Paolo, Cinisello Balsamo, 1994, p.185.

3) 〔옮긴이 주〕 라틴 전통이 가장 경계해 온 입장은 인간이 스스로 구원에 결정적인 역할을 할 수 있다고 보는 펠라기우스주의적 관점이다. 이 입장에 맞서 구원 은총의 절대성을 강조한 라틴 전통의 입장은 신학적으로 정당하고 올바르다. 그러나 이 과정에서 인간의 죄성을 과도하게 부각시킬 경우, 하느님의 구원 역사 안에서 인간 본성과 창조의 선함이 지나치게 약화되어, 창조 자체의 실질적 의미가 희석될 위험이 생긴다.

더 가까운 것으로 보인다. 그 전통은 인간을 자신의 모상으로서의 소명을 결코 완전히 상실한 존재로 보지 않으며, 이러한 인식 위에 세워진 긍정적인 인간관에 기초한 인간학을 말한다.

카시아누스는 이러한 오해의 상징적 인물이며, 이 오해는 5세기에 국한되지 않고, 이후의 여러 세기에도 반복되어 나타난다. 한 현대 정교회 신학자는 논지를 다소 과장하여 역사를 다음과 같이 해석한다. 곧, 5세기 이후로 라틴 신학자들은 인간을

> "하느님의 모상과 닮음으로 이해하지 않고 오늘날의 표현을 빌리자면, 마치 원죄라는 바이러스를 내장한 프로그램처럼 간주하게 되었다고 말한다. 〔…〕 물론 아우구스티누스〔그의 전집과 특히, 『재론고』(*Retractiones*)〕와 아우구스티누스주의(보에티우스, 아오스타의 안셀무스, 또한 코르넬리우스 얀센과 키에르케고르)를 구별해야 한다는 점은 분명하다. 그럼에도 불구하고, 왜 레렝스의 성 빈첸시우스가 아우구스티누스의 논제들을 '개인적인 소견'(*opinionunculae*), 곧 지극히 주관적인 '작은 생각들'이라 일축했고, 성 요한 카시아누스가 그것들을 '숙명론적'이며 해로운 것으로 간주했는지를 이해하는 것은 어렵지 않다."[4]

아마도 이러한 이유로, 카시아누스 당시에도 그에게 제기된

4) G.S. Romanidis, *Un virus mortale. Il peccato originale secondo san Paolo* (치명적인 바이러스. 성 바오로에 따른 원죄) ed. Asterios, Trieste, 2006, p.16. 그 몇 쪽 앞서(14쪽), 이 정교회 신학자는 다음과 같이 말하기도 한다: "서방 그리스도교와 동방 그리스도교 사이의 차이 또는 근원적인 괴리는 행정적인 문제(예: 교황 수위권)도 아니고, 신학적인 문제(예: 필리오케, 에네르기아 문제 등)도 아니다. 그것은 인간학적인 성격의 문제이다. 차이는 이 질문에 대한 답변에서 비롯된다. '인간이란 누구인가?'"

펠라기우스주의 혐의의 타당성에 대해 일종의 불확실성이 있었던 것일지도 모른다. 펠라기우스주의 논쟁을 종결지은 오랑주 공의회[5]의 중심인물인 아를의 카이사리우스는, 자신의 교구 내 수도원을 위한 규칙서를 작성하면서 카시아누스의 글을 거의 말 그대로 인용한다.[6]

성 베네딕투스의 규칙은 카시아누스를 매우 중요하게 여겼으며, 나중에 성 토마스 아퀴나스도 마찬가지였다. 동방과 서방 모두의 수도 생활에 공통적으로 수용된 가르침은 다음과 같다. "은총의 현현은 각자가 신앙 안에서 얼마나 스스로를 돌보느냐의 정도에 달려 있다."[7]

동방 수도 전통과 관련해서는,[8] 다음의 사실들만 상기해도

---

5) 〔옮긴이 주〕 제2차 오랑주 공의회는 529년 7월 3일에 열렸던 당시 동고트 왕국의 일부였던 오랑주 지역에서 열렸던 지역 공의회이다. 아를의 대주교 카이사리우스는 자신의 의견에 반대한 펠라기우스주의를 지지하는 주교들에 대항하여 자신의 지지를 얻고자 보니파시우스 2세 교황에게 자신의 입장을 정리하여 서한을 보냈다. 이 공의회에서는 펠라기우스주의, 반(半)-펠라기우스주의 모두 파문되었다. 하지만 예정론, 이중 예정론 역시 모두 거부되었다. 이는 카이사리우스 대주교의 결론에서 분명히 드러난다. "우리는, 가톨릭 신앙에 따라 세례의 은총을 받은 뒤 세례받은 모든 이가 신실하게 살고자 한다면, 그리스도의 도우심과 협력에 힘입어 영혼의 구원과 관련 있는 것을 성취할 수 있고 성취해야 한다고 믿는다. 우리는 어떤 이들이 하느님의 능력에 의해 악으로 예정되어 있다는 것을 믿지 않을 뿐 아니라, 그러한 악을 믿으려는 이들이 있다면, 이들을 매우 혐오하며 파문한다!"(DH 397). 공의회의 결정은 25개 조항으로 기록되었고, 531년 1월 25일 보니파시우스 2세가 아를의 카이사리우스 주교에게 보낸 편지(*Per filium nostrum*)를 통해 인준되었다. 이 내용에 대해서는 Cf. DH 370~400.

6) Cf Olphe-Galliard, p.267.

7) Callisto e Ignazio Xanthopouli(XIV sec.), *Metodo e canone rigoroso*(방법과 엄격한 규범) 6, *Filocalia* IV, p.155.

8) Cf. P. Guran, "Le culte de Jean Cassien dans l'Eglise d'Orient"(동방 교회 안에서의 요한 카시아누스에 대한 신심), in C. Badilita / A. Jakab(edd.), *Jean Cassien entre l'Orient et l'Occident*(동방과 서방 사이에서 요한 카시아누스), Beauchesne, Paris, 2003, pp.239~263.

충분하다. 『규정집』의 요약본이 아타나시우스의 이름으로 전해졌고, 이후 『여덟 가지 악습에 대하여』라는 제목으로 더 축약되어 닐루스(Nilus)의 저작에 포함되었으며,[9] 『필로칼리아』(*Filocalia*) 제1권에는 카시아누스의 작품 일부 단편들이 수록되어 있다.[10] 그리고 포티우스(Photius)는 자신의 도서관에 카시아누스의 텍스트 단편들을 소장하고 있었다.[11]

카시아누스가 종교개혁 시기에 반(半)-펠라기우스주의자 혹은 반(反)-아우구스티누스주의자의 대표자로 간주[12]되었음에도 불구하고, 그의 저작들이 트렌토 공의회 이후 시대에도 성인들과 저명한 수도회 설립자들에 의해 읽히는 것을 막지는 못했다.[13] 우리는 필리포 네리(Filippo Neri)와 이냐시오 데 로욜라(Ignacio de Loyola)가 카시아누스의 『규정집』과 『담화집』을 읽었다는 사실을

---

9) Cf. S. Marsili, "Résumé de Jean Cassien sous le nom de saint Nil"(성 닐루스의 이름으로 전해진 요한 카시아누스), *Revue d'Ascétique et de Mystique* 15 (1934), pp.241~245.

10) 『필로칼리아』 제1권: 서한 『주교 카스토르에게. 여덟 가지 악덕한 생각들』(*Al Vescovo Castore. Gli otto pensieri viziosi*) pp.129~153 및 서한 『레온티우스 대수도원장에게. 스케테에 사는 거룩한 교부들. 식별에 관한 매우 유익한 담론』(*A Leonzio Igumeno. I Santi Padri che vivono a Scete. Discorso sommamente utile a proposito del discernimento*) pp.154~169. 이처럼 『필로칼리아』 안에 카시아누스의 저작이 포함되어 있다는 점에서, 러시아 순례자가 왜 카시아누스를 다른 동방 수도 저자들과 나란히 인용하는지 이해하게 해준다. Cf. *Le pèlerin russe. Trois récits inédits*(러시아 순례자. 미발표된 세 이야기), coll. Spiritualité Orientale 10, Paris-Bégrolles-en-Mauge, 1976, p.25.

11) 포티우스의 도서관에 카시아누스의 저작들이 소장되어 있다는 사실은 『필로칼리아』 제1권 127쪽에 수록된 두 텍스트의 서문에서 아토스 산의 니코데무스(Nicodemus Hagiorita)가 전하고 있다.

12) Cf. G. Colzani, "La controversia semipelagiana"(세미펠리기우스 논쟁), in *L'uomo nuovo: saggio di antropologia soprannaturale*(새로운 인간: 초본성적 인간학에 관한 시론), ed. Leumann, Torino, 1977, pp.72~74.

13) Cf. V. Ianari, 「서문」("Introduzione"), in Isacco di Ninive, 『영적인 삶의 문법』*Grammatica di vita spirituale*, San Paolo, Cinisello Balsamo, 2009, p.12.

알고 있다. 특히 흥미로운 점은, 성 프란치스코 살레시오(Francis de Sales)의 『신심 생활 입문』이 "카시아누스 사상의 발전이자 실천적인 적용"으로 여겨진다는 것이다.[14]

성 이냐시오에게 있어, 『영신 수련』의 많은 부분이 카시아누스의 저작을 참조하고 있음을 확인할 수 있다(예: 두 깃발, 세 부류의 사람, 식별 등[15]). 그러나 성 이냐시오에게 카시아누스에 대한 참조는 단순히 영적 생활의 어휘가 유사하다는 점에만 국한되지 않는다. 이냐시오는 카시아누스 시대의 큰 어려움을 다시 떠올리게 하는 신학적 맥락 안에서 새로운 수도회를 창설하였다. 즉, 인간학을 신학적 언어로 표현하기는 어려운 반면, 실천적 삶의 언어로는 상대적으로 '쉽게' 제시될 수 있는 상황이었다. 이러한 어려움을 보여 주는 한 예로, 성 이냐시오가 『영신 수련』 소책자의 말미에 "교회와 함께 생각하기"(*sentire cum ecclesia*)를 위한 규범들 가운데 다음과 같이 쓴 대목을 읽는 것만으로도 충분하다. "〔…〕 신앙과 은총에 관해서는, 하느님의 도우심으로 여겨지는 모든 것을, 그분의 지극히 거룩하신 위엄에 더 큰 영광이 된다면 무엇이든 말할 수 있다. 그러나 특히 요즘같이 위험한 시대에는, 인간의 행위와 자유 의지가 훼손되거나 무가치한 것으로 여겨지지 않도록 주의 깊게 방식과 표현을 택해야 한다."[16] 당시는 논쟁과 위

---

14) Cf. Olphe-Galliard, pp.271~273.

15) Cf. M. Olphe-Galliard, "Vie contemplative et vie active d'après Cassien"(카시아누스에 따른 관상 생활과 활동 생활), *Revue d'Ascétique et de Mystique* 16(1935), p.263. Cf anche Ch. A. Bernard, *Vie morale et croissance dans le Christ*(도덕적 삶과 그리스도 안에서의 성장), Università Gregoriana Editrice, Roma, 1973, p.129.

16) "투쟁하는 교회 안에서 우리가 지녀야 할 참된 기준을 위하여, 다음의 규칙들을 지켜야 한다.", XVII regola, EE 369, in sant'Ignazio di Loyola, *Esercizi spirituali*(영신 수련), ed. Paoline, a cura di P. Schiavone, Cinisello Balsamo,

기의 시대였기에, 교부들과 전통에 대한 언급은 신학적으로 긍정적인 인간학에 의해 비추어진 그리스도교적 실천을 다시 찾아내는 데 도움을 주었지만, 카시아누스의 시대와 마찬가지로, 구원의 은총을 둘러싼 갈등에 직면하지 않을 수 없었다. 그리스도교적 헌신에 대한 초대, 곧 하느님의 모상대로 창조된 인간이 그 창조의 은총에 응답할 수 있다는 인간에 대한 신뢰는, 당시 '영성'의 풍요로운 일부를 이루고 있었지만, 이를 신학적 차원의 논의로 표현하는 순간, 동일한 명확성은 이단의 암초들을 피하기가 쉽지 않았다.

카시아누스의 시대에도, 성 이냐시오의 시대에도, 그리고 오늘날에도 마찬가지로, 인간학에 관한 문제에 대해 신학적으로 주의를 기울여야 한다. 다시 말해, 인간에 대한 질문을 창조와 구원의 원천으로 되돌려 놓아야 하며, 이는 세례의 계시를 통해 두 차원을 함께 사유하는 것을 뜻한다. 즉, 아들을 본받아 그분의 모상과 닮은 모습으로 이루어진 창조와 만물이 그분 안에서, 그분을 통하여 창조되었듯이(콜로 1,16 참조), 성자 안에서 이루어지는 구원을 말한다.

그러므로 은총과 자유는 신학적이고 인간학적인 좌표들로서, 언제나 동시에 하나의 선물이자 헌신을 드러낸다. 이러한 방향성은 초세기 동방 교부들에게서 그들의 저술이 지닌 교의적 성격과, 그리스도인의 삶을 다룬 실용적인 저작들에 부여된 중요성과 긴밀히 연결되어 있었다.

5세기의 작가 포티케의 디아도쿠스(Diadochus Photicensis)는 세

1988, p.256.

례에 대해 말하면서, '하느님의 모상과 닮음'에 대한 인간학적 입장을 명확히 요약한다. 모상은 흐려졌으며, 하느님의 힘에 의해 다시 발견되고 빛나게 되어야 한다. 반면 닮음은 하느님의 힘과 더불어 우리의 노력과 헌신을 기다리고 있다.

> "거룩한 은총은 다시 태어나게 하는 세례를 통해 우리에게 두 가지 선물을 줍니다. 이 가운데 하나는 다른 하나를 무한히 능가하면서 즉시 주어집니다. 첫 번째는 물, 그 자체를 통하여 우리를 새롭게 하고, 죄의 모든 주름을 지워 버림으로써 영혼의 모든 흔적, 즉 하느님의 모상을 빛나게 합니다. 그러나 다른 나, 곧 닮음은 우리가 이뤄가야 할 몫으로 남아 있습니다. 그러므로 지성이 성령의 선하심을 깊은 감각으로 맛보기 시작할 때, 우리는 은총이 모상 안에 닮음을 그려 넣기 시작한다는 사실을 알아차려야 합니다. 실제로, 화가들이 먼저 한 가지 색으로 인간의 모습을 윤곽만 그려 놓고, 점차 색을 덧입혀 머리카락에 이르기까지 본보기의 모습을 재현하듯이, 하느님의 거룩한 은총도 먼저 세례를 통하여 인간이 존재하기 시작했을 때의 모습 그대로 모상을 회복시킵니다. 그리고 우리가 모든 지향으로 닮음의 아름다움을 갈망하며, 그분의 작업실 안에서 벌거벗고 흔들림 없이 서 있는 것을 보게 될 때, 그제야 하나의 덕 위에 다른 덕을 꽃피우고, 영광에서 영광으로 영혼의 아름다움을 높이며, 마침내 그 영혼 안에 닮음의 인호를 새겨 넣습니다."[17]

---

17) Diadoco di Fotica(V sec.), *Definizioni. Discorso ascetico*(정의들. 금욕 담론) 89, in *Filocalia* I, pp.387~388.

부록에 실린 바실리우스의 『인간의 기원에 관하여』 강해는 4세기의 한 그리스도인이 목자의 설교를 통해 '기쁜 소식'으로 선포되는 인간 이해를 어떻게 들을 수 있었는지를 분명하게 보여준다. 그 설교 안에서 신학과 영성은 하나의 동일한 영감에 따라 나아가고 있었다.

나지안주스의 그레고리우스는 바로 이러한 맥락에서 "우리는 숨 쉬는 것보다 더 자주 하느님을 기억해야 합니다"[18]라고 말했는데, 이는 그렇게 함으로써 비로소 영감에서 우러나오는 말을 입 밖으로 전할 수 있기 때문이다.

18) Gregorio Nazianzeno, *Orazione* 27, 4[647].

부 록

카이사리아의 바실리우스의 『인간의 기원에 관하여』 강해 I

서 문

카이사리아의 바실리우스는 창세기 시작에 대한 일련의 강론들을 남겼으며, 이는 엿새 동안 이루어진 세상 창조 이야기 즉, 『헥사메론』(그리스어 ἑξαήμερον, "6일간의 〔작업〕")에 대한 교부들의 주해 전통 계열에 속한다.[1)] 이 강론들은 378년(또는 377년) 사순 시기에 행한 9편의 강론으로 이루어져 있다. 이 강론들은 하느님이 엿새 동안 창조하신 내용을 설명하고 있지만 인간 창조에 대해서는 다루지 않는다. 마지막 강론에서 바실리우스는 설교를 계

1) Basilio di Cesarea, *Sulla Genesi (Omelie sull'Esamerone)*〔창세기에 관하여(육일 창조에 관한 강해)〕, ed. M. Naldini, Fondazione Lorenzo Valla Mondadori, Milano, 1990. 육일 창조 문헌(Hexaemeral Literature)에 관해서는 다음을 참조: F.E. Robbins, *The Hexaemeral Literature*(헥사메론 문헌), Chicago, 1912; Y.-M.-J. Congar, "Le thème de Dieu-Créateur et les explications de l'Hexaméron dans la tradition chrétienne"(창조주 하느님이라는 주제와 그리스도교 전통에서의 헥사메론에 대한 해석), in *L'homme devant Dieu: Mélanges offerts au Pére Henri de Lubac*(하느님 앞에 선 인간: 앙리 드 뤼박 신부에게 헌정된 논문집), 1(Théologie, 56), Paris, 1963, pp.189~222; *In Principio: Interprétations des premiers versets de la Genèse*(태초에: 창세기 첫 구절에 대한 해석), (École pratique des Hautes Études, Sections des Sciences religieuses. Centre d'Études des Religions du Livre, Laboratoire associé au C.N.R.S., 152) Études Augustiniennes, Paris, 1973.

속할 것을 약속하면서 이렇게 말한다. “인간이 어떤 방식으로 하느님의 모상을 지니고 있으며, 어떻게 그분의 닮음에 참여하는지는, 하느님의 뜻이라면 다음 강론들에서 다루도록 하겠습니다.”[2]

그러나 바실리우스는 379년 초에 세상을 떠났으며, 이 인간의 기원과 창조를 주제로 그에게 귀속된 두 편의 강론은 전해지기는 하지만 '헥사메론'에 포함되지 않았다. 이는 그가 두 강론들을 수정할 기회를 갖기 전에 세상을 떠났기 때문일까? 아니면 제자에 의해 필사되었기 때문일까? 이 두 강론의 모든 필사본이 바실리우스의 『헥사메론』에 포함되어 있는 것은 아니고, 여러 가지 본문 전승의 차이가 존재하며, 미뉴(Migne)의 문헌집[3]에서는 니사의 그레고리우스의 저작들 가운데 수록되어 있다는 사실은 다양한 가설들을 낳게 했다.[4]

이 책에는 이 두 강론 가운데 내용의 밀도가 특히 높은 첫 번째 강론을 부록으로 수록하기로 결정하였다. 우리가 참조한 것은 *Sources Chrétiennes* 판에 수록된 그리스어 본문이다.[5] 편집자들은 바실리우스의 저작임이 확실하다고 판단되는 짧은 버전의

---

2) Basilio di Cesarea, *Sulla Genesi*, Omelia IX, 6, ed. Naldini, 301.

3) 〔옮긴이 주〕 'Migne'는 자크-폴 미뉴(Jacques Paul Migne, 1800~1875)가 편찬한 『교부 문헌 전집』(*Patrologia Latina, Patrologia Graeca*)을 가리키는 말이다.

4) Cf. R. Ravazzolo, *A immagine e somiglianza. Note di Basilio di Cesarea per una predicazione sulla creazione dell'uomo*(모상과 닮음에 따라. 인간 창조에 대한 설교를 위한 카이사리아의 성 바실리우스의 주해), Glossa, Milano, 2012, Vll~CXXXVII. 이 책에서 저자는 이 주제에 대한 훌륭한 참고문헌 목록과 의미 있는 주석들도 함께 제공한다.

5) Basile de Césarée, *Sur l'origine de l'homme(Hom. X et XI de l'Hexaéméron)*〔인간의 기원에 관하여(*Hexaémeron* 제10강과 제11강)〕, Introduction, texte critique, traduction et notes par Alexis Smets et Michel Van Esbroeck, SC 160(1970).

판본을 사용하였다.

그 동기에 대해서 자세히 논하지는 않겠지만,[6] 우리는 이 강론을 바실리우스의 인간 기원에 대한 신학적 유언으로 간주한다. 이는 그 메시지가 여전히 발견되어야 할 '유일무이한 작품'이기 때문이다. "우리는 독자들에게 형성 중인 예술 작품을 소개하고 있음을 자각하고 있다. 그 작품은 완전히 다듬어지지는 않았지만, 그 표면 아래에서 뚜렷한 윤곽이 드러나는 그리스도교 인간학이다."[7]

이 책의 마지막에 소개하는 성 바실리우스의 강론은, 우리가 앞의 여러 장에서 언급한 그리스도교 인간학의 원천 중 하나를 보여 준다. 이 강론은 특히 두 가지 주제와 관련하여 '바실리우스적인' 요점을 간결하게 요약해 준다. 첫 번째 주제는 다음과 같다. "하느님의 모상과 닮은 모습으로" 창조된 인간이라는 성경의 표현은 하나의 선물(모상)을 가리키며, 동시에 과제(닮음)를 요청한다. 그렇다면 **그리스도교란 무엇인가? 그것은 하느님을 닮아 가는 것이다**. 두 번째 주제는 다음과 같다. 하느님께서 인간에게 짐승들을 "다스리게 하자"라고 계명을 주신 것은 그 과제가 무엇인지를 드러낸다. 즉, 욕망을 다스리는 것이다. 그리스도인은 하느님의 모상대로 '다스림'의 닮음이 자라나는 만큼, 즉 선함, 자비, 용서, 곧 사랑(*agape*)이 성장하는 만큼 그리스도인이 되어 간다. 죄는 우리가 다스리도록 부름을 받은 존재들, 즉 피조성(야생 짐승들)에 예속되게 하여 우리를 노예(짐승 같은 존재)로 만들어 버

[6] 스메츠(Smets)와 반 에스브로크(Van Esbroeck)가 쓴 약 150쪽 분량의 중요하고 방대한 서론, 다양한 필사본에 대한 설명, 본문에 대한 비평적 장치를 참조하라. *Ibid.*, pp.11~157.

[7] "Introduction", *ibid.*, p.126.

린다. 로기스모스(λογισμός, 이성, 비판적이고 합리적인 원리)는 우리가 식별, 의지, 자유를 행사하고, 창조주를 인식해 가는 과정 속에서 자신을 인식하는 지식에 이르도록 주어진 것이다.

"그리스도인이란 무엇입니까?
인간 본성에 허락된 범위 내에서
하느님을 닮는 것입니다.
만일 여러분이 그리스도인이 되는 은총을 받았다면,
서둘러 하느님과 닮아 가고, 그리스도로 옷을 입으십시오."

(I, 17)

"내가 그리스도인이 되어 가는 동안,
나는 하느님을 닮아 가게 됩니다."

(I, 16)

카이사리아의 바실리우스의 『인간의 기원에 관하여』 강해 I

토마스 쉼착(Tomasz Szymczak)과 미켈리나 테나체(Michelina Tenace)가 편집했으며, 알렉시스 스메츠(Alexis Smets)와 미셸 반 에스브루크(Michel Van Esbroeck)가 편찬한 그리스어 비평편집본에 근거한다. 출전은 알렉시스 스메츠와 미셸 반 에스브루크가 서론, 비평 본문, 번역 및 주해를 제공한 카이사리아의 바실리우스의 『인간의 기원에 관하여』〔『헥사메론』 제10·11강), SC 160(1970), pp.167~221〕이다.

1. 서문: 자신을 아는 것이 필요하다

이제 나는 오래된 빚을 갚으려 합니다. 여러 차례 미뤄졌던 이 빚은 나의 악한 의도 때문이 아니라 육체적인 허약함 때문이었습니다. 그러나 이 빚은 여러분의 (신앙) 입문을 위해 시급하고도 필수적인 것입니다. 사실, 우리는 들짐승이나 헤엄치는 생물, 풀을 뜯는 짐승이나 날아다니는 새들, 하늘과 그에 속한 것들, 땅과 그 안에 담긴 것들에 대해 배웠으면서도, 정작 우리 자신의 기원에 대해서 하느님의 영감으로 기록된 성경 말씀으로부터 빛을 받지 못한다면 그것은 부당한 일이 될 것입니다(2티모 3,16 참조).

바깥을 바라볼 때, 우리의 시선이 단단하고 매끄러운 무언가를 만나지 않는 이상 스스로를 보지 못하듯이, 마치 그 표면에서 반사되어 자기 자신 깊숙한 곳을 비추는 경우에만 보이듯이, 우리의 정신(νοῦς) 또한 오직 성경을 향해 몸을 굽힐 때에만 자신을 볼 수 있습니다. 그곳에서 반사되는 빛은 우리 각자 안에서 자신이 누구인지에 대한 분명한 시각을 갖게 합니다. 우리는 지성이 부족하여, 우리 존재의 구조를 성찰하지 않음으로써, 우리가 누구이며, 무엇을 위해 존재하는지 알지 못합니다. 우리는 우리 자신에게 주의를 기울이지 않기에, 그 결과 인식의 범위 안에 있는 것들, 곧 우리 안에 있는 가장 기본적인 것들(τῶν μικροτάτων)에 대해서 조차 알지 못합니다.

2. 몸, 하나의 경이로움

우리 인간의 몸과 관련해서는 많은 관심과 연구가 헌정되어 왔습니다. 의학을 살펴보면, 우리 몸의 기능에 대해 얼마나 많은 것을 설명해 주는지 알 수 있습니다. 해부 실험을 통해 우리 내부 구조에서 발견된 수많은 숨겨진 관들, 보이지 않는 부분에 있는 관절들, 호흡할 때 몸 전체가 이루는 조화로운 통일성에 대해 알 수 있습니다. 즉, 숨결이 지나가는 통로, 혈관, 호흡의 리듬, 심장 가까이에 있는 열기의 근원, 심막 안에서 끊임없이 움직이는 숨결의 움직임 등을 설명해 줍니다.

이 모든 것에 대한 수천 가지의 관찰은 하나의 학문을 탄생

시켰지만, 우리 중 누구도 이 분야의 전문가는 아닙니다. 우리가 이 연구 분야에 전혀 관심을 기울이지 않기 때문이지만, 사실 어느 누구도 자기 자신이 어떤 존재인지 알지 못합니다. 우리는 자기 자신보다 하늘에 대해 더 잘 알고 싶어하는 경향이 있습니다. 그러므로 여러분 안에 있는 이 놀라운 경이로움을 과소평가하지 마십시오. 여러분은 스스로 작다고(μικρός), 그렇게 믿겠지만, 이제 이어지는 말은 여러분이 얼마나 위대한 존재(μέγας)인지를 밝혀 줄 것입니다.

그래서 지혜로운 다윗은 자신을 주의 깊게 살피는 데 능했던 사람이기에 이렇게 말했습니다. "나에게서(ἐξ ἐμοῦ) 깨달은 당신에 대한 지식은 놀랍습니다!"(시편 138,6).[8] 나는 내가 당신에 대해 가지고 있는 지식을 놀라움 속에 발견하였습니다.

그렇다면 왜 "나에게서"(ἐξ ἐμοῦ)라고 말하는 것입니까?

— "나에게서(ἐξ ἐμοῦ) 깨달은 당신에 대한 지식은 놀랍습니다!"라는 말은, 곧 내가 어떤 존재로 구성되었는지를 깨달은 다음, 내 몸이 얼마나 지혜롭게(σοφία) 구조화되었는지를 알게 되었다는 뜻입니다. 즉, 이 미미한(μικρός) 유기체로부터 출발하여 그를 지으신 분이 얼마나 위대한지(μέγας) 이해하게 되었다는 뜻입니다.

8) 『예루살렘 성경』의 시편 138(139),6 번역은 다음과 같다. "당신의 지혜는 제게 놀랍기만 하며, 너무 높아 제가 이해하지 못합니다." 하지만 이 번역은 히브리어 본문을 따른 것이다. 성 바실리우스는 70인역(LXX)을 인용한다: ἐθαυμαστώθη ἡ γνῶσις(불가타 성경 참조: *Mirabilis facta est scientia tua ex me*). 〔옮긴이 주〕 새 번역 성경 번역은 다음과 같다. "저에게는 너무나 신비한 당신의 예지 너무 높아 저로서는 어찌할 수 없습니다."

3. "우리가 만들자": 신성한 숙고

"우리의 모상대로 닮음에 따라 사람을 만들자"(창세 1,26).[9] 최근 들어 이 말씀의 의미와 그것이 누구를 향한 것인지에 대해, 간결하면서도 충분하게 설명된 바가 있습니다. 이 말씀에 대한 해석은 교회가 간직하고 있습니다. 아니, 교회는 그 어떤 해석보다도 더 확고한 신앙을 지니고 있습니다. "사람을 만들자!" 우리는 이 말씀에서부터 자기 자신을 잘 살펴보아야 합니다. 이 말씀은 다른 어떤 피조물에게도 들려진 적이 없는 말씀입니다. 빛에 대해선 단순한 명령만 있었습니다. 하느님께서는 "빛이 생겨라!"(창세 1,3)[10]라고 말씀하셨습니다. 하늘에 대해서는 어떤 숙고도 없었습니다. 궁창의 빛들에 대해서도 사전 숙고는 없었습니다. 바다와 끝없는 심해도 명령 하나로 존재하게 되었습니다. 온갖 종류의 물고기도 마찬가지입니다. 들짐승들, 풀을 뜯는 짐승들, 헤엄치는 짐승들, 날아다니는 짐승들도 하느님께서 말씀하시자 존재하게 되었습니다. 여기까지 인간은 아직 등장하지 않습니다. 그러나 인간에 대해서는 신중한 결정이 있었습니다. 다른 피조물들처럼 "사람이 생겨라!"라고 말씀하시지 않으셨습니다. 여러분의 존엄을 인식하십시오. 하느님께서는 단순한 명령으로 우리의 기원을 일으키신 것이 아니라, 이 존귀한 생명체를 삶 안에 어떻게 도입할지를 두고 자신 안에서 깊이 숙고하셨습니다. "우리가 만들자"라는 말씀은, 지혜로운 이가 결정하고, 장인이 숙고하는

9) 창세 1,26 LXX: ποιήσωμεν ἄνθρωπον κατ' εἰκόνα ἡμετέραν καὶ καθ' ὁμοίωσιν(우리와 비슷하게 우리 모습으로 사람을 만들자).

10) 창세 1,3 LXX: καὶ εἶπεν ὁ Θεός γενηθήτω φῶς. καὶ ἐγένετο φῶς(하느님께서 말씀하시기를 "빛이 생겨라" 하시자 빛이 생겼다).

것과 같습니다. 그렇다면 그분의 솜씨에 어떤 부족함이 있어 여러분이라는 걸작에 충만함, 완전함, 정확함을 더하시려고 염려하신 것이겠습니까? 아니면 오히려, 하느님의 눈앞에서 여러분이 이미 완전한 존재임을 당신에게 보여 주시려는 의도이겠습니까?

4. "우리가 만들자": 삼위일체 신학을 표현하다

여러분이 이미 알아차렸듯, 이 말씀에는 두 사람이 존재합니다. 말씀하시는 분과, 그 말씀이 향하고 있는 분입니다.

— 그런데 왜 하느님께서는 "너가 만들어라"가 아니라 "우리가 사람을 만들자"라고 하셨을까요?

— 이는 여러분이 주권을 깨닫게 하기 위함(νοήσης τὴν δεσποτείαν)입니다. 곧, 아버지를 알아봄으로써 아들을 부인하지 않도록 하기 위함이며, 아버지께서 아들을 통하여 창조하셨고, 아들께서도 아버지의 뜻을 따라 창조하셨음을 알게 하기 위함입니다. 그리고 여러분이 아들 안에서 아버지를, 성령 안에서 아들을 찬미하게 하기 위함입니다. 이렇게 여러분은 공동 작품으로 창조되었으니, 이제는 성부와 성자를 공동으로 흠숭하는 자가 되어야 합니다. 신성의 일치를 인식하기 위해서 흠숭을 나누지 않아야 합니다. 한편으로 여러분은 외적인 표현들(즉, 본문 글자 자체)을 통해 역사의 측면(즉, 이야기의 문자적 표현)을 보게 되고, 다른 한편으로는 그 깊은 의미(δυνάμει)를 통해 신학을 보게 됩니다. "하느님께서 사람을 만드셨다(ἐποίησεν)" — "우리가 만들자(ποιήσωμεν)"(창세 1,27; 1,26)라고 말씀하지시, "그들이 만들었다(ἐποίησαν)"라고 하지 않으셨습니다. 이는 여러분들이 다신교를 생각할 기회를 주

지 않기 위함입니다. 만일, "만들다"라는 동사[11]가 복수형으로 쓰였다면 사람들은 여러 신을 상상할 수 있었을 것입니다. 하지만 여기서 "우리가 만들자"[12]는 표현은 여러분이 성부와 성자와 성령을 인식하도록 하려는 의도로 말씀하신 것입니다.

"하느님께서 사람을 만드셨다"라고 표현된 것은, 여러분이 신성 안에서 일치를 이해하도록 하기 위함이지, 위격 안의 일치를 말하는 것은 아닙니다. 다만 권능(δυνάμει)의 관점에서 일치로 받아들여져야 합니다. 그래야 하느님께 오직 하나의 영광만을 돌릴 수 있으며, 흠숭의 분산이 없게 됩니다. 왜냐하면 흠숭의 분열은 곧 다신교로 빠질 위험이 있기 때문입니다. 성경은 "신들이 사람을 만들었다"고 쓰지 않고, "하느님께서 만드셨다"라고 표현하고 있습니다. 아버지의 위격은 고유하고, 아들의 위격도 고유하며, 성령의 위격도 고유합니다.

그렇다면, 왜 세 분의 하느님이 아닙니까?

왜냐하면 신성은 하나이기 때문입니다. 내가 아버지 안에서 관상하는 바로 그 신성을, 나는 아들 안에서도 보고, 내가 성령 안에서 보는 신성 역시 아들 안에서 보는 신성과 동일합니다. 왜냐하면 이 둘 안에는 하나의 형태(μορφή)가 있고, 아버지로부터 오는 힘(ἀρχή) 또한 아들과 동일하기 때문입니다. 이러한 이유로 우리 또한 하나의 예배와 찬미를 드리는 것입니다. 우리 창조의 서곡은 진정한 신학입니다.

---

11) 창세 1,27의 동사 "만들다, 창조하다"(ἐποίησεν)는 단수형이다.

12) 하느님께서 "만드셨다"(fece, ἐποίησεν)와는 달리, "우리가 만들자"(facciamo, ποιήσωμεν)는 단수가 아니라 복수형이다. 여기서 강조하고자 하는 차이는, '숙고'가 세 신적 위격의 협의인 반면, 창조는 세 위격의 단일한 활동이라는 점이다.

5. 하느님을 이해하는 데에 저속한 상상을 하지 말아야 한다

"우리의 모상대로 닮음에 따라 사람을 만들자"(창세 1,26). 우리는 하느님의 모상대로 창조되었습니다.

그렇다면, "하느님의 모상대로"란 무엇을 뜻합니까?

닫힌 마음(καρδίαν ἰδιωτιτήν)으로부터 우리 자신을 정화합시다. 저속한 인식과 하느님에 대한 어리석은 개념들로부터 우리 자신을 정화해야 합니다. 누군가는 이렇게 말할지도 모릅니다. 우리가 하느님의 모상대로 창조되었다면, 곧 하느님께서도 우리와 같은 형태(σύμμορφος)를 지니고 계신다는 것은 아닌가? 하느님께서도 눈과 귀, 머리, 손, 앉기 위한 엉덩이까지 지니신 것은 아닌가? 사실 성경에는 "하느님께서 앉으신다"(시편 46,9)고 쓰여 있으며, 걷기 위한 발도 있다고 쓰여있지 않습니까?(창세 3,8 참조). 하느님이 정말 그런 모습이겠습니까? 여러분의 마음에서 그런 불경한 상상은 지워 버리십시오! 하느님의 위대함에 부합하지 않은 생각은 단호히 물리쳐야 합니다! 하느님은 형태가 없으신(ἀσχημάτιστος) 분이시며, 단순한 분이십니다. 그분께 어떤 형상(μορφήν)도 상상하지 말고, 유다인들처럼 그 위대하신(μέγας) 분을 축소시켜서 안 됩니다. 하느님을 육체적인 개념 속에 가두지 말고, 여러분의 지성(νοῦς)의 한계 안에 제한하지 마십시오. 그분은 그 위대하심 안에서 헤아릴 수 없는 분이십니다. 큰 무언가를 떠올려 보십시오. 그리고 거기에 여러분이 생각할 수 있는 위대함보다 더 큰 것을 더하십시오. 그리고 그 큰 것에 더 큰 것을 더해야 합니다. 그리하여 결국 여러분의 이성이 그 무한하신 분께 결코 도달할 수 없다는 사실을 받아들여야 합니다. 어떤 형태(σχῆμα)도 상상하지 마십시오. 하느님의 본성은 단순하고 그분의 위대함에는 양적인 한계가 없기 때문에, 하느님은 권능(δυνάμεως)에 따라 이해됩니다. 그분은 모든 곳에 계시며 모든 것을 초월하십니다. 그분은 만질 수도 없고 볼 수도 없는 분이십니다. 바로 이 점에서 여러분의 개념은 실패합니다. 어떠한 크기도 그분을 둘러싸지 못하며, 어떠한 형태도 그분을 한정 짓지 못하고, 어떠한 권능도 그분을 측정하지 못하며, 어떠한 시대도 그분을 담아 내지 못하고, 어떠한 경계도 그분을 붙잡아 둘 수 없습니다. 우리에게 있는 그 어떤 것도 하느님께는 해당하지 않습니다.

6. 인간은 이성을 통해 하느님의 모상대로 창조되었다

성경은 어떤 의미에서 우리가 하느님의 모상대로 창조되었다고 말하는 것입니까?

우리는 하느님에 관한 것을 배우고 우리 자신에 관한 것을 이해해야 합니다. 우리는 육체적인 형태(μορφῆ σώματος)라는 측면에서 하느님의 모상을 지닌 것이 아닙니다. 사실 육체의 형태는 썩어 없어질 것입니다. 썩어 없어지는 것으로는 썩지 않는 것을 표현할 수 없습니다. 썩어 없어질 것은 썩지 않는 것의 모상이 될 수 없습니다. 몸은 자라고, 줄어들고, 늙고, 변화됩니다. 젊을 때의 몸과 늙었을 때의 몸은 다릅니다. 건강할 때와 병들었을 때도 다르고, 두려울 때와 기뻐할 때도 다릅니다. 풍요로울 때, 가난할 때, 평화로울 때, 싸울 때도 모두 다릅니다. 깨어 있을 때 사람의 모습과 잠들어 있을 때의 모습은 또 다릅니다. 깨어 있는 사람은 열이 표면으로 올라와 혈색이 도는 반면, 자는 사람은 열이 내부로 물러나 몸이 다소 창백해집니다.

그렇다면, 이처럼 많은 변화에 노출된 존재가 어떻게 불변하시는 분을 닮을 수 있다고 말할 수 있겠습니까? 결코 스스로 동일하게 머물지 못하는 존재가 어떻게 언제나 동일하게 유지되는 분을 닮을 수 있겠습니까? 인간의 몸은 소멸하는 사물들처럼 우리를 피해 달아납니다. 인식되기도 전에 이미 사라지고, 한 형태에서 또 다른 형태로 옮겨 갑니다.

"우리의 모상대로"란 말에서, 변하지 않는 본성의 모상이 일시적인 모상일 수 있습니까? 형태가 없는 분의 모상이, 형태를 가진 모상이 될 수 있습니까? 그렇다면 우리는 어떻게 모상대로의 존재를 설명할 수 있겠습니까?

주님께서 친히 말씀하신 바에 비추어 이해 될 수 있습니다. 여러분이 여러분 생각으로 무언가를 말한다면 받아들이지 말고, 그것이 주님께로부터 온 것이라면 받아들이십시오.

"우리의 모상대로 닮음에 따라 사람을 만들자. 그리고 물고기들을 다스리게 하자"(창세 1,26). 이 다스림은 몸(σώματι)를 통해서입니까, 아니면 이성(λογισμῷ)을 통해서입니까? 이 다스리는(ἄρχον) 힘은 영혼 안에(ἐν ψυχῇ) 있습니까, 아니면 육신 안에(ἐν σαρκί) 있습니까? 우리의 살은 많은 동물들의 살보다 약합니다. 사람의 살과 낙타의 살을 비교해 보십시오. 사람의 살과 소의 살은 어떠합니까? 사람의 살과 어떤 들짐승의 살이든 어떠합니까? 들짐승의 살과 비교하면 사람의 살은 연약합니다.

그렇다면, '다스리는' 힘은 과연 어디에 근거하고 있습니까?

이성의 우월함 안에(ἐν τῇ τοῦ λογισμοῦ περιουσίᾳ) 존재합니다. 육체의 힘이 부족한 모든 것은 이성의 구조로 충분히 보완됩니다. 인간이 거대한 무게를 옮길 수 있는 능력은 어디에서 오는 것입니까? 지성(ἐπινοία)으로부터입니까, 아니면 신체적인 힘(τόνοις σωματικοῖς)으로부터입니까?

7. 내적인 인간

"우리 모상대로 사람을 만들자." 이 구절은 내적인 인간을 두고 하신 말씀입니다. 그렇다면 여러분은 이렇게 반문할지도 모르겠습니다. "왜 이성에 대해 직접적으로 말씀하지 않으셨는가?"

성경은 사람이 하느님의 모상대로 창조되었다고 말합니다. 그런데 이성(λογισμός)이 바로 이 사람입니다. 사도 바오로의 말을 들어보십시오. 그는 이렇게 말합니다. "비록 우리의 외적 인간은 쇠퇴해 가더라도, 우리의 내적 인간은 나날이 새로워집니다"(2코린 4,16).

어떤 의미에서 그렇습니까?

나는 두 사람을 구분합니다. 하나는 눈에 보이는 사람이고, 다른 하나는 보이는 사람 안에 감추어진, 보이지 않는, 즉 내적인 사람입니다. 그러므로 우리는 내적인 사람을 지니고 있고, 우리는 어떤 의미에서는 이중적이지만, 그러나 엄밀히 말하면, 우리는 바로 그 내적인 사람입니다.

'나'라고 말할 때, 그것은 내적인 인간을 가리킵니다. 외적인 것은 '나'가 아니라 '나의 것'입니다. 나는 손이 아니라, 나는 영혼의 '이성적 원리'(τὸ λογικὸν τῆς ψυχῆς)입니다. 손은 인간의 한 부분일 뿐입니다. 이와 같이, 몸은 인간의 도구, 곧 영혼의 도구입니다. 하지만 인간이라는 말은 근본적으로 영혼 자체를 가리킵니다.

"우리 모상대로 사람을 만들자"는 말씀은, 곧 인간에게 이성의 우월함(λογοῦ περιουσίαν)을 부여하자는 뜻입니다.

8. 다스리는 힘

"그리고 그들이 다스리게 하자(καὶ ἀρχέτωσαν)." 하느님은 "우리 모상대로 사람을 만들자. 그리고 분노하고, 욕망을 품고, 고통을 받게 하자"고 말씀하지 않으셨습니다. 왜냐하면 하느님의 모상 안에는 욕정이 포함되지 않고, 그 대신 하느님의 모상에 포함된 것은 이성(ὁ λογισμός)이며, 이 이성이야말로 욕정들의(τῶς παθῶς) 지배자(ὁ δεσπότες)이기 때문입니다. "그리고 물고기를 다스리게 하자"(καὶ ἀρχέτωσαν τῶν ἰχθύων). 여러분은 이제 막 창조된 존재이지만, 이미 다스리는 자로 창조된 것입니다(ἄρχων ἐκτίσθης). "그리고 다스리게 하자." 어떤 사람이 황제에게 한 해 동안 권력을 위임받는다고 해도, 그것은 한 인간이 다른 인간에게서, 즉 죽을 존재가 또 다른 죽을 존재에게서 받는 것입니다. 그것도 권력을 스스로 갖지 않은 자에게서 권한을 넘겨받는 것입니다. 그런데 이러한 경우, 그 사람이 자기 영혼 안에 실제로 받는 권능이 무엇이겠습니까? 반면에, 여러분은 하느님으로부터 직접 권한을 받았습니다. 그리고 그 권한은 좀벌레로 썩게 될 나무판이나 훼손될 종이에 기록된 것이 아니라, 바로 그 본성이 신성한 말씀으로 각인된 것입니다. "다스리게 하자!" 이는 인간의 통치권 전체를 설명해 줍니다. 하느님께서는 "그들이 물고기와 땅의 들짐승, 하늘의 새와 집짐승, 땅 위를 기어다니는 온갖 것들을 다스리게 하자"(창세 1,26)라고 말씀하셨습니다. 그리고 "우리의 모상대로 닮음에 따라 사람을 만들자. 그리고 스스로 열매를 맺고 그 안에 씨를 지닌 모든 나무의 열매를 먹게 하자"라고는 말씀하지 않으셨습니다. 그분께서는 육체에 관한 것을 부차적으로 두시고, 먼저 영혼의 성질을 말씀하신 것입니다.

우리에게 가장 먼저 맡겨진 것은 다스리는 능력, 곧 다스릴 권능(ἡ τοῦ ἄρχειν δύναμις)입니다. 인간들이여, 여러분은 다스리도록 만들어진 살아 있는 존재입니다! 그런데 왜 정욕에 굴복하여 자신들의 존엄을 낮추고 죄의 종이 되는 것입니까? 왜 스스로를 악마의 포로로 만드는 것입니까? 여러분은 창조물의 통치자(ἄρχων κτίσεως)로 선택되었는데, 어찌하여 자신의 본성(φύσις)에 부여된 존엄을 내던져 버렸습니까?

"여러분은 종으로 부르심을 받았습니다"(1코린 7,21), 그런데 왜 육체의 종살이 때문에 괴로워합니까? 하느님께서 여러분에게 주신, 이성으로 정욕을 다스릴 수 있는 권능을 왜 자랑스럽게 여기지 않습니까? 여러분이 스스로 육체의 종살이 상태에 있으면서, 여러분의 주인이 쾌락의 노예 상태에 있는 것을 본다면, 여러분은 그저 이름뿐인 종이며, 반대로 그때 주인은 권력을 이름만 가졌을 뿐, 실제로는 더 강한 종살이에 얽매여 있다는 것을 알아야 합니다. 여러분은 그가 매춘부에게 끌려다니는 것을 보면서, 여러분 자신은 그런 관계를 멸시할 수 있습니다. 진실로 정욕을 다스리는 여러분이 주인이고, 여러분이 짓밟는 쾌락의 종이 그 사람이지 않겠습니까?

이와 같이 "사람을 만들자. 그리고 다스리게 하자"라는 말씀처럼, 다스릴 힘이 있는 그곳에 하느님의 모상이 존재합니다(ὅπου ἡ τοῦ ἄρχειν δυνάμις, ἐκεῖ ἡ τοῦ θεοῦ εἰκών).

9. 동물들에 대한 우월성

"물고기를 다스리게 하자." 무엇보다 먼저 우리에게 주어진 권능은 다른 생활 환경을 가진 동물들에 대한 것입니다. 그분께서는 "집짐승을 다스리게 하자"라고 하지 않으시고, "물고기를 다스리게 하자"라고 하셨습니다. 왜냐하면 그들의 생활 환경은 물이기 때문입니다. 우리에게 물고기들에 대한 권능이 가장 먼저 주어진 것입니다.

그렇다면 우리는 어떤 방식으로 물고기를 다스립니까?

호숫가에 다가갔을 때, 여러분의 그림자만으로도 모든 것이 놀라 달아나는 것을 본 적이 있습니까? 집안이 어질러져 있을 때, 갑자기 나타나기만 해도, 명령하는 이의 존재 그 자체만으로 평온을 되찾고 모든 것을 다시 질서 정연하게 돌려놓는 그 집의 주인은 누구입니까? 어째서 수중의 모든 생명체가 단 한 사람의 등장만으로 그 행동이 달라지는 것입니까? 그들은 더 이상 자유롭게 움직이지 못하고, 바다나 호수의 수면 위를 헤엄칠 엄두를 내지 못합니다.

바다 동물들 가운데 가장 귀한 돌고래조차도, 근처에서 사람의 존재를 느끼면 두려워합니다. 이처럼 사람은 헤엄치는 존재들을 다스리는 권리를 받은 것입니다. 여러분의 이성이 모든 것을 꿰뚫고 모든 것을 다스리는 것을 볼 때, 어찌 여러분이 바다 동물들의 주인임을 인정하지 않을 수 있겠습니까?

나 자신도 인간들의 기지(機智) 있는 성품을 관찰한 적이 있습니다. 그들은 거대한 물고기들이 삼킬 수 있도록, 크기에 맞는 미끼를 단 특수한 낚싯바늘을 만듭니다. 그리고 그 바늘이 매여 있는 줄의 반대쪽 끝에는, 공기를 가득 채운 가죽 부대를 달아 바다 표면에 띄워 둡니다. 그러면 바다의 야생 동물들이 그 미끼를 덮치고, 낚싯바늘과 함께 삼켜 버립니다. 그 순간 그들은 가죽 부대를 깊은 물 속으로 끌고 들어가지만, 부대는 본래 뜨려는 성질이 있어 다시 수면 쪽으로 끌어올립니다. 먹이에 꿰인 채로 물고기는 위아래로 날뛰며, 바다 밑바닥을 헤매고, 바다 이곳저곳을 헤엄쳐 다니지만, 그 모든 수고는 소용이 없습니다. 마침내 낚싯바늘 덕분에 포획되고 마는 것입니다. 지치고, 굶주림에 시달리며, 가죽 부대에 이끌려 시체처럼 끌려가서, 사냥꾼의 먹잇감이 되어 버립니다. 거대한 것이 작은 것에게 패배하고, 강한 것이 연약한 것에게 정복당합니다.

어떻게 이런 일이 가능하겠습니까?

그것은 이성의 우월함(τοῦ λογισμοῦ περιουσία) 덕분에 사람이 다스릴 권능을 받았기 때문입니다. 사람은 마치 도망친 나쁜 종을 다루듯, 가장 반항적인 자들을 올바른 규율로 되돌립니다. 온화함으로 설득할 수 없는 자들은 힘으로 굴복시킵니다. 이렇게 하여, 어디서나 사람은 창조주께서 자신 안에 넣어주신 다스릴 권능을 행사합니다. 그래서 황새치, 톱상어, 상어, 고래, 바다소와 이름만 들어도 무서운 모든 바다 동물이 모두 사람의 지배 아래에 놓이게 되는 것입니다.

10. 들짐승들과 날짐승에 대한 지배

"바다의 물고기와 땅의 들짐승을 다스리게 하자." 포효하며 으르렁거리는 힘센 사자를 보지 못했습니까? 그 이름만으로도 두려움을 자아내고, 그 포효는 땅을 흔들며 떨게 합니다. 만일 사자가 공격해 온다면 누가 맞설 수 있겠습니까? 그 어떤 동물도 사자의 공격을 막을 수 있을 만큼 자기 힘이 그렇게 세다고 생각하지 않습니다. 그런데도 여러분은 사자가 작은 우리 안에 갇혀 있는 것을 봅니다. 누가 사자를 사슬로 묶었습니까? 누가 이 거대한 짐승을 위해 이 작은 감옥을 고안했습니까? 누가 창살 사이의 간격을 계산하여, 맹수가 질식하지 않도록 숨 쉴 수 있는 공기를 통하도록 했습니까? 다시 말해, 사자의 안전을 위협하지 않도록 자유롭게 숨을 쉬도록 한 이는 누구입니까? 사람이 아니고 누가 그 일을 했습니까? 이처럼 사람은 가장 위험한 맹수들마저 장난감으로 만듭니다.

사람들이 널빤지로 만든 사람 모형을 표범 앞에 두면, 표범이 그것에 달려들어 찢어 버리는 동안, 사람은 높은 곳에 앉아 맹수의 어리석음을 비웃으며 즐기지 않겠습니까? 자신의 우월성으로 말미암아 사람은 모든 것 위에 군림하지 않겠습니까?

그렇다면 날아다니는 존재들에 대해서는 무엇을 말할 수 있겠습니까?

사람은 공중으로 스스로 날아오를 수는 없지만, 이성의 힘으로 새처럼 날 수 있습니다. 그러므로 이성을 막을 수 있는 것은 아무것도 없습니다. 이성은 바다 밑바닥에 있는 것을 찾아내고, 땅 위에 있는 것을 뒤쫓으며, 하늘에 있는 것도 기습적으로 붙잡습니다.

나뭇가지 끝에 앉아, 날개의 가벼움을 믿고 사람들을 비웃는 새를 본 적이 있습니까? 그런데, 심지어 어린아이조차도 나뭇가지들 아래로 다른 잔가지를 끼워 놓고, 그 끝부분에 풀을 바르면서, 가지들과 잎 사이에 풀의 존재를 매우 조심스럽게 숨겨 두고는, 위쪽에서 무슨 일이 일어나는지를 지켜보면서 즐길 수 있습니다. 가볍게 닿기만 해도 새는 붙잡힙니다. 약간의 풀만으로도 하늘을 나는 항해자, 공기로 운반되는 날짐승을 포로처럼 데려갑니다. 사람은 발은 땅에 딛고 있고, 손도 땅을 향하고 있지만, 생각은 하늘로 치솟습니다. 그리고 창의력 덕분에 사람에게는 모든 것이 가능해집니다. 그는 날짐승을 위한 그물 덫을 만들고, 궁수처럼 나는 것을 쏘아 맞히며, 미끼로 가장 위험한 짐승들까지 잡습니다.

혹시 독수리가 사냥감에 맹렬히 달려들다가, 땅에 설치된 덫에 스스로 걸려드는 것을 본 적이 없습니까? 이처럼 높은 곳에 사는 존재도, 사람이 만든 미끼에 이끌려 땅으로 내려옵니다. 하느님께서는 모든 것을 사람의 손 아래에 두셨습니다. 그분께서는 창조를 완성하시고, 사람에게 다스릴 권리를 빼앗지 않으셨습니다. "하늘을 나는 존재들이 나보다 우월하구나!"라고 말하지 마십시오. 여러분의 이성 덕분에(διὰ τοῦ λογισμοῦ) 그들 또한 여러분에게 복종합니다.

"땅을 기어 다니는 온갖 것들을 다스리게 하자." 이제 여러분이 하느님의 모상대로 창조되었다는 것이 무엇을 의미하는지 알겠습니까?

11. 인간이란 무엇인가?

“하느님께서 사람을 창조하셨다.” 그렇다면 사람은 무엇입니까? 우리가 읽고 들은 것을 바탕으로 정의를 내려 봅시다. 진리에 대한 우리의 성찰을 위해 더 이상 외부에서 정의를 빌려 올 필요도 없고, 불필요한 학문적 요소들을 끌어들이지 않아도 됩니다. 사람은 이성을 지닌 하느님의 피조물로서, 자신을 창조하신 분의 모상에 따라 만들어진 존재입니다(ἄνθρωπός ἐστι ποίημα θεοῦ λογικόν, κατ' εἰκόνα γενόμενον τοῦ κτίσαντος αὐτόν. 참조: 에페 2,10; 콜로 3,10). 만일 이 정의에 부족한 것이 있다면, 썩어 없어질 지혜를 얻는 데 오래도록 힘써 온 이들이, 그것을 찾도록 하십시오. 사람은 하느님의 모상으로 창조되었습니다.

12. 인간의 특성은 이성에 따라 성장하는 것이다

“하느님께서 사람에게 복을 내리며 말씀하셨다. ‘자라나고 번성하여 땅을 가득 채워라’”(창세 1,28). 이 말씀은 물고기들에게 하신 축복과 같은 것입니다. “하느님께서 말씀하셨다. “물에는 우글거리며 살아 있는 생물들이 생겨라. 그리고 그대로 되었다”(창세 1,20). 그리고 나서 하느님께서 말씀하셨습니다. “번식하고 번성하여 바닷물을 가득 채워라”(창세 1,22).

그렇다면 무엇이 더해진 것입니까?

이 축복은 분명 하느님께서 동물들과 공통적으로 주신 것과 사람들에게만 고유하게 주신 것을 모두 포함하고 있습니다. 사람들은 다른 살아 있는 존재들과 마찬가지로 성장합니다. 작은 존재에서 시작하여, 점차 자라서 성인의 키에 이릅니다. 말과 개도 그렇고, 독수리와 백조도 마찬가지이며, 여러분이 생각할 수 있는 모든 동물이 그렇습니다. 처음 잉태될 때의 작은 존재가, 조금씩 자라서 그 발달의 완성에 이르고, 그 뒤에는 쇠퇴하여 다시 작아집니다. 보십시오, 하느님께서는 우리에게도 동물적 본성에 공통된 특성들을 선물로 주셨습니다.

13. 자신의 온전한 모습으로 성장하기

"자라나라." 즉, 성장하라는 뜻입니다. 여러분은 작게 태어났으니, 크게 자라나야 하고, 그리고 여러분의 성장에는 끝이 있어야 합니다! 그러나 이것이, 우리가 첫 번째 일곱 해 동안 자라고, 두 번째 일곱 해 동안 나이를 더해 간다고 해서, 우리 인생의 각 단계마다, 매 일곱 해마다 똑같이 변화해야 한다는 뜻은 아닙니다.

첫 번째 7년 주기는 유년기를 포함합니다. 유년기의 경계는 분명합니다. 이 갈이를 합니다. 어떤 이빨은 빠지고, 그 아래에서 다른 이빨이 돋아납니다. 이로써 두 번째 성장이 시작되는데, 이는 열네 살이 될 때 끝납니다. 이것은 유년기의 두 번째 단계로, 전에는 '어린아이'였지만 이제는 '소년'입니다. 열네 살부터는 청소년이 되고, 그다음에 성인이 됩니다. 여기까지가 성장의 경계입니다. 그러나 "자라나라"라는 말은 여러분이 백 살에 이른다고 해서, 첫해부터 백 번째 해까지 계속 자라나라는 것은 아닙니다. 이 단 한 번의 "자라나라"라는 말에는 지혜롭게 발화되어, 하느님의 섭리에 따른 질서가 담겨 있습니다.

"자라나라." 어디까지입니까? 성장은 측정되지 않습니다. 모태 안에서 처음 형성될 때와 함께, 성장의 원리들도 함께 심어졌습니다. 실제로, 잉태 이후에 나이가 더해지는 것은 새로운 것이 아닙니다. 어머니에게서 받아들이는 영양분 안에는 성장에 필요한 요소들이 이미 들어 있습니다. 이빨이 빠지면, 성장이 일정한 기준에 도달했음을 우리는 알게 됩니다. 세 살 된 아들의 키를 재는 아버지는, 그 아이가 일곱 살이 되기 전까지 키가 지금의 두 배에 이를 것임을 알고 있습니다. 그러면 그는 세 살 때보다 두 배 더 커질 것이고, 성장의 끝에 이르기 전까지 또다시 두 배로 자랄 것입니다. 이것이 인간 본성의 척도이며, 첫 번째 7년 주기에서 두 번째 7년 주기로 넘어가는 문턱까지의 과정입니다. 이 시점에서, 열은 증가하고, 몸의 형태는 길게 뻗으며, 부드러운 살이 사라지고, 팔다리가 튼튼해집니다. 사람은 더 건장한 청소년기의 문턱에 이르게 되지만, 아직 완전한 성숙에는 이르지 않았습니다. 살결의 단단함은 아직 최근에 만들어진 것으로, 거친 노동을 감당하기엔 부족합니다. 이때가 생명체가 가벼움과 민첩함을 얻는 시기입니다. 세 번째 7년 주기에 이르러, 그는 성장이 완성되며. 몸은 더 길어지고, 또다시 성장합니다.

세 번째 7년 주기가 지난 후, 본성은 키를 자라게 하는 수고에서 벗어나 쉬면서, 이제는 폭으로 성장하기 시작합니다. 마치 높이 쌓아 올린 것을 기초 위에 잘 고정시키려는 듯, 그 주위를 두텁게 하면서 몸의 지체들을 견고하게 합니다. 이것이 바로 본성이 자신의 고유한 논리에 따라 하는 일입니다. 이 모든 일은 처음부터, 주님의 명령에 의해 일어났으며, 그때 하신 말씀이 창조 전체를 관통하여 끝에 이르기까지 이어집니다.

14. "자라나라. 그리고 번성하여라"

"자라나라." 이는 창조가 하나의 상태에만 고정되지 않게 하려는 것입니다. "번성하여라." 이는 창조가 한 개인 안에만 머물지 않고, 많은 이들 안에서 이루어지도록 하려는 것입니다. "그리고 땅을 가득 채워라." 이는 단지 거주하라는 뜻이 아닙니다. 만일 우리가 단지 거주함으로 땅을 채운다면, 땅의 크기가 단지 우리의 주거 필요에만 맞춰질 것이고, 우리는 비좁게 살게 될 것입니다. 오히려 그것은, 주님께서 우리에게 주신 땅을 다스리는 권능으로 땅을 가득 채우라는 것입니다.

"땅을 가득 채워라." 물론 이는 불타서 경작할 수 없는 땅이나, 얼어붙어 사람이 살 수 없는 땅을 뜻하지 않습니다. 이러한 땅은 당연히 사람이 채울 수 없습니다. 그러나 주님께서는 우리를 이 땅을 채우는 주인이 되게 하셨고, 우리는 이성(λογισμῷ)을 통해 이 땅을 채울 것입니다. 우리가 불모지와 사람이 살 수 없는 땅이 얼마나 넓은지, 또한 지나친 추위로 경작이 불가능하고 무용한 북쪽 지역이 얼마나 광대한지 볼 때, 우리는 이미 땅을 가득 채운 것이라고 할 수 있지 않겠습니까? 사람에게 유익한 한 것을 선택하고, 아무 쓸모 없는 것은 배제하지 않겠습니까? 그러므로 "땅을 가득 채워라"라는 말씀은 우리를 주인으로 만드시겠다는 말씀입니다. 우리가 땅 전체를 사용하지 않는다고 해서, 땅 전체를 다스리지 못하는 것은 아닙니다. 여러분이 곡식을 샀을 때, 그 곡식의 일부는 먹을 수 있고 일부는 그렇지 않더라도, 전체 곡식의 주인이지 않습니까? 쓸모없는 돌은 버리지 않습니까? 또 먹기에 부적합한 것들이 음식에 섞여 있으면, 겨를 불어 내고 가라지를 골라낸 다음, 충분히 좋은 부분만을 고르지 않습니까? 땅도 마찬가지입니다. 그중 일부, 가장 좋은 부분은 사람이 살 수 있도록 필요한 모든 것이 갖추어져 있으며, 또 다른 부분은 농업에 필수적이며, 나머지는 네발짐승들의 방목지로 남겨집니다.

말해 보십시오. 주님께서 나를 창조하신 주님의 은총으로, 나를 주인으로 삼으셨다면, 내가 이미 주인이 된 이상, 내가 원하는 대로 사물들을 다스릴 수 없는 이유가 무엇이겠습니까?

"땅을 가득 채우고, 바다의 물고기와 하늘의 새와 땅 위에 있는 모든 짐승을 다스리게 하여라." 이것이 축복이요, 이것이 계명이요, 이것이 하느님께서 우리에게 주신 존엄입니다.

15. 모상과 닮음

"하느님께서 인간을 창조하셨다. 하느님의 모상대로 그를 창조하셨다(창세 1,27).[13] 여러분은 혹시 이 문장이 불완전하다는 것을 알아차리지 못했습니까? "우리의 모상대로 닮음에 따라 사람을 만들자." 이 결의에는 '모상대로'와 '닮음에 따라'라는 두 요소가 포함되어 있습니다. 그런데 실제 창조의 서술에는 그 가운데 하나만, 곧 "모상대로"만이 언급됩니다. 하느님께서 한 가지 방식으로 결정하시고, 그다음에 마음을 바꾸신 것입니까? 창조하시는 과정 중에 다시 생각을 고치신 것입니까? 아니면 창조주께서 한 가지를 결정하시고 다른 것을 실행하실 만큼 무능함이 있었

13) 창세 1,27 LXX: καὶ ἐποίησεν ὁ θεός τὸν ἄνθρωπον, κατ' εἰκόνα θεοῦ ἐποίησεν αὐτόν, ἄρσεν καὶ θῆλυ ἐποίησεν αὐτούς(하느님께서 사람을 창조하시되, 하느님의 모상에 따라 그를 창조하시고, 남자와 여자로 그들을 창조하셨다).

던 것입니까? 혹은 그저 아무 뜻 없이 하신 말씀이었습니까? 어쩌면 "우리의 모상대로 닮음에 따라 사람을 만들자"라는 것이 같은 뜻을 반복한 것일 수도 있습니다. 그래서 여기에서는 "모상대로"라고만 말하고, 그 뒤에 "닮음에 따라"을 덧붙이지 않았다는 뜻일까요? 그러나 어떤 설명의 길을 택하든, 우리는 본문을 왜곡할 위험에 빠집니다. 만일 정말로 이것이 같은 뜻이라면, 똑같은 말을 두 번 하는 것은 불필요한 일입니다. 그런데 성경 안에 불필요한 말이 있다고 주장하는 것은 참으로 불경스러운 말입니다. 사실 성경에서 헛되이 말해진 것은 아무것도 없습니다. 그러므로 사람은 반드시 "모상대로"와 "닮음에 따라" 창조되었다고 말해야 합니다.

그런데, 왜 이렇게 말하지 않았을까요? "하느님께서 인간을 하느님의 모상대로 닮음에 따라 그를 창조하셨다." 그렇다면 창조주께서는 이 점에서 무능하셨다는 말입니까?

불경스러운 주장입니다!

명령을 내리신 분께서 혹시 후회라도 하셨단 말입니까?

그것은 더 불경스러운 주장입니다!

그렇다면 처음에는 말씀하시고, 그다음에 생각을 바꾸신 것입니까?

아닙니다! 성경은 그런 말을 하지 않습니다. 성경은 창조주께서 무능하다고도, 결정이 헛되이 이루어졌다고도 말하지 않습니다. 그렇다면 왜 '닮음'이라는 말을 반복되지 않는 것입니까?

16. 모상의 존재는 창조 때 이미 주어진 것이고, 닮음은 우리가 마치 예술 작품을 완성하듯이 스스로 이루어 가는 것이다

"우리의 모상대로 닮음에 따라 사람을 만들자." 우리는 창조를 통해 모상을 소유하고, 의지를 통해 닮음을 얻습니다. 첫 번째 창조에서 우리는 하느님의 모상대로 태어난 존재로 주어졌고, 의지를 통해 하느님을 닮은 존재가 되어 갑니다. 의지에 속한 것은 우리에게 가능성으로 존재하지만, 행동을 통해서 그것을 우리 것으로 만듭니다. 만일 주님께서 우리를 창조하시면서 "만들자"와 "닮음에 따라"라고 미리 말씀하지 않고, 하느님과 닮을 수 있는 능력을 우리에게 선물로 주지 않으셨다면, 우리는 결코 우리 자신의 능력만으로 하느님과의 닮음을 획득하지 못했을 것입니다. 그러나 보십시오. 그분께서는 우리를 하느님을 닮을 수 있는 가능성을 지닌 존재로 창조하셨습니다. 우리에게 당신을 닮을 수 있는 힘을 주심으로써, 그분께서는 우리가 하느님과의 닮음을 만들어가는 장인(匠人)이 되도록 하셨습니다. 이렇게 함으로써, 우리의 노력에 대한 보상이 우리 것이 되게 하셨고, 우리가 화가의 붓에서 나온 무기력한 그림처럼 되지 않게 하셨으며, 또한 우리의 닮음이 다른 누군가에게 찬사가 되지 않게 하셨습니다. 사실, 어떤 형상이 원형과 정확히 똑같을 때, 사람은 그 형상을 칭찬하지 않고 화가에게 감탄합니다. 이와 마찬가지로, 감탄의 대상이 다른 사람이 아니라 자신이 되도록 하느님께서는 우리로 하여금 당신을 닮아 가는 과업을 맡기셨습니다. 따라서, 우리는 모상대로는 이성적(λογικός) 존재이지만, 우리는 그리스도인이 되어 감으로써 닮음에 이르게 됩니다.[14)]

17. 자비는 닮음이다

"하늘의 너희 아버지께서 완전하신 것처럼 너희도 완전한 사람이 되어야 한다"(마태 5,48). 이제 주님께서 무엇을 통해 우리에게 '닮음'에 해당하는 것을 주시는지 보십시오. "그분께서는 악인에게나 선인에게나 당신의 해가 떠오르게 하시고, 의로운 이에게나 불의한 이에게나 비를 내려 주신다"(마태 5,45). 만일 여러분이 악에 대해서는 원수가 되지만, 원한을 품지 않고, 전날의 적대감을 잊으며, 형제들을 사랑하고 자비로운 사람이 된다면, 여러분은 하느님을 닮게 됩니다(1베드 3,8 참조). 여러분이 마음으로 원수를 용서하면, 여러분은 하느님을 닮는 것입니다. 여러분에게 상처 입힌 형제를 대할 때, 죄인인 여러분을 대하실 때의 하느님처럼 행동한다면, 이웃에게 베푸는 자비로 말미암아 여러분은 하느님을 닮게 됩니다(에페 4,32 참조). 그러므로 여러분은 이성적인 존재(λογικός)이기 때문에 '모상'을 지니고 있으며, 선(善)을 얻음으로써 비로소 '닮음'에 이르게 됩니다. "마음에서 우러나오는 동정과 호의"(콜로 3,12)를 간직하여 "그리스도를 입을"(갈라 3,27) 수 있도록 하십시오. 연민을 얻게 하는 행위들은 곧 그리스도를 입게 하는 행위들이며, 그분과의 친밀함은 하느님과의 내밀함으로 여러분을 이끌어 줍니다. 이렇게 〔창세기의〕 이야기는 인간의 삶을 교육하는 하나의 여정이 됩니다. "우리 모상대로 사람을 만들자"

---

14) *Sources Chrétiennes* 주석(209쪽)에서는 이렇게 말한다. "이 대목까지는 바실리우스에게 있어 올바른 도덕적 행실이 그 자체로 그리스도교적인 것이라고 보여질 수도 있었다. 그러나 '닮음'이라는 개념은 그리스도교와의 명시적이고 분명한 결속 없이는 실현될 수 없는 그러한 요구들을 전제하고 있음을 여기서 확인하게 된다."

라는 말씀은, 창조로써 이미 '모상'을 지니고 있지만, 동시에 '닮음'에 이르도록 되어 있다는 말입니다. 하느님께서는 그 능력을 여러분에게 주셨습니다. 만일 그분이 처음부터 여러분을 '닮음'까지도 이미 지닌 존재로 창조하셨다면, 여러분에게 무슨 이익이 있겠습니까? 무엇 때문에 여러분이 관을 쓸 수 있겠습니까?(시편 8,6). 그리고 창조주께서 여러분에게 모든 것을 주셨다면, 여러분을 위해 하늘 나라가 어떻게 열릴 수 있겠습니까? 그러므로 한 부분은 여러분에게 주어졌고, 다른 한 부분은 미완성으로 남겨진 것입니다. 이는 여러분이 스스로 그것을 완성하여 하느님께로부터 오는 상급을 받을 만한 자로 인정받게 하려는 것입니다.

우리는 어떻게 '닮음'에 이를 수 있겠습니까?

복음을 통하여.

그리스도인이란 무엇입니까?

인간 본성에 허락된 범위 내에서 하느님을 닮는 것입니다. 만일 여러분이 그리스도인이 되는 은총을 받았다면, 서둘러 하느님과 닮아 가고, 그리스도로 옷을 입으십시오.

그러나 여러분이 그분의 인장을 받지 않는다면, 어떻게 그분으로 옷을 입을 수 있겠습니까? 세례를 받지 않았다면, 어떻게 그분으로 옷을 입을 수 있겠습니까? 썩지 않을 옷을 입지 않겠다는 말입니까? 여러분은 하느님을 닮는 것을 포기하겠습니까? 제가 여러분에게 "여기, 황제처럼 비슷하게 만들겠다"라고 말한다면, 여러분은 저를 은인으로 여기지 않겠습니까? 그런데 이제 제가 여러분을 하느님과 닮게 하려 하는데, 여러분은 여러분을 신화시키는 말씀을 피해 달아나고, 구원의 말씀을 듣지 않으려고 귀를 막으려 합니까?

18. 여성 또한 하느님의 모상대로 창조되었다

"하느님께서는 당신의 모상대로 사람을 창조하셨다"(창세 1, 27). 그러자 한 여인이 말합니다. "사람(l'uomo)이라니요! 그렇다면 저와 무슨 상관이 있나요? 사람으로 창조된 것은 남편입니다." 왜냐하면 "하느님께서 '여자'(femmina)를 인간으로 말씀하신 것이 아니라, '남자'(maschio)라는 명칭으로 남성 존재를 가리켜 말씀하신 것이기 때문"이라고 그녀는 말합니다. 그러나 그렇지 않습니다! 누군가가 무지로 인해 '사람'이라는 표현을 오직 남자만을 가리키는 것으로 오해하지 않도록, 성경은 "남자와 여자로 그들을 창조하셨다"(창세 1,27)고 덧붙입니다. 여자 역시 남편과 마찬가지로 하느님의 모상대로 창조된 〔특권을〕 지니고 있습니다. 두 본성은 똑같이 존귀하며, 그들의 덕도 동일하고, 그들의 상급도 동일하며, 그들에 대한 심판도 다르지 않습니다. 그러니 여인은 "나는 약하다"라고 말하지 않아야 합니다. 약함은 육체의 문제일 뿐입니다. 그러나 영혼 안에는(ἐν ψυχῆ) 힘이 있습니다. 하느님의 모상은 분명히 같은 존귀함을 내포하므로, 〔남자와 여자 안에 있는〕 덕과 선행의 발현이 동등하게 존귀해야 합니다. 육신의 약함을 핑계로 삼으려는 자에게는 어떠한 변명거리도 없습니다. 게다가 이 육체가 그저 연약하기만 한 것입니까? 연민을 품으면, 결핍도 견뎌 내고, 밤샘도 버텨낼 수 있지 않습니까? 남자의 본성이 과연, 평생을 결핍 속에서 살아가는 여자의 인내심과 견줄 수 있습니까? 남자들이 과연 단식에서의 여인들이 보이는 끈기, 기도에서의 열정, 넘쳐흐르는 눈물, 선한 일에 대한 그들의 정성을 과연 본받을 수 있습니까?

저는 한 여인을 알았는데, 그녀는 남편 몰래 물건을 조금씩 따로 마련하여, 남편의 선익을 위해, 가정의 번영을 위해, 자녀의 보호를 위해 자선을 베풀곤 했습니다. 남편에게 말하지 않은 채 자선을 베풀었고, 그가 알지 못하는 가운데 그의 선을 위하여 지출하였습니다. 왜냐하면 그녀는 숨은 일도 보시는 분의 시선 아래에서 그렇게 했기 때문이며(마태 6,4), 자신의 선행을 드러내지 않았습니다.

덕이 있는 여인은 하느님의 모상을 지니고 있습니다. 그녀는 외적 인간에 주의를 기울이지 않습니다. 그것은 단지 겉모습일 뿐입니다. 영혼(ψυχή)은 내면에, 즉 베일 아래, 연약한 육신 아래에 자리 잡고 있습니다. 그것은 영혼이며, 존엄에 있어서는 동등한 영혼입니다. 차이는 오직 베일 속에 있을 뿐입니다.

그러므로 여러분은 선함과 인내, 친교, 타인을 향한 사랑과 여러분의 형제들에 대한 사랑을 통해 하느님과 닮게 되었으며, 악을 미워하고 죄의 욕정을 다스림으로써, 참으로 다스릴 권능이 진정 여러분의 것이 되도록 한 것입니다.

19. 들짐승 다루듯 정욕을 다스리기

"그리고 물고기를 다스리게 하자." 여러분에게 이성이 없는(τῶν ἀλόγων) 물고기에 대한 권능이 주어졌으니, 여러분은 이성 없는(τοῦ ἀλόγου) 정욕의 주인이 된 것입니다.

"들짐승을 다스리게 하자." 여러분은 온갖 종류의 들짐승을 다스립니다. 그러나 여러분은 말할 것입니다. "내 안에 들짐승이 있다는 말인가?" 그렇습니다. 많습니다. 오히려 여러분 안에는 엄

청난 무리의 들짐승이 살고 있습니다. 이 말을 모욕으로 받아들이지 마십시오. 분노가 여러분 마음속에서 짖어댈 때 이 분노는 작은 짐승이 아닙니까? 지나가는 어떤 개보다도 더 사납지 않습니까? 간사한 영혼 안에 숨어 있는 속임수는 동굴 속 곰보다도 길들이기 어렵지 않습니까? 위선은 맹수가 아닙니까? 독한 모욕을 퍼붓는 자는 전갈이 아닙니까? 어둠 속에서 복수를 노리고 달려드는 자는 독사보다 더 위험하지 않습니까? 야망에 사로잡힌 자는 탐욕스러운 늑대와 같지 않습니까? 우리 안에 있지 않은 종류의 들짐승이란 도대체 무엇이란 말입니까? 여자를 향한 욕정을 가진 자는 미쳐 날뛰는 말과 같지 않습니까? 왜냐하면 성경은 이렇게 말하기 때문입니다. "그들은 통제할 수 없는 수컷 말처럼, 저마다 제 이웃의 아내를 향해 울부짖는다"(예레 5,8 LXX 참조). 성경은 "아내와 말한다"라고 하지 않고, "울부짖는다"라고 말합니다. 〔성경〕은 그가 탐닉한 그 정욕 때문에, 그를 이성 없는 본성에서 비롯된 자로 다룹니다. 우리 안에는 수많은 들짐승이 있습니다.[15)]

여러분이 정말로 들짐승들을 다스리도록 창조된 존재라면, 외부의 짐승들은 제압하면서 내면의 짐승들은 주인 없이 내버려 두겠습니까? 이렇게 하는 것은, 사자의 포효를 이성으로 경멸하여 사자를 다스린다 해도, 한편으로는 내면의 분노로 인해 여러

---

15) *Sources Chrétiennes* 주석 1번(218~219쪽)에서는 다음과 같이 말한다: "알렉산드리아의 아타나시우스가 전한 성 안토니우스의 유혹 이야기에서 잘 드러나듯이, 내면의 짐승들과의 싸움은 금욕 수행 전통에서 흔히 등장하는 주제이다(PG 26, 857A). 바실리우스가 이 싸움을 성경 본문에서 엄밀하게 도출해 내는 것은 참으로 놀라울 정도이다." Cf. Origene, *In Gen. hom.*(창세기 강해) 1,16, GCS VI, p.20.

분의 이성을 몰아내고, 이를 갈고 알아들을 수 없는 소리를 내뱉는 것과 같습니다. 사람이 욕정에 사로잡혀 더 이상 내적 인간 안에 머물 수 없게 될 때, 분노가 이성을 완전히 쓸어버리고 영혼을 이끄는 능력을 장악해 버릴 때, 이 모습을 보는 것보다 더 고통스러운 일이 또 어디 있겠습니까?

여러분은 다스리도록 창조되었습니다. 여러분은 정욕의 주인이며, 들짐승의 주인이며, 뱀의 주인이며, 새의 주인입니다. 허공에 떠 있는 사고(λογισμοὺς)를 품지 말고, 지성(διανοίᾳ)에 있어 변덕스럽고 피상적이게 되지 마십시오. 여러분은 날짐승들의 주인이 되도록 선택되었습니다. 그런데 외부의 날짐승은 붙잡으면서도, 여러분 자신은 가볍고 피상적인 상태로 남아 있다면 그것은 이성적이지 못한 일입니다. 과장하지 말고, 스스로 자만하지 말며, 인간의 본성을 넘어서는 것을 생각하지 마십시오. 칭찬에 우쭐대지 말고, 자신에게 영광을 돌리지 말며, 자신을 대단한 존재로 여기지 마십시오. 그렇지 않으면, 그 본성의 변덕스러움 때문에 이리저리 날아다니는 불안정한 새와 같게 될 것입니다. 여러분 안의 생각들을 다스리는 주인이 되십시오. 그러면 모든 존재를 다스리는 주인이 될 것입니다. 이렇게 우리에게 주어진 피조물들에 대한 권능은 우리 자신을 다스리는 법을 가르칩니다. 실제로, 자기 집안에서는 지배를 당하면서 백성을 다스리고, 도시에서는 공적인 권력을 사용하면서 사적으로는 매춘부에게 종속되는 것은 결코 품위 있는 일이 아닙니다. 다른 사람을 다스리기 전에 자기 집안을 정돈하고 내면적인 규율을 세워야 합니다. 여러분의 집안이 혼란과 무질서로 다스려진다면, 여러분이 다스리려는 이들로부터 "의사야, 네 병이나 고쳐라"(루카 4,23 참조)라는 말을 듣게 될 것입니다. 따라서 우리는 먼저 우리 자신을 돌보아야 합니다.

사자를 잡지 못했다고 해서 아무도 비난하지 않습니다. 그러나, 분노를 다스리지 못하는 사람은 모든 이에게 웃음거리가 됩니다. 이처럼 자신의 정욕을 다스리지 못하는 사람은 단죄의 심판을 받게 되지만, 들짐승을 잡지 못한 사람은 비난받을 만한 일을 저지른 것으로 보이지 않습니다.

20. 마지막 말

주님께서는 성경이 기록되기를 원하셨고, 우리의 작고 나약한 목소리가 여기까지 여러분과 함께 머물도록 허락하셨으며, 우리의 미약한 '지성으로 말미암아'(διὰ τῆς διανοίας) 진리의 단순한 그림자 속에 감추어진 위대한 보물들을 보여 주셨습니다. 주님께서 여러분에게, 이처럼 작은 것을 통해 큰 은총을, 겸손한 씨앗을 통해 인식의 완성을 허락해 주시기를 청합니다. 또한 우리에게는 우리가 이루고자 했던 수고에 대한 온전한 보상을, 여러분에게는 하느님의 말씀을 누리는 충만한 열매를 허락해 주시기를 빕니다. 그분께 영광과 권능이 세세에 영원히 있기를 빕니다. 아멘.

/옮/기/고/ /나/서/

이 책이 저술되기까지 한 가지 분명한 문제의식이 자리하고 있다. 그것은 초대 교부들의 신학이 단지 과거의 유산이 아니라, 오늘날 교의신학이 다시 돌아가야 할 출발점이자 기준이라는 확신이다. 『그리스도인이 되다』는 니케아(325), 콘스탄티노폴리스(381), 에페소(431)라는 초세기 세 공의회를 관통하며, 교의가 무엇을 말했는지를 설명하는 데서 멈추지 않고, 그 교의가 어떤 인간을 낳았는지를 집요하게 묻는다. 다시 말해, 이 책은 교의와 삶이 분리되지 않았던 시대의 신학을 통해, 오늘날 교의신학이 어디를 향해야 하는지를 조용하지만 단호하게 보여 준다.

이러한 문제의식은 저자 미켈리나 테나체 교수님과의 인연을 통해 더욱 분명해졌다. 그 인연은 로마 유학 시절, 석사과정 첫 해(2014-15학년도)에 수강했던 교의신학 수업에서 시작되었다. 강의 제목은 "초기 세 차례 공의회 안에서 본 교의와 그리스도교 인간학의 형성"이었다. 이 수업은 낯선 환경과 매 순간 긴장 속에 놓여 있던 유학생의 삶에, 하느님께서 선사하신 하나의 선물처럼 다가왔다. 이는 나 혼자만의 체험은 아니었을 것이다. 함께 수업을 들었던 한국 신부님들을 포함하여, 강의실에 있던 모든 이들의 눈빛은 '교의와 삶의 통합'이라는 주제 앞에서 유난히 빛났고, 신학을 대하는 그 진지한 태도 자체가 큰 위로와 격려가 되었다.

얼마 전 테나체 교수님께 이 책의 한국어판 번역 소식을 전했을 때, 교수님은 병환을 겪고 회복 중이라는 근황과 함께, 모든 것이 하느님의 뜻 안에 달려 있으며 그분의 손안에 있다는 말씀을 전해 주셨다. 특히 이 책이 이 시점에 한국의 학생들과 독자들에게 소개된다는 사실을 두고, 하늘로부터 받은 특별한 보상처럼 느껴진다며, 말로 다 표현할 수 없는 기쁨이라고 전해 주셨다.

테나체 교수님은 교부들을 단순한 역사 자료나 교의 형성의 증인으로 다루지 않는다. 오히려 교부들을 '이미 살아 낸 신앙의 증거자'로 읽어 내며, 그들의 삶 자체가 교의 해석의 장이었음을 일관되게 주장한다. 이 책에서 반복적으로 제시되는 핵심 통찰은 분명하다. 삶은 교의를 낳고, 교의는 삶을 표현한다.

초세기 공의회의 교의 역시 이 동일한 신앙의 논리를 따른다. 니케아의 '동일본질'(*homoousios*)은 철학적 개념의 승리가 아니라, 구원이 실제로 가능한가라는 실존적 질문에 대한 교회의 응답이었다. 콘스탄티노폴리스의 성령 교의는 삼위일체 논증의 완결을 넘어, 그리스도인이 어떻게 거룩한 고백을 하고, 그 삶을 살 수 있는지를 밝히는 신앙 고백이었다. 에페소의 '하느님의 어머니'(*Theotokos*) 선언 또한, 단지 마리아 공경의 문제가 아니라, 하느님께서 실제로 인간의 삶 안으로 들어오셨다는 구원의 진리를 지키기 위한 교회의 언어였다.

우리는 흔히 하느님을 인간과 대립되는 존재로 생각하곤 한다. 신의 영역이 확대될수록 인간의 자유와 활동은 축소되고, 인간의 해방을 위해서는 신의 존재가 오히려 장애가 된다고 여긴다. 그러나 그리스도교 신앙 안에서 그 신은 인간이 되셨고, 그리스도의 주도로 육화되셨기에 마리아는 하느님의 어머니가 되셨으며, 성령의 인도로 이루어졌기에 성모님의 몸은 하느님의 아드님의 거처가 되셨다. 이처럼 인간은 신으로 인해 자유와 존엄을 상실한 것이 아니라, 오히려 하느님과의 관계 안에서 그것을 회복한다.

돌이켜 보면, 교의신학 연구를 본격적으로 시작하면서 한 가지 분명한 신념이 자리 잡았다. 교의신학이 개념의 정합성만을 다루는 학문으로 머물 때, 필연적으로 생명력을 잃는다는 사실이다. 신학교에서 그리스도론, 성령론, 은총론을 가르치며 이 책의 내용을 학생들에게 전하고 싶다는 바람도 여기에서 비롯된다. 이 세 과목은 서로 분리된 영역이 아니라, 이 책이 보여 주듯 하나의 방향으로 수렴되기 때문이다. "그리스도 안에서 인간은 무엇이 되었는가?" "성령은 인간의 삶을 어떻게 새롭게 하는가?" "은총은 인간의 자유와 삶 안에서 어떻게 실현되는가?" 『그리스도인이 되다』는 이 질문들에 대해 추상적 정의가 아니라, 살아 있는 인간학으로 응답한다.

신학생들과 신학교에 머물며, 하루하루 구체적인 결실을 남기고 싶다는 소망 또한 이 작업의 동기 부여가 되었다. 번역은 단지 언어를 옮기는 기술적인 행위가 아니라, 교회가 전해 온 신앙의 목소리를 다시 듣고, 교부들의 언어 앞에서 나 자신의 신학적 태도를 되묻는 과정이었다. 이 여정 안에서 신학생 시절부터 지금까지, 부족한 역자에게 한결같이 동기 부여와 격려를 아끼지 않으시는 박준양 세례자 요한 은사 신부님께 특별한 감사를 드린다. 그리고 지난해 갑작스럽게 우리 곁을 떠나신 두 분의 교회 학자, 고(故) 변종찬 마태오 신부님과 고(故) 김형수 베드로 신부님을 기억하고 싶다. 두 분은 학문과 사목, 교의와 삶이 결코 분리될 수 없음을 각자의 삶으로 증언해 주신 분들이었다.

2025년, 니케아 공의회 1,700주년을 맞이하는 이 해에 이 책을 번역하게 된 것에 대해 하느님의 섭리에 깊이 감사드린다. 『그리스도인이 되다』는 우리에게 많은 답을 제시하기보다 하나의 방향을 제시한다. 교의는 삶을 향해 열려 있어야 하며, 삶은 교의 안에서 자신을 성찰해야 한다는 것이다. 이 책이 교회 안에서, 특히 신학을 배우고 가르치는 분들 안에서, 그러한 질문과 여정을 다시 시작하게 하는 작은 계기가 되기를 바란다.

2025년 12월 20일
가톨릭대학교 성신교정 양업관에서
전인걸 요한 보스코 신부